凝煉知識品味閱讀

圖解系列

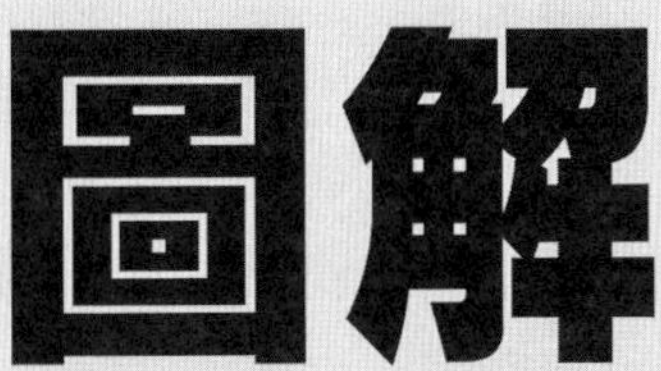

圖解 統計線性模型分析

五南圖書出版公司 印行

陳耀茂／編著

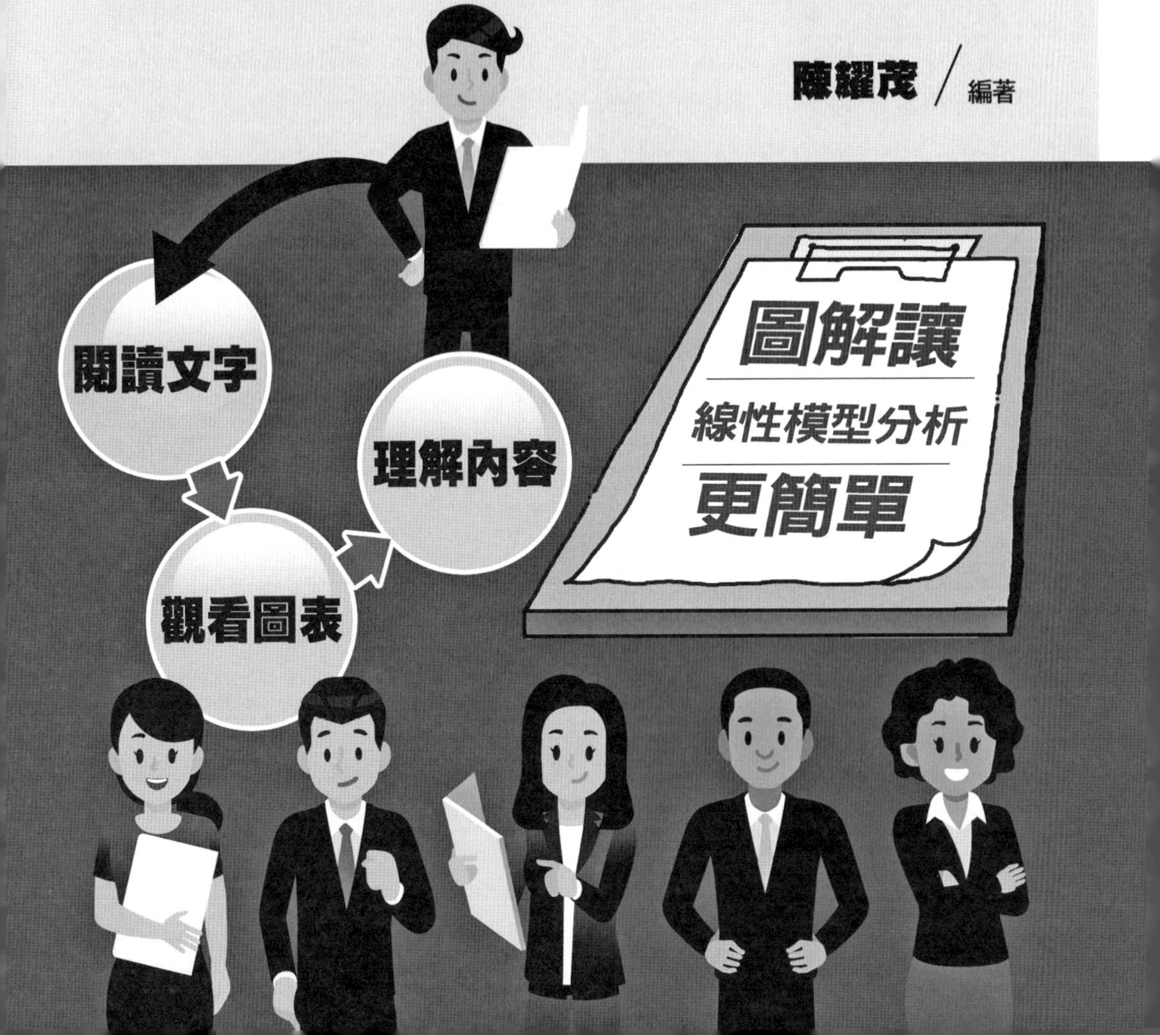
閱讀文字
觀看圖表
理解內容
圖解讓
線性模型分析
更簡單

序言

對研究者而言最重要的一件工作不就是「在學會中或在期刊中發表研究成果」嗎？

客觀地記述它的研究成果的方法正是「統計分析」。

線性綜合模型分析中有許多統計方法。其中，「混合模型」是目前最受到矚目的新方法之一。它是自己能自由建構模型，亦即「由使用者指定的模型」。此特徵因人而異，有人感到欣慰，也有人感到畏懼。

混合模型的另一個特徵，這對任何人而言應該是高興的。它曾是研究者苦惱的根源，換言之，即爲「遺漏值的處理」。特別是像時間性測量數據的情形，想不出沒有遺漏值的數據。以前的分析，如有遺漏值時，該觀察值全部從分析去除，或取而代之，適當地代入平均值，以取代遺漏值。然而，當使用混合模型時，遺漏值不會從分析中的案例中刪除。

換句話說，混合分析可以「一勞永逸地解決你的遺漏值煩惱」。混合模型之中，準備有各種的工具，不妨在所需的範圍內建立模型，發表研究成果吧！

「線性模型中的混合模型」程序可讓您指定階乘交互作用，這表示每個因素層級組合在應變數（也稱爲因變數）上可以有不同的線性效應。此外，如果您認爲共變數與應變數之間的線性關係會因因素層次不同而變更，則可以指定因素——共變數交互作用。隨機效應共變異數結構。「線性混合模型」程序可讓您指定隨機效應層次之間的關係。

關於如何使用各種統計分析的技巧，您也不妨試著提出身爲「研究者的主張」看看，或許您也是一位有見識的人。

陳耀茂 謹誌

CONTENTS 目錄

第 5 章　分割試驗

第 6 章　分枝試驗

第 7 章　混合模型時序性測量數據的分析 (1)

第 8 章　混合模型時序性測量數據的分析 (2)

第 9 章　混合模型時序性測量數據的分析 (3)

第 10 章 有遺漏值的時序性測量數據與混合模型

第 11 章 有共變量的數據與混合模型

第 12 章 一般線性模型與實驗計畫法

第 13 章 階層線性模型

第 14 章　廣義線性模型與廣義估計方程式

第 15 章　階層迴歸分析

第 16 章　Logistic 迴歸分析

參考文獻

第 1 章
統計線性模型分析簡介

1.1　前言
1.2　線性模型的種類
1.3　何謂線性模型
1.4　何謂固定模型
1.5　何謂隨機模型
1.6　何謂混合模型
1.7　何謂一般線性模型（GLM）
1.8　何謂階層線性模型

1.1 前言

線性模型是一類統計模型和機器學習演算法的總稱，廣泛應用於各個領域，包括生物、醫學、經濟、管理以及電腦科學等。線性模型的核心思想是透過一定的流程將各個環節連接起來，形成一個完整的模型。它以線性方式組合引數和因變數，透過找到最佳擬合數據的直線或平面，來預測或分類資料。

在統計學中，線性模型是一類非常強大的工具，它可以用來分析和預測多個因素對一個或多個結果的影響。常見的線性模型有線性迴歸模型、變異數分析模型等。這些模型通常採用最小平方法、最大概似估計等方法來估計模型的參數，以使預測值與實際值之間的誤差平方和最小化。

在機器學習中，線性模型也占據著舉足輕重的地位。它是最基礎的模型之一，常常被用於分類、迴歸等任務中。線性模型的優勢在於其簡單易懂、易於實現、計算效率高，而且對於資料量較大、特徵維度較高的場景，線性模型能夠提供較好的性能表現。此外，由於線性模型的參數具有明確的物理意義，因此在實際應用中更容易解釋和理解模型的預測結果。

常見的線性模型包括線性迴歸、單層感知機（Perceptron）、羅吉斯迴歸等。這些模型在形式上有所不同，但它們的核心思想都是透過線性組合來預測或分類資料。以線性迴歸爲例，它試圖找到一個最佳擬合數據的直線，使得因變數的預測值與實際值之間的誤差最小化。而羅吉斯迴歸則是一種用於分類任務的線性模型，它將因變數的取值範圍映射到兩個離散類別之間，透過計算機率來對資料進行分類。

在實際應用中，線性模型的選擇取決於具體問題和資料集的特點。對於需要解釋和理解預測結果的情況，線性模型是一個很好的選擇。然而，對於非線性關係或複雜的特徵交互，線性模型可能無法提供準確的預測結果。此時，可以考慮使用非線性模型或其他複雜的機器學習演算法來提高預測性能。

儘管線性模型有其侷限性，但它在實際應用中仍然發揮著重要作用。首先，線性模型可以作爲其他複雜模型的起點或基準模型，透過與其他模型的比較來評估不同演算法的性能。其次，對於一些簡單的問題或資料集，線性模型可能已經足夠好地完成任務，無需使用更複雜的演算法增加計算成本和複雜性。最後，對於初學者來說，學習線性模型是理解和掌握更高級演算法的基礎，有助於提高他們的機器學習技能和知識水準。

總之，線性模型作爲一類統計模型和機器學習演算法的統稱，在實際應用中發揮著重要的作用。無論是統計學還是機器學習領域，線性模型都是一個基礎而重要的工具。透過深入學習和理解線性模型的基本原理、應用和優缺點，我們能夠更好地應對各種複雜的資料分析和預測任務。

1.2 線性模型的種類

普通的線性迴歸只包含兩項影響因素，此即固定效果（Fixed-effect）和噪音（Noise）。線性混合模型與普通的線性模型不同的地方是除了有固定效果外，還有隨機效果（Random-effect），而隨機效果有兩種方式會影響模型，一種是對截距的影響，一種是對某個固定效果的斜率影響。因此對於隨機效果我們只估計其變異數，不估計其迴歸係數。

線性混合模型的應變數（也有稱為因變數、依變數）應該是數量的，因素應該是類別的，並且可以是數值或字串值。共變數和加權變數應該是數量的。受試者和重複變數則可以是任何類型。

另外，線性混合模型是假設應變數與固定因素、隨機因素和共變數呈線性相關。固定效果可建立應變數平均數的模式。隨機效果可建立應變數之共變異數結構的模式。系統將多重隨機效果視為彼此獨立，並且將為每個效果計算不同的共變異數矩陣，但在相同隨機效果中指定的模式項目可以彼此關聯。重複測量可以建立殘差之共變異數結構的模式。也可以假設應變數是取自於常態分配。

線性混合模型與普通線性迴歸模型以及廣義線性模型，其間之區別簡單說明如下：

(1) 線性迴歸模型（Linear regression model: LRM），適用於自變數 X 和因變數 Y 為線性關係，具體來說，畫出散點圖可以用一條直線來近似擬合。一般線性模型要求觀測值之間相互獨立、殘差（因變數）服從常態分配、殘差（因變數）變異數具齊一性。

(2) 線性混合模型（Linear mixed model: LMM），是線性模型中加入隨機效果項，消除了觀測值之間相互獨立和殘差（因變數）變異數齊一性的要求。

(3) 廣義線性模型（Generalized linear model: GLM），是為了克服線性迴歸模型的缺點出現的，是線性迴歸模型的推廣。首先自變數可以是離散的，也可以是連續的。離散的可以是 01 二元變數，也可以是多種取值的變數。廣義線性模型也取消了對殘差（因變數）服從常態分配的要求。殘差不一定要服從常態分配，可以服從二項、波而生、負二項、常態、伽馬、逆高斯等分配，這些分配被統稱為指數分配族。

此外，線性混合模型與階層線性模型（Hierarchical linear modeling: HLM）的區別，在於線性混合模型是介於線性模型與階層線性模型之間，線性混合模型平行地以加入解釋變數的形式加入了隨機效果，階層線性模型是以係數項為二層迴歸，引入了隨機效果。階層線性模型比線性混合模型更具隨機性。

1.3 何謂線性模型

以下的表 1.3.1 是線性迴歸分析所使用的數據。

表 1.3.1　線性迴歸分析的數據

應變數 Y	自變數 X_1	自變數 X_2
Y_1	X_{11}	X_{21}
Y_2	X_{12}	X_{22}
、	、	、
、	、	、
、	、	、
、	、	、
Y_N	X_{1N}	X_{2N}

此時，線性迴歸分析的模型如下：

線性迴歸分析的模型：

$$y_i = \beta_0 + \beta_1 x_{1i} + \beta_2 x_{2i} + \varepsilon_i$$

↑ 常數項　↑ ↑ 偏迴歸係數　↑ 誤差

但是，誤差 ε_i (i = 1, 2 ,⋯, N) 是相互獨立地服從常態分配 N (0，σ^2)。

■ 線性迴歸分析模型的矩陣表現

以式子表示表 1.3.1 時，即為

$$\begin{cases} y_1 = \beta_0 + \beta_1 x_{11} + \beta_2 x_{21} + \varepsilon_1 \\ y_2 = \beta_0 + \beta_1 x_{12} + \beta_2 x_{22} + \varepsilon_2 \\ \vdots \quad \vdots \\ y_3 = \beta_0 + \beta_1 x_{1N} + \beta_2 x_{2N} + \varepsilon_N \end{cases}$$

以矩陣表示此式時，即為

$$\begin{bmatrix} y_1 \\ y_2 \\ \vdots \\ y_N \end{bmatrix} = \begin{bmatrix} 1 & x_{11} & x_{21} \\ 1 & x_{12} & x_{22} \\ \vdots & \vdots & \vdots \\ 1 & x_{1N} & x_{2N} \end{bmatrix} \cdot \begin{bmatrix} \beta_1 \\ \beta_2 \\ \vdots \\ \beta_N \end{bmatrix} + \begin{bmatrix} \varepsilon_1 \\ \varepsilon_2 \\ \vdots \\ \varepsilon_N \end{bmatrix}$$

↑ 計畫矩陣 X　　↑ 未知參數的向量 β　　↑ 誤差向量 ε　　← 計畫矩陣也稱為設計矩陣

$$Y = X \cdot \boldsymbol{\beta} + \boldsymbol{\varepsilon}$$

此時，Y 的期待值 E(Y) 與變異數 V(Y) 即爲

$$E(Y) = X \cdot \boldsymbol{\beta}$$

$$V(Y) = V(\boldsymbol{\varepsilon}) = \begin{bmatrix} \sigma^2 & 0 & \cdots & 0 \\ 0 & \sigma^2 & \cdots & 0 \\ \vdots & \vdots & \ddots & \vdots \\ 0 & 0 & \cdots & \sigma^2 \end{bmatrix}$$

← 因相互獨立，共變數為 0

以下的表 1.3.2 是變異數分析所使用的數據。

表 1.3.2　變異數分析用的數據

因子 A	水準 A_1	y_{11}　y_{12}　$\cdots$　y_{1N_1}
	水準 A_2	y_{21}　y_{22}　$\cdots$　y_{2N_2}
	水準 A_3	y_{31}　y_{32}　$\cdots$　y_{3N_3}

此時，變異數分析的模型是……

變異數分析的模型：

$$y_i = u + \alpha_i + \varepsilon_{ij}$$

↑ 一般平均　　↑ 主效果　　↑ 誤差

但，誤差 ε_{ij} 相互獨立地服從
常態分配 N(0，σ^2)。

■ 變異數分析模型的矩陣表現

以式子表示表 1.3.2 時……

$$\left.\begin{array}{lcccccccc} y_{11} & = & u & + & \alpha_1 & + & \varepsilon_{11} \\ \vdots & & & & & & \vdots \\ y_{1N_1} & = & u & + & \alpha_1 & + & \varepsilon_{1N_1} \end{array}\right\} \text{水準 } A_1$$

$$\left.\begin{array}{lcccccccc} y_{21} & = & u & + & \alpha_2 & + & \varepsilon_{21} \\ \vdots & & & & & & \vdots \\ y_{2N_2} & = & u & + & \alpha_2 & + & \varepsilon_{2N_2} \end{array}\right\} \text{水準 } A_2$$

$$\left.\begin{array}{lcccccccc} y_{31} & = & u & + & \alpha_3 & + & \varepsilon_{31} \\ \vdots & & & & & & \vdots \\ y_{3N_3} & = & u & + & \alpha_3 & + & \varepsilon_{3N_2} \end{array}\right\} \text{水準 } A_3$$

略為變形時，即為

$$\left.\begin{array}{lcccccccccccc} y_{11} & = & 1\cdot u & + & 1\cdot\alpha_1 & + & 0\cdot\alpha_2 & + & 0\cdot\alpha_3 & + & \varepsilon_{11} \\ \vdots & & & & & & & & & & \vdots \\ y_{1N_1} & = & 1\cdot u & + & 1\cdot\alpha_1 & + & 0\cdot\alpha_2 & + & 0\cdot\alpha_3 & + & \varepsilon_{1N_1} \end{array}\right\} \text{水準 } A_1$$

$$\left.\begin{array}{lcccccccccccc} y_{21} & = & 1\cdot u & + & 0\cdot\alpha_1 & + & 1\cdot\alpha_2 & + & 0\cdot\alpha_3 & + & \varepsilon_{21} \\ \vdots & & & & & & & & & & \vdots \\ y_{2N_2} & = & 1\cdot u & + & 0\cdot\alpha_1 & + & 1\cdot\alpha_2 & + & 0\cdot\alpha_3 & + & \varepsilon_{2N_2} \end{array}\right\} \text{水準 } A_2$$

$$\left.\begin{array}{lcccccccccccc} y_{31} & = & 1\cdot u & + & 0\cdot\alpha_1 & + & 0\cdot\alpha_2 & + & 1\cdot\alpha_3 & + & \varepsilon_{31} \\ \vdots & & & & & & & & & & \vdots \\ y_{3N_3} & = & 1\cdot u & + & 0\cdot\alpha_1 & + & 0\cdot\alpha_2 & + & 1\cdot\alpha_3 & + & \varepsilon_{3N_3} \end{array}\right\} \text{水準 } A_3$$

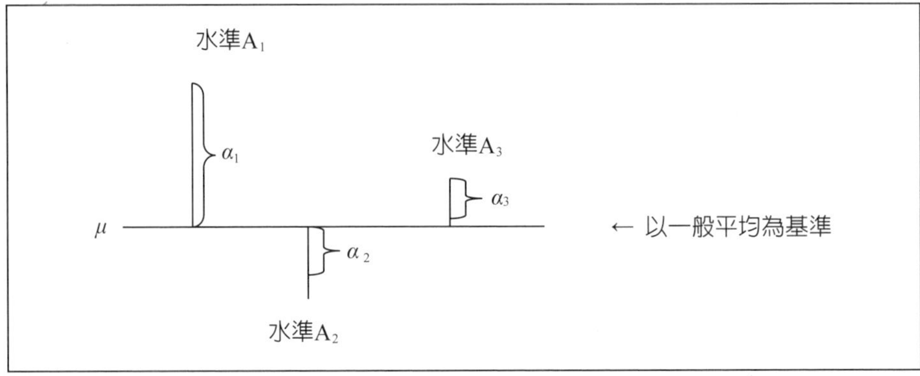

因此，以矩陣表現時，即爲

$$\begin{bmatrix} y_{11} \\ \vdots \\ y_{1N_1} \\ y_{21} \\ \vdots \\ y_{2N_2} \\ y_{31} \\ \vdots \\ y_{3N_3} \end{bmatrix} = \begin{bmatrix} 1 & 1 & 0 & 0 \\ \vdots & \vdots & \vdots & \vdots \\ 1 & 1 & 0 & 0 \\ 1 & 0 & 1 & 0 \\ \vdots & \vdots & \vdots & \vdots \\ 1 & 1 & 1 & 1 \\ 1 & 0 & 0 & 1 \\ \vdots & \vdots & \vdots & \vdots \\ 1 & 0 & 0 & 1 \end{bmatrix} \cdot \begin{bmatrix} u \\ \alpha_1 \\ \alpha_2 \\ \alpha_3 \end{bmatrix} + \begin{bmatrix} \varepsilon_{11} \\ \vdots \\ \varepsilon_{1N_1} \\ \varepsilon_{21} \\ \vdots \\ \varepsilon_{2N_2} \\ \varepsilon_{31} \\ \vdots \\ \varepsilon_{3N_3} \end{bmatrix}$$

↑ 計畫矩陣　　↑ 未知參數項量 β　　↑ 誤差向量 ε

$$Y = X \cdot \boldsymbol{\beta} + \varepsilon$$

此時 Y 的期待值 E(Y) 與變異數 V(Y) 即爲

$$E(Y) = X \cdot \boldsymbol{\beta}$$

$$V(Y) = V(\varepsilon) = \begin{bmatrix} \sigma^2 & 0 & \cdots & 0 \\ 0 & \sigma^2 & \cdots & 0 \\ \vdots & \vdots & \ddots & \vdots \\ 0 & 0 & \cdots & \sigma^2 \end{bmatrix}$$

像迴歸分析的模型或變異數分析的模型那樣，當

「Y 的期待值 E(Y) 能以未知參數 $\boldsymbol{\beta}$ 的一次式」← 一次式即為線性組合

$E(Y) = X \cdot \boldsymbol{\beta}$

表示時，此模型稱為「線性模型」。

Tea Break

以下的式子也是線性模型。

$$\begin{cases} y_1 = \beta_0 + \beta_1 x_1 + \beta_2 x_1^2 + \varepsilon_1 \\ y_2 = \beta_0 + \beta_1 x_2 + \beta_2 x_2^2 + \varepsilon_2 \\ \vdots \qquad\qquad\qquad\qquad\qquad\qquad \vdots \\ y_N = \beta_0 + \beta_1 x_N + \beta_2 x_N^2 + \varepsilon_N \end{cases}$$

$$\begin{bmatrix} y_1 \\ y_2 \\ \vdots \\ y_N \end{bmatrix} = \begin{bmatrix} 1 & x_1 & x_1^2 \\ 1 & x_2 & x_2^2 \\ \vdots & \vdots & \vdots \\ 1 & x_N & x_N^2 \end{bmatrix} \cdot \begin{bmatrix} \beta_0 \\ \beta_1 \\ \beta_2 \end{bmatrix} + \begin{bmatrix} \varepsilon_1 \\ \varepsilon_2 \\ \vdots \\ \varepsilon_N \end{bmatrix}$$

$Y = X \cdot \boldsymbol{\beta} + \boldsymbol{\varepsilon}$

1.4 何謂固定模型

變異數分析的因子，全部是固定因子時，變異數分析的模型稱為「固定模型」。

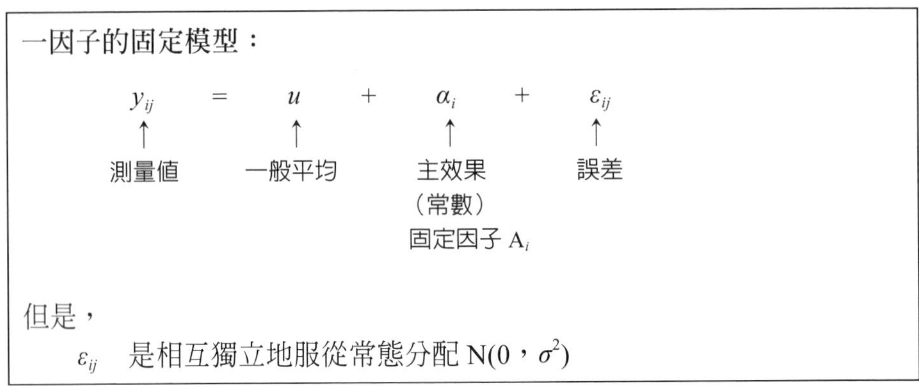

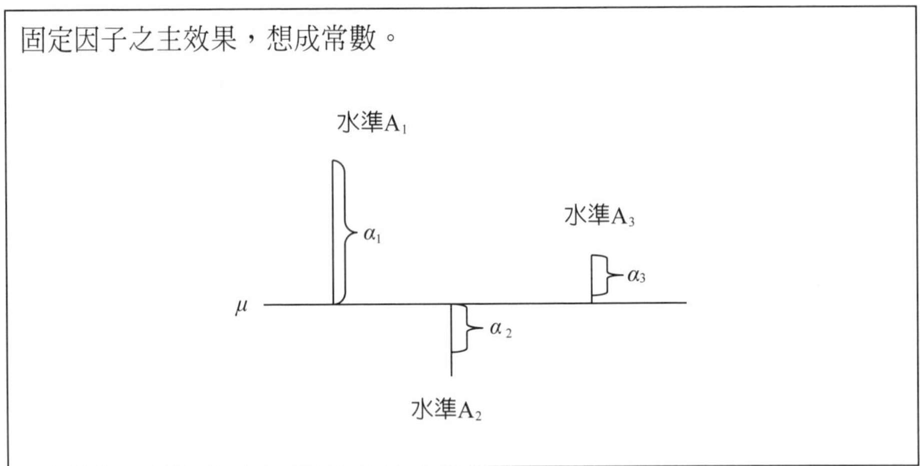

■ 固定因子例

1. 狗食有 3 種。
2. 狗有 4 種。

2 因子的固定模型

y_{ij}	=	u	+	α_i	+	β_j	+	$(\alpha\beta)_{ij}$	+	ε_{ijk}
↑		↑		↑		↑		↑		↑
測量值		一般平均		主效果 （常數） 固定因子 A_i		主效果 （常數） 固定因子 B_j		交互作用		誤差

但是，

ε_{ij}　是相互獨立地服從常態分配 N(0，σ^2)

表 1.4.1　交互作用 $(\alpha\beta)_{ij}$ 與主效果 α_i、β_j

		固定因子 B			
	B \ A	水準 B_1	水準 B_2	水準 B_3	
固定因子 A	水準 A_1	交互作用 $(\alpha\beta)_{11}$	交互作用 $(\alpha\beta)_{12}$	交互作用 $(\alpha\beta)_{13}$	主效果 α_1
	水準 A_2	交互作用 $(\alpha\beta)_{21}$	交互作用 $(\alpha\beta)_{22}$	交互作用 $(\alpha\beta)_{23}$	主效果 α_2
	水準 A_3	交互作用 $(\alpha\beta)_{31}$	交互作用 $(\alpha\beta)_{32}$	交互作用 $(\alpha\beta)_{33}$	主效果 α_3
		主效果 β_1	主效果 β_2	主效果 β_3	

↑
各分格均有交互作用

1.5 何謂隨機模型

變異數分析的因子均為隨機因子時，變異數分析的模型稱為「隨機模型」。

一因子的隨機模型：

$$y_{ij} = u + \alpha_i + \varepsilon_{ij}$$

y_{ij}	u	α_i	ε_{ij}
↑	↑	↑	↑
測量值	一般平均	主效果 （機率變數） 隨機因子 A_i	誤差

但是，

α_i 是相互獨立地服從常態分配 N(0，σ^2)

ε_{ij} 是相互獨立地服從常態分配 N(0，σ^2)

α_i 與 ε_{ij} 當作相互獨立。

註：1. 隨機效果（Random effect）日文也稱作變量效果。

2. 隨機因子的主效果想成隨機變數。

■ 隨機因子例

1. 從許多種狗食之中，隨機地選出 3 種狗食。
2. 從許多種的狗之中，隨機地選出 4 種狗。

二因子的隨機模型

y_{ijk}	=	u	+	α_i	+	β_j	+	$(\alpha\beta)_{ij}$	+	ε_{ijk}
↑		↑		↑		↑		↑		↑
測量值		一般平均		主效果 （機率變數） 隨機因子 A_i		主效果 （機率變數） 隨機因子 B_j		交互作用		誤差

但是，

α_i 是相互獨立地服從常態分配 N(0，σ_α^2)

β_j 是相互獨立地服從常態分配 N(0，σ_β^2)

$(\alpha\beta)_{ij}$ 是相互獨立地服從常態分配 N(0，$\sigma_{\alpha\beta}^2$)

ε_{ijk} 是相互獨立地服從常態分配 N(0，σ^2)

α_i、β_j、$(\alpha\beta)_{ij}$、ε_{ijk} 當作相互獨立。

註：α_i、β_j 是隨機變數，因之交互作用 $(\alpha\beta)_{ij}$ 也想成隨機變數。

1.6 何謂混合模型

變異數分析的因子是由固定因子與隨機因子所形成時，變異數分析的模型成為「混合模型」。

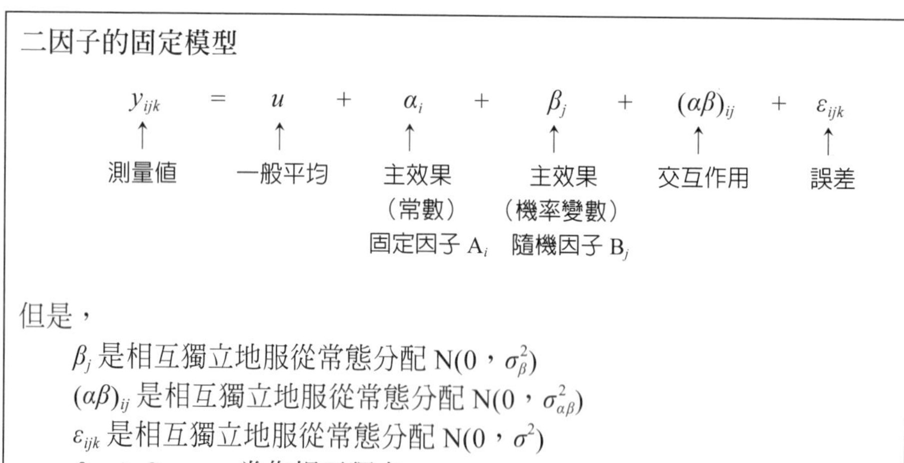

但是，

β_j 是相互獨立地服從常態分配 N(0，σ_β^2)

$(\alpha\beta)_{ij}$ 是相互獨立地服從常態分配 N(0，$\sigma_{\alpha\beta}^2$)

ε_{ijk} 是相互獨立地服從常態分配 N(0，σ^2)

β_j、$(\alpha\beta)_{ij}$、ε_{ijk} 當作相互獨立。

註：β_j 是隨機變數，故 $(\alpha\beta)_{ij}$ 也想成為隨機變數。

■ 混合模型例

從許多種狗之中選出 4 種狗針對 3 種狗食進行 2 次餵食的實驗。

表 1.6.1　混合模型之數據

	B \ A	隨機因子 B 狗 B_1	狗 B_2	狗 B_3	狗 B_4
固定因子 A	狗食 A_1	測量值 y_{111} y_{112}	測量值 y_{121} y_{122}	測量值 y_{131} y_{132}	測量值 y_{141} y_{142} } 2 次餵食
	狗食 A_2	測量值 y_{211} y_{221}	測量值 y_{211} y_{221}	測量值 y_{231} y_{232}	測量值 y_{241} y_{242}
	狗食 A_3	測量值 y_{311} y_{321}	測量值 y_{321} y_{322}	測量值 y_{331} y_{332}	測量值 y_{341} y_{342}

■ 混合模型的矩陣表現

試考察混合模型的矩陣表現。
使用如下例子：

表 1.6.2　混合模型的測量值、主效果、交互作用

		隨機因子 B				
固定因子 A	B / A	水準 B_1		水準 B_2		
	水準 A_1	測量值 y_{111} y_{112}	交互作用 $(\alpha\beta)_{11}$	測量值 y_{121} y_{122}	交互作用 $(\alpha\beta)_{12}$	主效果 α_1
	水準 A_2	測量值 y_{211} y_{221}	交互作用 $(\alpha\beta)_{21}$	測量值 y_{221} y_{222}	交互作用 $(\alpha\beta)_{22}$	主效果 α_2
		主效果 β_1		主效果 β_2		

註：$y_{ijk} = u + \alpha_i + \beta_j + (\alpha\beta)_{ij} + \varepsilon_{ijk}$

↑（指向 $(\alpha\beta)_{ij}$）
是否將交互作用列入模型中，取決於研究者的卓見

將表 1.6.2 以式子表示時，

$$y_{111} = u + \alpha_1 + \beta_1 + (\alpha\beta)_{11} + \varepsilon_{111}$$

$$y_{112} = u + \alpha_1 + \beta_1 + (\alpha\beta)_{11} + \varepsilon_{112}$$

$$y_{121} = u + \alpha_1 + \beta_2 + (\alpha\beta)_{12} + \varepsilon_{121}$$

$$y_{122} = u + \alpha_1 + \beta_2 + (\alpha\beta)_{12} + \varepsilon_{122}$$

$$y_{211} = u + \alpha_2 + \beta_1 + (\alpha\beta)_{21} + \varepsilon_{211}$$

$$y_{212} = u + \alpha_2 + \beta_1 + (\alpha\beta)_{21} + \varepsilon_{212}$$

$$y_{221} = u + \alpha_2 + \beta_2 + (\alpha\beta)_{22} + \varepsilon_{221}$$

$$y_{222} = u + \alpha_2 + \beta_2 + (\alpha\beta)_{22} + \varepsilon_{222}$$

上式略爲變形時，

$$
\begin{aligned}
y_{111} &= 1\cdot u + 1\cdot\alpha_1 + 0\cdot\alpha_2 + 1\cdot\beta_1 + 0\cdot\beta_2 + 1\cdot(\alpha\beta)_{11} + 0\cdot(\alpha\beta)_{12} \\
&\quad + 0\cdot(\alpha\beta)_{21} + 0\cdot(\alpha\beta)_{22} + \varepsilon_{111} \\
y_{112} &= 1\cdot u + 1\cdot\alpha_1 + 0\cdot\alpha_2 + 1\cdot\beta_1 + 0\cdot\beta_2 + 1\cdot(\alpha\beta)_{11} + 0\cdot(\alpha\beta)_{12} \\
&\quad + 0\cdot(\alpha\beta)_{21} + 0\cdot(\alpha\beta)_{22} + \varepsilon_{121} \\
y_{121} &= 1\cdot u + 1\cdot\alpha_1 + 0\cdot\alpha_2 + 0\cdot\beta_1 + 1\cdot\beta_2 + 0\cdot(\alpha\beta)_{11} + 1\cdot(\alpha\beta)_{12} \\
&\quad + 0\cdot(\alpha\beta)_{21} + 0\cdot(\alpha\beta)_{22} + \varepsilon_{121} \\
y_{122} &= 1\cdot u + 1\cdot\alpha_1 + 0\cdot\alpha_2 + 0\cdot\beta_1 + 1\cdot\beta_2 + 0\cdot(\alpha\beta)_{11} + 1\cdot(\alpha\beta)_{12} \\
&\quad + 0\cdot(\alpha\beta)_{21} + 0\cdot(\alpha\beta)_{22} + \varepsilon_{122} \\
y_{211} &= 1\cdot u + 0\cdot\alpha_1 + 1\cdot\alpha_2 + 1\cdot\beta_1 + 0\cdot\beta_2 + 0\cdot(\alpha\beta)_{11} + 0\cdot(\alpha\beta)_{12} \\
&\quad + 1\cdot(\alpha\beta)_{21} + 0\cdot(\alpha\beta)_{22} + \varepsilon_{211} \\
y_{212} &= 1\cdot u + 0\cdot\alpha_1 + 1\cdot\alpha_2 + 1\cdot\beta_1 + 0\cdot\beta_2 + 0\cdot(\alpha\beta)_{11} + 0\cdot(\alpha\beta)_{12} \\
&\quad + 1\cdot(\alpha\beta)_{21} + 0\cdot(\alpha\beta)_{22} + \varepsilon_{212} \\
y_{221} &= 1\cdot u + 0\cdot\alpha_1 + 1\cdot\alpha_2 + 0\cdot\beta_1 + 1\cdot\beta_2 + 0\cdot(\alpha\beta)_{11} + 0\cdot(\alpha\beta)_{12} \\
&\quad + 0\cdot(\alpha\beta)_{21} + 1\cdot(\alpha\beta)_{22} + \varepsilon_{221} \\
y_{222} &= 1\cdot u + 0\cdot\alpha_1 + 1\cdot\alpha_2 + 0\cdot\beta_1 + 1\cdot\beta_2 + 0\cdot(\alpha\beta)_{11} + 0\cdot(\alpha\beta)_{12} \\
&\quad + 0\cdot(\alpha\beta)_{21} + 1\cdot(\alpha\beta)_{22} + \varepsilon_{222}
\end{aligned}
$$

因此，以矩陣表現時，

$$
\begin{bmatrix} y_{111} \\ y_{112} \\ y_{121} \\ y_{122} \\ y_{211} \\ y_{212} \\ y_{221} \\ y_{222} \end{bmatrix}
=
\begin{bmatrix} 1 & 1 & 0 \\ 1 & 1 & 0 \\ 1 & 1 & 0 \\ 1 & 1 & 0 \\ 1 & 0 & 1 \\ 1 & 0 & 1 \\ 1 & 0 & 1 \\ 1 & 0 & 1 \end{bmatrix}
\cdot
\begin{bmatrix} u \\ u_1 \\ u_2 \end{bmatrix}
+
\begin{bmatrix} 1 & 0 & 1 & 0 & 0 & 0 \\ 1 & 0 & 1 & 0 & 0 & 0 \\ 0 & 1 & 0 & 1 & 0 & 0 \\ 0 & 1 & 0 & 1 & 0 & 0 \\ 1 & 0 & 0 & 0 & 1 & 0 \\ 1 & 0 & 0 & 0 & 1 & 0 \\ 0 & 1 & 0 & 0 & 0 & 1 \\ 0 & 1 & 0 & 0 & 0 & 1 \end{bmatrix}
$$

↑ 計畫矩陣　　↑ 未知參數向量　　↑ 計畫矩陣

$$\cdot \begin{bmatrix} \beta_1 \\ \beta_2 \\ (\alpha\beta)_{11} \\ (\alpha\beta)_{12} \\ (\alpha\beta)_{21} \\ (\alpha\beta)_{22} \end{bmatrix} + \begin{bmatrix} \varepsilon_{111} \\ \varepsilon_{112} \\ \varepsilon_{121} \\ \varepsilon_{122} \\ \varepsilon_{211} \\ \varepsilon_{212} \\ \varepsilon_{221} \\ \varepsilon_{222} \end{bmatrix}$$

↑ 未知參數向量　　↑ 誤差向量

$$Y = X \cdot \beta + Z \cdot \mu + \varepsilon$$

此即爲混合模型的式子。

此時，Y 的期待值 E(Y) 與變異數 V(Y) 即爲

$$E(Y) = X \cdot \beta$$
$$V(Y) = Z \cdot V(u) \cdot {}^{t}Z + V(\varepsilon)$$

註：${}^{t}Z$ 是指 Z 的轉置矩陣。

1.7 何謂一般線性模型（GLM）

線性模型

$$Y = X \cdot \beta + \varepsilon$$

中，對誤差 ε 的分配加上如下條件，即

「ε 是相互獨立地服從常態分配 $N(0，\sigma^2)$」

此事說成如下也是相同的，即

「N 個數據 y_1，y_2，…，y_N 相互獨立地服從一個常態分配」

因此，再將此條件換成

「N 個數據 y_1，y_2，…，y_N 相互獨立地服從一個指數分配族」，

即爲一般線性模型的定義。

指數分配族是意指

- 常態分配
- Gamma 分配
- 二項分配
- 多項分配
- 卜氏分配

線性混合模型是一般線性模型的延伸，其中假設因素及共變數與應變數具有線性關係。線性混合模式（LMM）最主要是使用在長期追蹤研究（Longitudinal studies），其變項在每次追蹤上有重複測量的狀況（例如：同一個病人去醫院看三次病，每一次的就醫紀錄或生物指標），變項每次量測之間互相不獨立，或研究架構為鑲嵌（例如：同一個醫生看了很多個病人，考慮醫生之間的差異）的研究。

■ 一般線性模型例

· Gamma 分配

$$y^{-1} = \beta_0 + \beta_1 x_1 + \beta_2 x_2 + \cdots + \beta_p x_p$$

· 二項分配

$$\log \frac{y}{1-y} = \beta_0 + \beta_1 x_1 + \beta_2 x_2 + \cdots + \beta_p x_p$$

· 波瓦松分配

$$\log y = \beta_0 + \beta_1 x_1 + \beta_2 x_2 + \cdots + \beta_p x_p$$

· Probit

$$\phi^{-1}(y) = \beta_0 + \beta_1 x_1 + \beta_2 x_2 + \cdots + \beta_p x_p$$

· 補數 log · 負數 log

$$\log[-\log(1-y)] = \beta_0 + \beta_1 x_1 + \cdots + \beta_p x_p$$

將上述式子的左邊稱為連結（Link）函數，右邊因為均為相同的型式，因之只要連結左方即可。

一般線性模型包含許多不同的統計模型：ANOVA、ANCOVA、MANOVA、MANCOVA、普通線性迴歸、t 檢定和 F 檢定。一般線性模型是對多於一個應變數的情況的多元線性迴歸的推廣。

- logit：此僅適用於二項分配
  Log(x/(1 – x))
- 負 log · 負 · Log：此僅適用於二項分配
  –log(–log(x))
- 對數 – 補數：此僅適用於二項分配
  Log(1 – x)

1.8 何謂階層線性模型

在醫護研究的領域中，階層性的資料結構相當常見。例如在醫院收集的病患資料，有一些是用來描述病患特徵的變數，如性別、年齡等；另外，有一些變數則在表現醫院的特性，如醫院層級別：醫學中心、區域醫院、地區醫院。此時，用傳統的迴歸模型來分析，會忽略了群體層級的影響（組內相關），而造成誤差的變異被低估。所以，較爲適當的方法爲使用多層次分析（Multilevel analysis）——也就是目前廣被使用的階層線性模型（Hierarchical linear model: HLM）。

在階層結構的資料中，主要的特徵爲具有個體層級以及群體層級。例如上述的例子中，病患即爲個體層級，而不同的醫院即爲群體層級；或病患即爲個體層級，而不同的醫師即爲群體層級，亦即個體是鑲套（Nested）在群體之下。此外，在重複測量設計中，針對每一受試者（Subject）在不同時間點測量感興趣的反應變項（Response），亦可視爲階層化的資料，在這種情形下，個體層級爲不同的重複測量，而群體層級爲不同的受試者。階層線性模型分析上的想法即爲將第一層各分層的迴歸係數（Coefficient）當成是第二層反應變項，這樣的方式即爲斜率結果變項（Slope as outcome）分析。在執行分析的軟體上，目前大多以 HLM 軟體或 SPSS 來進行階層線性模型的分析。

此處所使用的資料是虛構的。本研究假定是針對台中地區 45 所地區醫院，以醫師爲對象實施問卷調查，每所醫院抽取 3 至 6 位不等的醫師，總共收得了 200 位醫師的資料，問卷中是以量表針對「醫師治療能力」、「院長領導能力」與「醫院滿意度」等變項進行收集，研究目的是想調查「醫師治療能力」與「院長領導能力」對「醫院滿意度」的影響情形。

由於 200 位醫師隸屬在 45 所醫院底下，因此第一階層爲醫師層次，第二階層則爲醫院層次，在我們收集的變項中，「醫師治療能力」與「醫院滿意度」屬於第一階層變項，而「院長領導能力」屬於第二階層變項。模型圖如下：

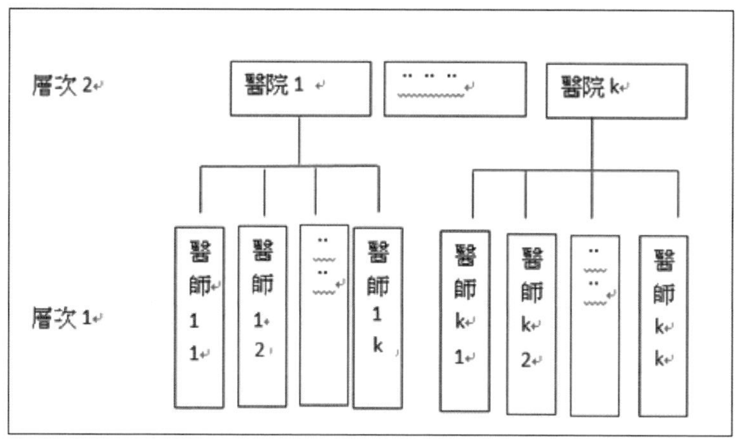

數據模型建構如下：

Level 1:

$$Y_{ij} = \beta_{0j} + \beta_{1j}X_{ij} + r_{ij}$$

Level 2:

$$\beta_{0j} = r_{00} + r_{01}W_j + u_{0j}$$

$$\beta_{1j} = r_{10} + r_{11}W_j + u_{1j}$$

鍵入資料時，必須先建立一個欄位作爲第二階層的群體編號（ex：醫院代碼），這樣資料才有辦法判別哪些個體是來自於哪一個群體，譬如說前 5 位醫師來自第一所醫院。由於「醫師治療能力」與「醫院滿意度」屬於第一階層變項，因此每一位醫師都會有自己的分數；雖然「院長領導能力」屬於第二階層變項，但資料收集時我們先收到的是原始分數，所以在鍵入時仍先輸入每位醫師所回答的「院長領導能力」，但因爲「院長領導能力」屬於第二階層變項，每一所醫院只能有一位「院長領導能力」，因此我們必須將資料轉變成像是「平均院長領導能力」，同一所醫院的分數需要一樣，此做法我們稱之爲聚集（Aggregation），譬如說將第一所學校 5 位醫師對院長領導能力予以平均得出爲 5.75 分。像這樣，第二階層所投入的變項需要加以聚集才行。

有關階層線性模型之分析，請參第 13 章。

Note

第 2 章
二因子的固定模型——固定因子與固定因子

2.1 前言

以下的表 2.2.1 是固定因子 A、固定因子 B、重複數是 2 的二因子數據。

表 2.2.1 固定因子 A 與固定因子 B

		固定因子 B		
		水準 B_1	水準 B_2	水準 B_3
固定因子 A	水準 A_1	13.2 11.9	16.1 15.1	9.1 8.2
	水準 A_2	22.8 18.5	24.5 24.2	11.9 13.7
	水準 A_3	21.8 32.1	26.9 28.3	15.1 16.2
	水準 A_4	25.7 29.5	30.1 29.6	15.2 14.8

【數據輸入類型】

表 2.2.1 的數據如下輸入：

01.sav [資料集1] - IBM SPSS Statistics 資料編輯器

檔案(F) 編輯(E) 檢視(V) 資料(D) 轉換(T) 分析(A) 圖形(G) 公用程式(U) 延伸(X) 視窗(W) 說明(H)

顯示：4 個變數（共有 4 個）

	固定A	固定B	重複	測量值	變數	變數	變數
1	1	1	1	13.2			
2	1	1	2	11.9			
3	1	2	1	16.1			
4	1	2	2	15.1			
5	1	3	1	9.1			
6	1	3	2	8.2			
7	2	1	1	22.8			
8	2	1	2	18.5			
9	2	2	1	24.5			
10	2	2	2	24.2			
11	2	3	1	11.9			
12	2	3	2	13.7			
13	3	1	1	21.8			
14	3	1	2	32.1			
15	3	2	1	26.9			
16	3	2	2	28.3			
17	3	3	1	15.1			
18	3	3	2	16.2			
19	4	1	1	25.7			
20	4	1	2	29.5			
21	4	2	1	30.1			
22	4	2	2	29.6			
23	4	3	1	15.2			
24	4	3	2	14.8			
25							
26							
27							

資料視圖 變數視圖

IBM SPSS Statistics 處理器已備妥 Unicode:OFF

2.2 二因子的固定模型的步驟

【統計處理的步驟】

步驟 1 從分析 (A) 的清單中選擇混合模型 (X)，接著點選子清單的線性 (L)。

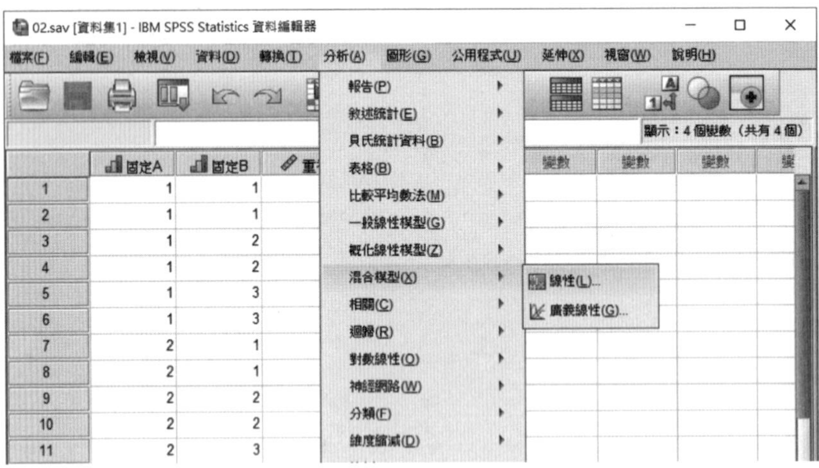

步驟 2 變成如下畫面時，按照原來那樣按一下 繼續 (C)。

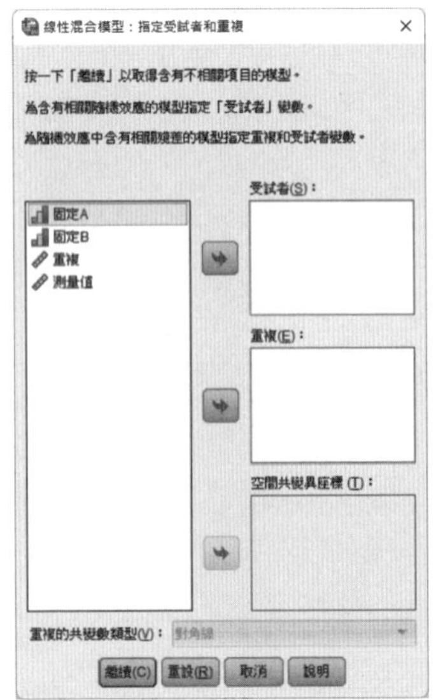

步驟 3　變成如下畫面時，按一下測量值，移動到應變數 (D) 之中。

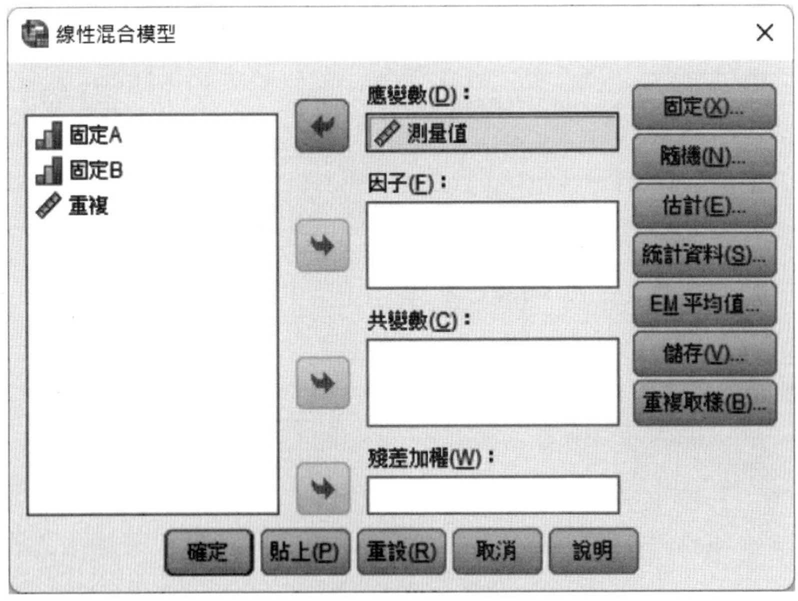

步驟 4　按一下固定 A，移動到因子 (F) 之中，固定 B 也按一下再移到因子 (F) 之中。接著，按一下畫面右方的 固定 (X) 。

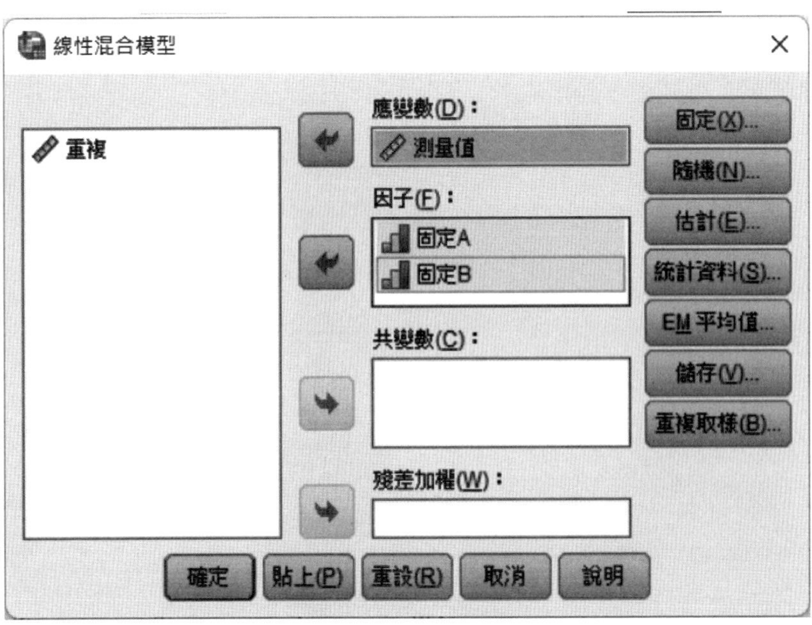

步驟 5　於是，變成固定效應的畫面。

線性混合模型：固定效應
固定效應
建置項目(D)
建置巢套的項目(N)
因子和共變數(V)：
固定A
固定B
模型(O)：
因子
方式(B)*
(內部) (W)
清除項目(E)
新增(A)
移除(R)
建置項目：
包含截距(U)
平方和(M)：
類型 III
繼續(C)
取消
說明

步驟 6　點選固定 A，按一下新增 (A)，移到模型 (O) 之中。

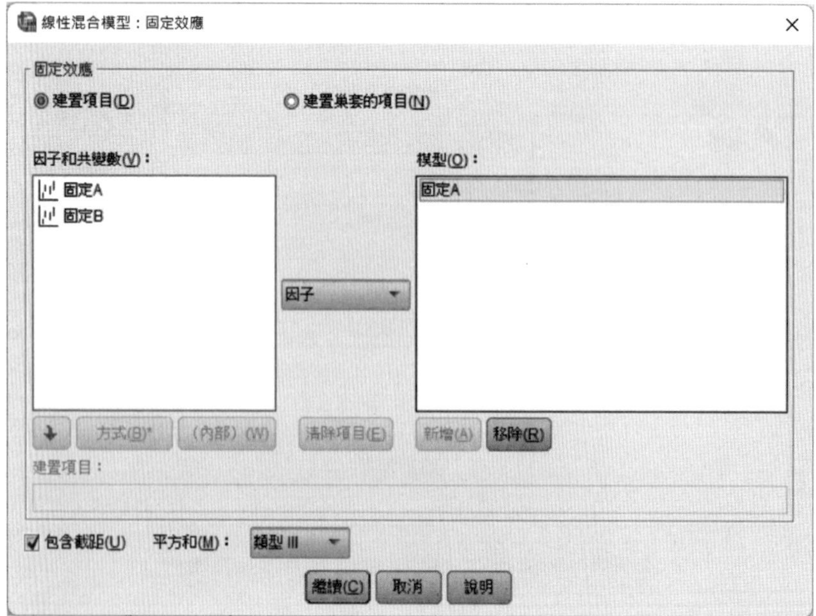

步驟 7　以同樣的方式，點選固定 B，按一下新增 (A)。
如此即將固定 B 也移到模型 (O) 之中。

步驟 8　按著，按 Ctrl 鍵，點選固定 A 與固定 B。
將正中的因子變更爲交互作用，按一下新增 (A) 時，
固定 A ＊固定 B 即進入模型 (O) 之中。接著，按 繼續 (C)。

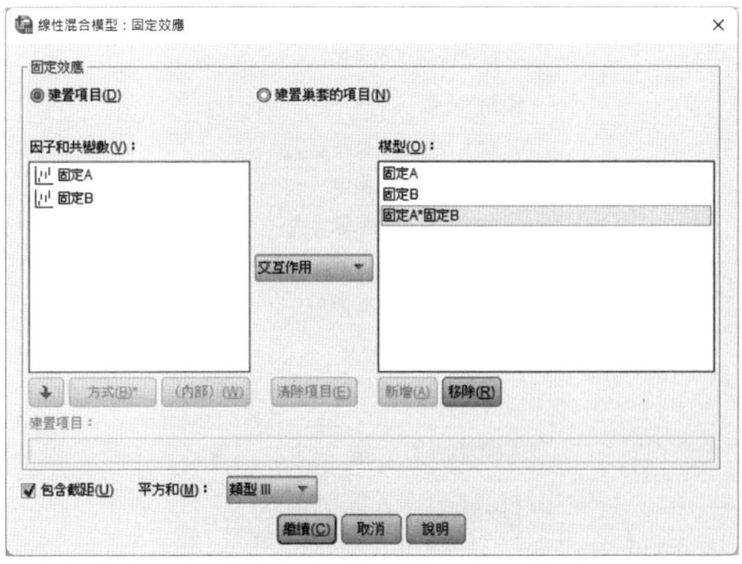

步驟 9 變成如下畫面時，按一下 統計資料 (S) 。

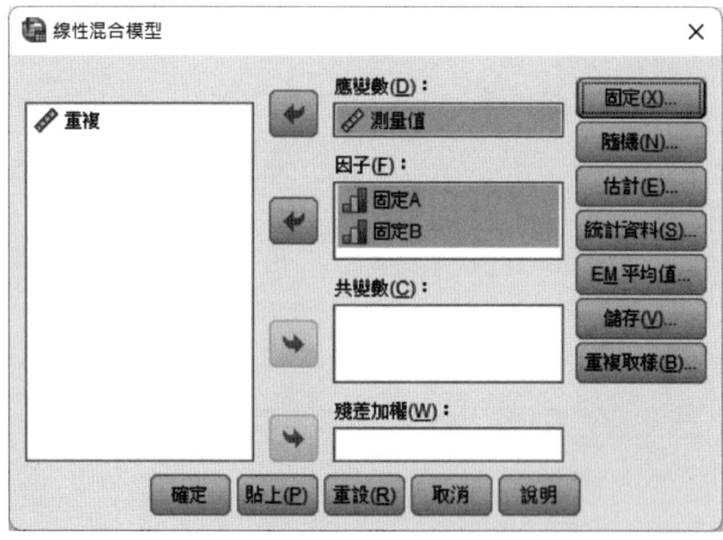

步驟 10 變成統計量的畫面時，如下勾選，再按一下 繼續 (C) 。

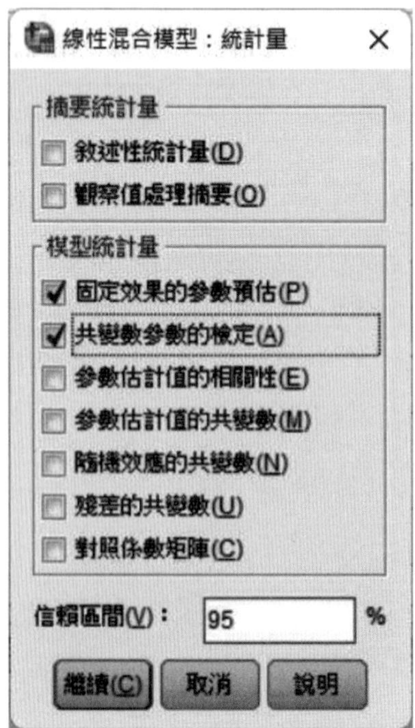

步驟 11　回到以下的畫面時，按一下 EM 平均值 (M)。

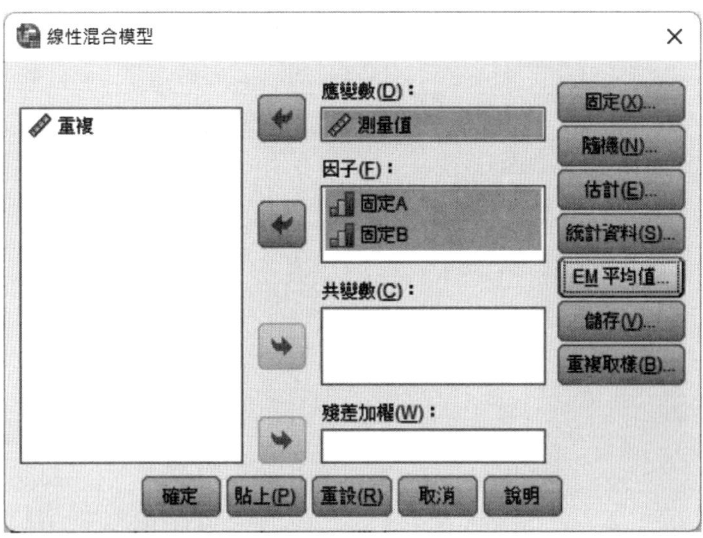

步驟 12　變成 EM 平均值的畫面時，將固定 A 與固定 B 移到顯示此項目的平均值 (M) 之中。

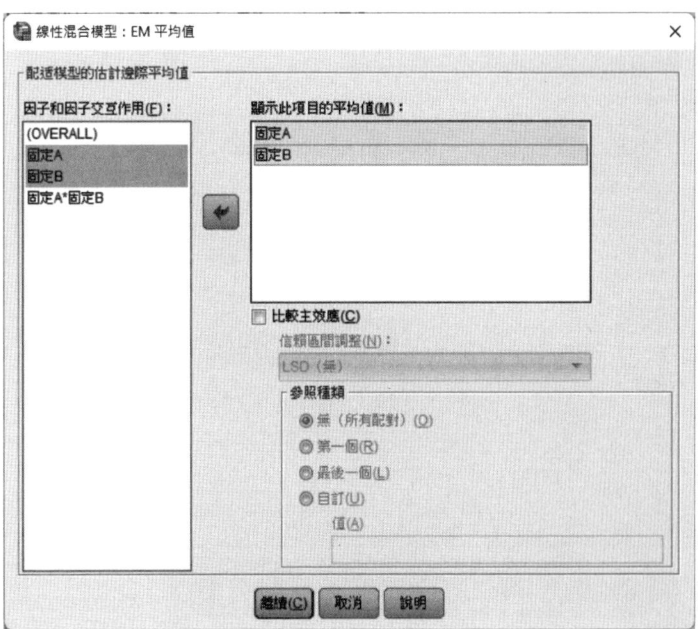

步驟 13 接著，勾選比較主效應 (C)……。

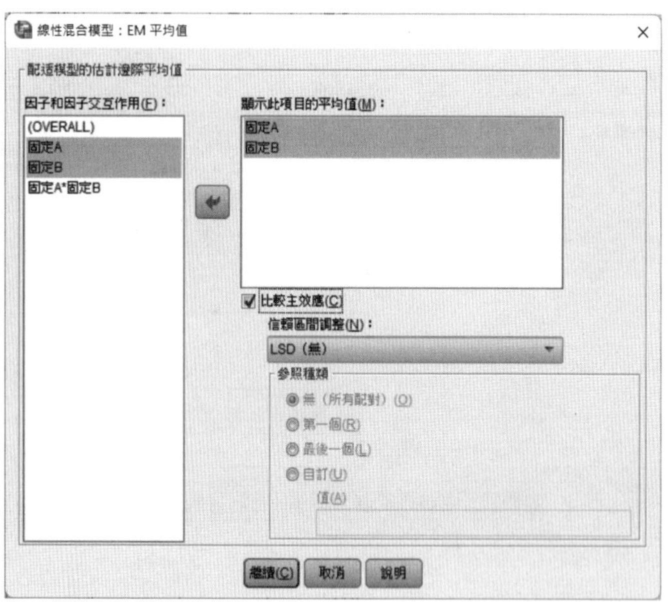

步驟 14 從信賴區間調整 (N) 之中，選擇 Bonferroni，再按一下 繼續 (C) 。

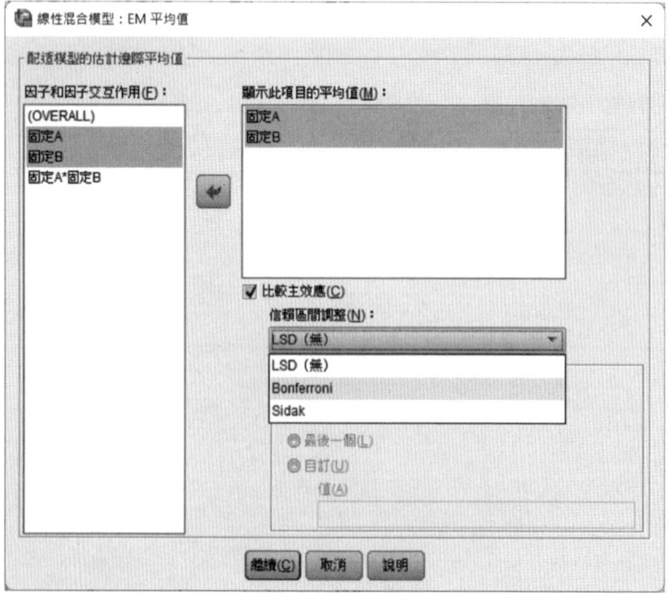

步驟 15　回到以下畫面時，按一下 確定 。

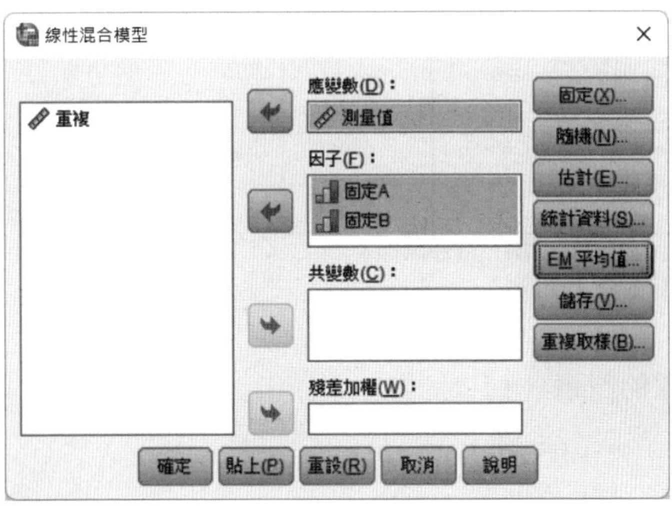

【SPSS 輸出 ・1】

▸ 混合模式分析　　← (0)

模式維度a

		N 層；層數	N 參數；參數數目
固定效果	截距	1	1
	固定A	4	3
	固定B	3	2
	固定A * 固定B	12	6
殘差			1
總計		20	13

← (1)

a. 依變數：測量值.

資訊條件ᵃ

-2 限制對數概似值	64.318
Akaike 的訊息條件 (AIC)	66.318
Hurvich 和 Tsai 的條件 (AICC)	66.718
Bozdogan的條件 (CAIC)	67.802
Schwarz 的貝葉斯條件 (BIC)	66.802

以越小越好的形式顯示資訊條件。

a. 依變數：測量值.

← (2)

【輸出結果的判讀 ・1】

(0) 複合模型分析即爲混合模型分析。

(1) 有關模型之構成輸出

在固定效果的模型中引進

固定 *A*
固定 *B*
固定 *A** 固定 *B*

此模型變成如下：

$$y_{ijk} = u + \alpha_i + \beta_j + (\alpha\beta)_{ij} + \varepsilon_{ijk}$$

- u：截距 一般平均
- α_i：固定 A 主效果
- β_j：固定 B 主效果
- $(\alpha\beta)_{ij}$：固定 A* 固定 B 交互作用
- ε_{ijk}：誤差

(2) 有關模型適配的資訊量基準

譬如，資訊量基準 AIC 是

AIC=66.318。

資訊量基準不能單獨的使用。

將數據適配幾個模型時，

「資訊量基準最小的模型即爲最適模型」。

【SPSS 輸出・2】

固定效果

固定效果的類型 III 檢定a

來源	分子自由度	分母自由度	F	Sig。	
截距	1	12	1506.727	.000	← (4)
固定A	3	12	28.561	.000	
固定B	2	12	45.722	.000	← (5)
固定A * 固定B	6	12	1.477	.266	← (6)

a. 依變數：測量值.

Tea Break

以下的輸出是將表 2.2.1 的數據以

一般線性模型 (G) →單變量 (U)

所分析的結果。與上面的輸出比較看看。

受試者間效應項的檢定

依變數:測量值

來源	型 III 平方和	自由度	平均平方和	F 檢定	顯著性
校正後的模式	1158.015a	11	105.274	16.908	.000
截距	9381.260	1	9381.260	1506.727	.000
固定A	533.488	3	177.829	28.561	.000
固定B	569.356	2	284.678	45.722	.000
固定A * 固定B	55.171	6	9.195	1.477	.266
誤差	74.715	12	6.226		
總和	10613.990	24			
校正後的總數	1232.730	23			

a. R 平方 = .939 (調過後的 R 平方 = .884)

【輸出結果的判讀 ・2】

(3) 交互作用的檢定
假設 H_0：2 個因子 A、B 間的交互作用不存在。
顯著機率 0.266 > 顯著機率 0.05，因之假設 H_0 無法捨棄。
因此，可以想成固定因子 A 與固定因子 B 之間的交互作用不存在。
之後，進入到 (4)、(5)。

(4) 關於固定因子 A 之差的檢定
假設 H_0：4 個水準 A_1、A_2、A_3、A_4 之間沒有差異
顯著水準 0.000 < 顯著水準 0.05，因之假設無法捨棄。
因此，4 個水準 A_1、A_2、A_3、A_4 之間可以認爲有差異。
之後，進入到多重比較。

(5) 關於固定因子 B 之差的檢定
假設 H_0：3 個水準 B_1、B_2、B_3 之間沒有差異。
顯著水準 0.000 < 顯著水準 0.05，假設 H_0 無法捨棄。
因此，3 個水準 B_1、B_2、B_3 之間可認爲有差異。
之後，進入到多重比較。

【SPSS 輸出・3】

(6)
↓

固定效果估計[b]

參數	估計	標準錯誤	自由度	t	Sig。	95% 信賴區間 下限	95% 信賴區間 上限	
截距	15.0000000	1.7644050	12	8.501	.000	11.1556918	18.8443082	
[固定A=1]	-6.3500000	2.4952455	12	-2.545	.026	-11.786673	-.9133271	← (7)
[固定A=2]	-2.2000000	2.4952455	12	-.882	.395	-7.6366729	3.2366729	
[固定A=3]	.6500000	2.4952455	12	.260	.799	-4.7866729	6.0866729	
[固定A=4]	0[a]	0	.	.	.	.	.	
[固定B=1]	12.6000000	2.4952455	12	5.050	.000	7.1633271	18.0366729	
[固定B=2]	14.8500000	2.4952455	12	5.951	.000	9.4133271	20.2866729	
[固定B=3]	0[a]	0	.	.	.	.	.	
[固定A=1] * [固定B=1]	-8.7000000	3.5288100	12	-2.465	.030	-16.388616	-1.0113835	← (8)
[固定A=1] * [固定B=2]	-7.9000000	3.5288100	12	-2.239	.045	-15.588616	-.2113835	
[固定A=1] * [固定B=3]	0[a]	0	.	.	.	.	.	
[固定A=2] * [固定B=1]	-4.7500000	3.5288100	12	-1.346	.203	-12.438616	2.9386165	
[固定A=2] * [固定B=2]	-3.3000000	3.5288100	12	-.935	.368	-10.988616	4.3886165	
[固定A=2] * [固定B=3]	0[a]	0	.	.	.	.	.	
[固定A=3] * [固定B=1]	-1.3000000	3.5288100	12	-.368	.719	-8.9886165	6.3886165	
[固定A=3] * [固定B=2]	-2.9000000	3.5288100	12	-.822	.427	-10.588616	4.7886165	
[固定A=3] * [固定B=3]	0[a]	0	.	.	.	.	.	
[固定A=4] * [固定B=1]	0[a]	0	.	.	.	.	.	
[固定A=4] * [固定B=2]	0[a]	0	.	.	.	.	.	
[固定A=4] * [固定B=3]	0[a]	0	.	.	.	.	.	

a. 這個參數多餘，因此設為零。

b. 依變數：測量值.

【輸出結果的判讀・3】

(6) 固定效果的估計值

	B_1	B_2	B_3	主效果
A_1	$(\alpha\beta)_{11}$ –8.70	$(\alpha\beta)_{12}$ –7.90	$(\alpha\beta)_{13}$ 0	α_1 –6.35
A_2	$(\alpha\beta)_{21}$ –4.75	$(\alpha\beta)_{22}$ –3.30	$(\alpha\beta)_{23}$ 0	α_2 –2.20
A_3	$(\alpha\beta)_{31}$ –1.30	$(\alpha\beta)_{32}$ –2.90	$(\alpha\beta)_{33}$ 0	α_3 0.65
A_4	$(\alpha\beta)_{41}$ 0	$(\alpha\beta)_{42}$ 0	$(\alpha\beta)_{43}$ 0	α_4 0
主效果	β_1 12.60	β_2 14.85	β_3 0	

註：因設 $\alpha_4 = 0$，$\beta_3 = 0$，因之截距 = 15.000
即爲方格 A_4B_3 的平均。因此，
方格 A_1B_1 的平均
$= u + \alpha_1 + \beta_1 + (\alpha\beta)_{11}$
$= 15.00 - 6.35 + 12.60 - 8.70$
$= 12.55$

(7) 主效果的檢定

假設 H_0：$\alpha_1 = 0$（但設 $\alpha_4 = 0$）
顯著水準 0.026 < 顯著水準 0.05，因之假設 H_0 被捨棄。
因此，當設 $\alpha_4 = 0$ 時，$\alpha_4 \neq 0$。

(8) 交互作用的檢定

假設 H_0：$(\alpha\beta)_{11} = 0$（但設 $(\alpha\beta)_{13} = 0$、‧‧‧‧、$(\alpha\beta)_{43} = 0$）
顯著水準 0.030 < 顯著水準 0.05，因之假設 H_0 被捨棄。
因此，當假設 $(\alpha\beta)_{13} = 0$、$(\alpha\beta)_{23} = 0$、‧‧‧‧、$(\alpha\beta)_{42} = 0$、$(\alpha\beta)_{43} = 0$ 時，
$(\alpha\beta)_{11} \neq 0$。

【SPSS 輸出 ·4】

固定效果估計[b]

參數	估計	標準錯誤	自由度	t	Sig。	95% 信賴區間 下限	95% 信賴區間 上限
截距	15.0000000	1.7644050	12	8.501	.000	11.1556918	18.8443082
[固定A=1]	-6.3500000	2.4952455	12	-2.545	.026	-11.786673	-.9133271
[固定A=2]	-2.2000000	2.4952455	12	-.882	.395	-7.6366729	3.2366729
[固定A=3]	.6500000	2.4952455	12	.260	.799	-4.7866729	6.0866729
[固定A=4]	0[a]	0	.	.	.	.	.
[固定B=1]	12.6000000	2.4952455	12	5.050	.000	7.1633271	18.0366729
[固定B=2]	14.8500000	2.4952455	12	5.951	.000	9.4133271	20.2866729
[固定B=3]	0[a]	0	.	.	.	.	.
[固定A=1] * [固定B=1]	-8.7000000	3.5288100	12	-2.465	.030	-16.388616	-1.0113835
[固定A=1] * [固定B=2]	-7.9000000	3.5288100	12	-2.239	.045	-15.588616	-.2113835
[固定A=1] * [固定B=3]	0[a]	0	.	.	.	.	.
[固定A=2] * [固定B=1]	-4.7500000	3.5288100	12	-1.346	.203	-12.438616	2.9386165
[固定A=2] * [固定B=2]	-3.3000000	3.5288100	12	-.935	.368	-10.988616	4.3886165
[固定A=2] * [固定B=3]	0[a]	0	.	.	.	.	.
[固定A=3] * [固定B=1]	-1.3000000	3.5288100	12	-.368	.719	-8.9886165	6.3886165
[固定A=3] * [固定B=2]	-2.9000000	3.5288100	12	-.822	.427	-10.588616	4.7886165
[固定A=3] * [固定B=3]	0[a]	0	.	.	.	.	.
[固定A=4] * [固定B=1]	0[a]	0	.	.	.	.	.
[固定A=4] * [固定B=2]	0[a]	0	.	.	.	.	.
[固定A=4] * [固定B=3]	0[a]	0	.	.	.	.	.

a. 這個參數多餘，因此設為零。
b. 依變數：測量值.

共變異數參數

估計共變異數參數[a]

參數	估計	標準錯誤	Wald Z	Sig。	95% 信賴區間 下限	95% 信賴區間 上限
殘差	6.2262500	2.5418559	2.449	.014	2.7972094	13.8588798

a. 依變數：測量值.

← (9)

【輸出結果的判讀 ·4】

(9) 有關誤差之變異數的估計值、檢定、區間估計

誤差的變異數的估計值 = 6.2262500

Wald 的 Z　$2.449 = \dfrac{6.2262500}{2.5418599}$

此 Wald 的 Z 是如下檢定的檢定統計量。

假設 H_0：$\sigma^2 = 0$

顯著機率 0.014 < 顯著水準 0.05，因之假設 H_0 被捨棄。

因此，誤差的變異數並非 0。

誤差的變異數的區間估計

$2.7972094 \leqq$ 誤差的變異數 $\leqq 12.8588798$

【SPSS 輸出 · 5】

估計的邊緣平均數

1. 固定A

估計值[a]

固定A	平均數	標準錯誤	自由度	95% 信賴區間 下限	95% 信賴區間 上限
水準A1	12.267	1.019	12	10.047	14.486
水準A2	19.267	1.019	12	17.047	21.486
水準A3	23.400	1.019	12	21.180	25.620
水準A4	24.150	1.019	12	21.930	26.370

a. 依變數：測量值.

← (10)

成對比較[b]

(I) 固定A	(J) 固定A	平均數差異 (I-J)	標準錯誤	自由度	Sig。[a]	差異的 95% 信賴區間[a] 下限	差異的 95% 信賴區間[a] 上限
水準A1	水準A2	-7.000*	1.441	12	.000	-10.139	-3.861
	水準A3	-11.133*	1.441	12	.000	-14.272	-7.994
	水準A4	-11.883*	1.441	12	.000	-15.022	-8.744
水準A2	水準A1	7.000*	1.441	12	.000	3.861	10.139
	水準A3	-4.133*	1.441	12	.014	-7.272	-.994
	水準A4	-4.883*	1.441	12	.005	-8.022	-1.744
水準A3	水準A1	11.133*	1.441	12	.000	7.994	14.272
	水準A2	4.133*	1.441	12	.014	.994	7.272
	水準A4	-.750	1.441	12	.612	-3.889	2.389
水準A4	水準A1	11.883*	1.441	12	.000	8.744	15.022
	水準A2	4.883*	1.441	12	.005	1.744	8.022
	水準A3	.750	1.441	12	.612	-2.389	3.889

根據估計的邊緣平均數而定

*. 平均數差異的顯著水準為 .05。

a. 調整多重比較：最低顯著差異 (等於未調整值)。

b. 依變數：測量值.

← (11)

簡單效果的檢定[a]

分子自由度	分母自由度	F	Sig。
3	12	28.561	.000

F 檢定 固定A的 效果。這個檢定是根據所估計邊緣平均數的線性獨立成對比較而定。

a. 依變數：測量值.

← (12)

【輸出結果的判讀 ‧5】

(10) 固定效果 A 的周邊平均的估計值與區間估計

水準 A_1 的周邊平均的估計值

$$12.267 = \frac{13.2 + 11.9 + 16.1 + 15.1 + 9.1 + 8.2}{6}$$

水準 A_1 的周邊平均的區間估計

$10.047 \quad = 12.267 - t_{12}(0.025) \times 1.019$

$14.487 \quad = 12.267 + t_{12}(0.025) \times 1.019$

$t_{12}(0.025) = 2.178813$

(11) 利用 Bonferroni 之修正的多重比較

有 * 記號的水準組合，即有顯著差。

因此，有顯著差的組合是

$$\begin{cases} \text{水準 } A_1 \text{ 與水準 } A_2 \\ \text{水準 } A_1 \text{ 與水準 } A_3 \\ \text{水準 } A_1 \text{ 與水準 } A_4 \\ \text{水準 } A_2 \text{ 與水準 } A_4 \end{cases}$$

顯著水準是 5%

(12) 與 (4) 的結果相同。

【SPSS 輸出・6】

2. 固定B

估計值[a]

固定B	平均數	標準錯誤	自由度	95% 信賴區間 下限	95% 信賴區間 上限
水準B1	21.938	.882	12	20.015	23.860
水準B2	24.350	.882	12	22.428	26.272
水準B3	13.025	.882	12	11.103	14.947

a. 依變數：測量值.

← (13)

成對比較[b]

(I) 固定B	(J) 固定B	平均數差異 (I-J)	標準錯誤	自由度	Sig.[a]	差異的 95% 信賴區間[a] 下限	差異的 95% 信賴區間[a] 上限
水準B1	水準B2	-2.412	1.248	12	.077	-5.131	.306
	水準B3	8.912*	1.248	12	.000	6.194	11.631
水準B2	水準B1	2.412	1.248	12	.077	-.306	5.131
	水準B3	11.325*	1.248	12	.000	8.607	14.043
水準B3	水準B1	-8.912*	1.248	12	.000	-11.631	-6.194
	水準B2	-11.325*	1.248	12	.000	-14.043	-8.607

根據估計的邊緣平均數而定

*. 平均數差異的顯著水準為 .05。

a. 調整多重比較：最低顯著差異 (等於未調整值)。

b. 依變數：測量值.

← (14)

簡單效果的檢定[a]

分子自由度	分母自由度	F	Sig.
2	12	45.722	.000

F 檢定 固定B的 效果。這個檢定是根據所估計邊緣平均數的線性獨立成對比較而定。

a. 依變數：測量值.

← (15)

【輸出結果的判讀 ‧6】

(13) 有關固定效果 B 之周邊平均的估計值與區間估計

水準 B_1 的周邊平均的估計值

$$21.938 = \frac{13.2+11.9+22.8+18.5+21.8+32.1+25.7+29.5}{8}$$

水準 B_1 的周邊平均的區間估計

$$20.015 = 21.938 - t_{12}(0.025) \times 0.882$$

$$23.860 = 21.938 + t_{12}(0.025) \times 0.882$$

$$t_{12} = 2.178813$$

(14) 利用 Bonferroni 修正的多重比較

有 * 記號的水準組合，即有顯著差。

因此，有顯著差的組合是

$$\begin{cases} \text{水準 } B_1 \text{ 與水準 } B_3 \\ \text{水準 } B_2 \text{ 與水準 } B_3 \end{cases}$$

註：因交互作用不存在，故此多重比較有意義。

(15) 與 (5) 相同。

Note

第 3 章 二因子的隨機模型——隨機因子與隨機因子

3.1 前言

3.2 二因子的隨機模型的步驟

3.1 前言

以下的表 3.1.1 是隨機因子 A、隨機因子 B、重複數 2 的二因子數據。

表 3.1.1　隨機因子 A 與隨機因子 B

		隨機因子 B		
		水準 B_1	水準 B_2	水準 B_3
隨機因子 A	水準 A_1	13.2 11.9	16.1 15.1	9.1 8.2
	水準 A_2	22.8 18.5	24.5 24.2	11.9 13.7
	水準 A_3	21.8 32.1	26.9 28.3	15.1 16.2
	水準 A_4	25.7 29.5	30.1 29.6	15.2 14.8

此數據與第 2 章的數據完全相同。變成隨機模型時何處有不同呢？
試比較與分析看看。

【數據輸入類型】

表 3.1.1 的數據輸入如下：

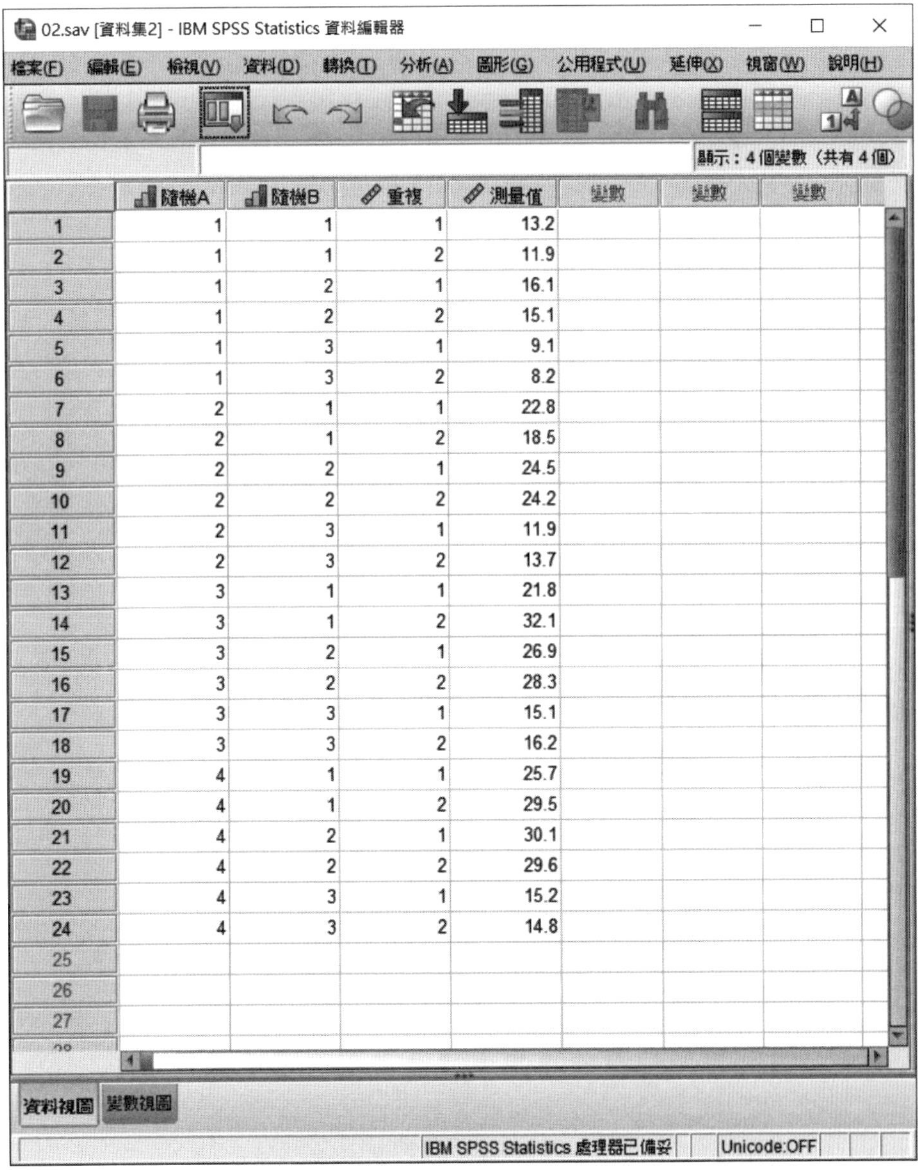

02.sav [資料集2] - IBM SPSS Statistics 資料編輯器

檔案(F) 編輯(E) 檢視(V) 資料(D) 轉換(T) 分析(A) 圖形(G) 公用程式(U) 延伸(X) 視窗(W) 說明(H)

顯示：4 個變數（共有 4 個）

	隨機A	隨機B	重複	測量值	變數	變數	變數
1	1	1	1	13.2			
2	1	1	2	11.9			
3	1	2	1	16.1			
4	1	2	2	15.1			
5	1	3	1	9.1			
6	1	3	2	8.2			
7	2	1	1	22.8			
8	2	1	2	18.5			
9	2	2	1	24.5			
10	2	2	2	24.2			
11	2	3	1	11.9			
12	2	3	2	13.7			
13	3	1	1	21.8			
14	3	1	2	32.1			
15	3	2	1	26.9			
16	3	2	2	28.3			
17	3	3	1	15.1			
18	3	3	2	16.2			
19	4	1	1	25.7			
20	4	1	2	29.5			
21	4	2	1	30.1			
22	4	2	2	29.6			
23	4	3	1	15.2			
24	4	3	2	14.8			
25							
26							
27							

資料視圖 變數視圖

IBM SPSS Statistics 處理器已備妥 Unicode:OFF

3.2 二因子的隨機模型的步驟

【統計處理的步驟】

步驟 1　從分析 (A) 的清單中選擇混合模型 (X)，接著點選子清單的線性 (L)。

步驟 2　變成以下畫面時，按照原樣按一下繼續 (C)。

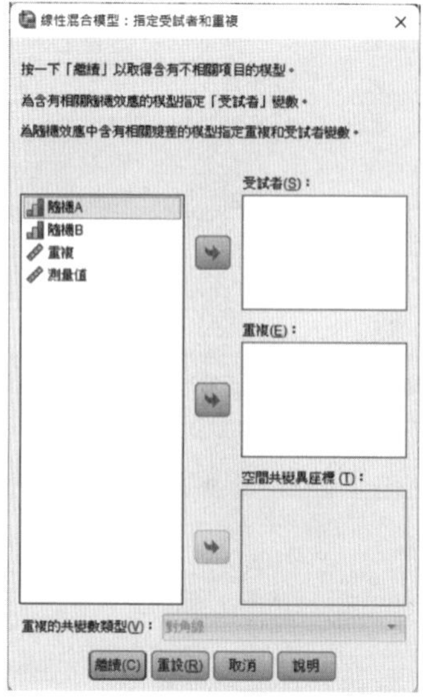

步驟 3　如變成以下畫面時，將測量值移到應變數 (D) 之中。

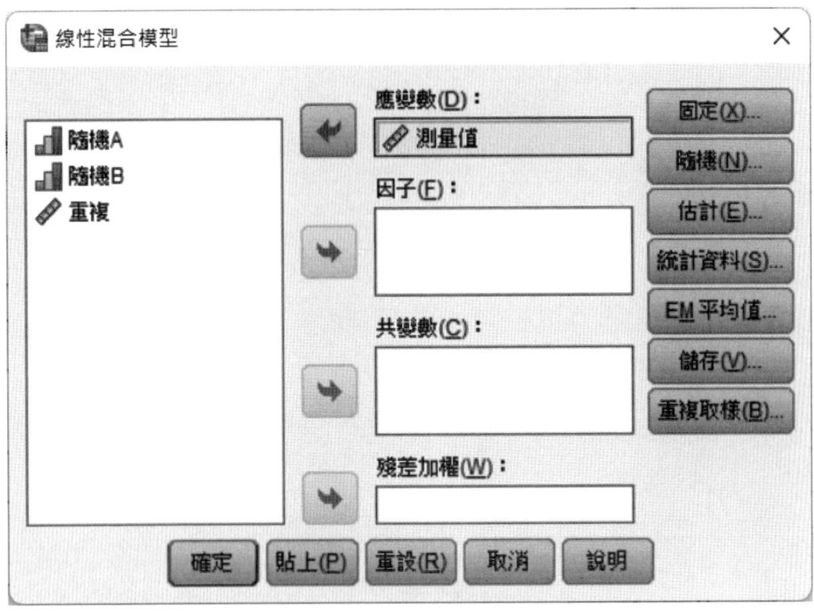

步驟 4　接著，將隨機 A、隨機 B 分別移到因子 (F) 之中，按一下畫面右方的 隨機 (N) 。

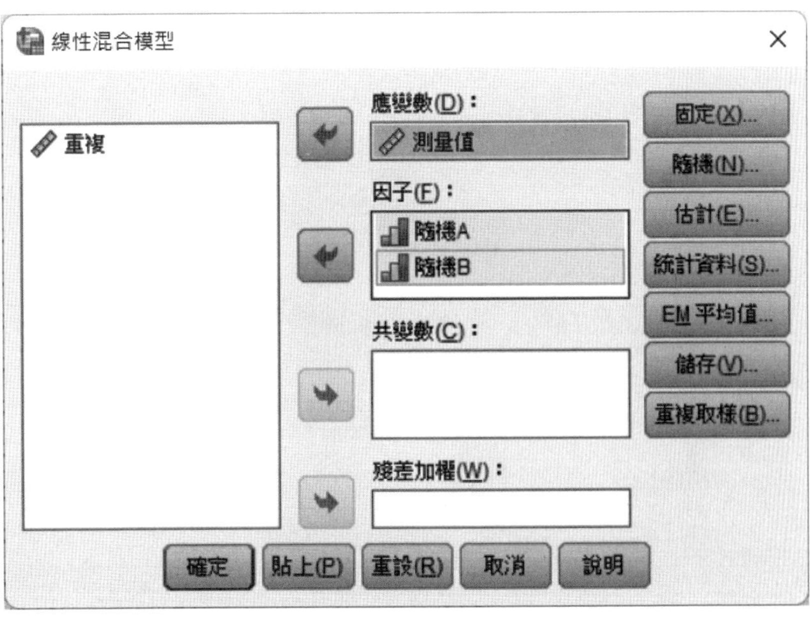

步驟 5 於是，變成了如下的隨機效果畫面。

步驟 6 選擇隨機 A 與隨機 B，之後再按一下 新增 (A) 時，模型 (M) 之中即變成如下：

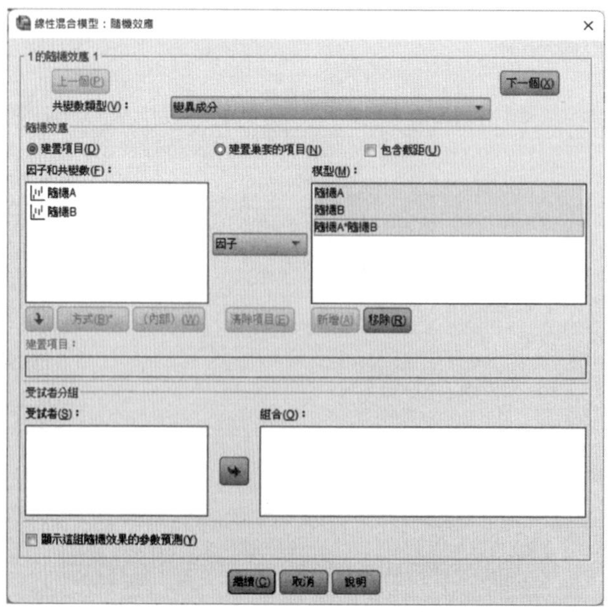

步驟 7　回到以下畫面時，按一下 統計資料 (S)。

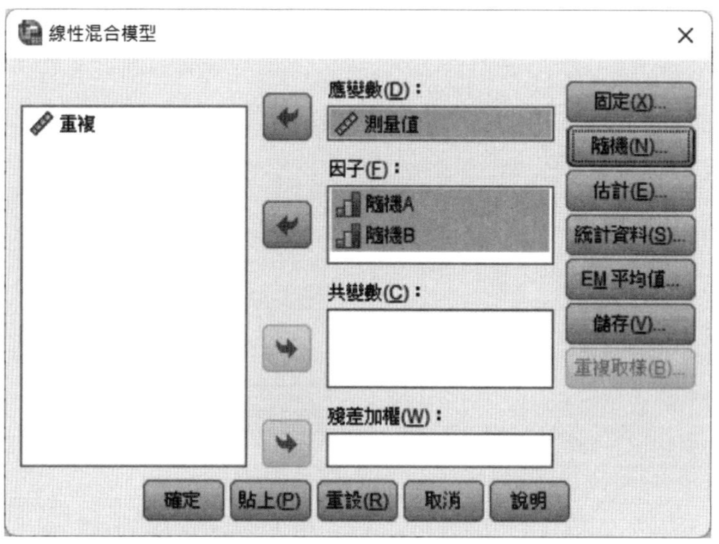

步驟 8　變成統計量的畫面時，如下勾選後按一下 繼續 (C)。

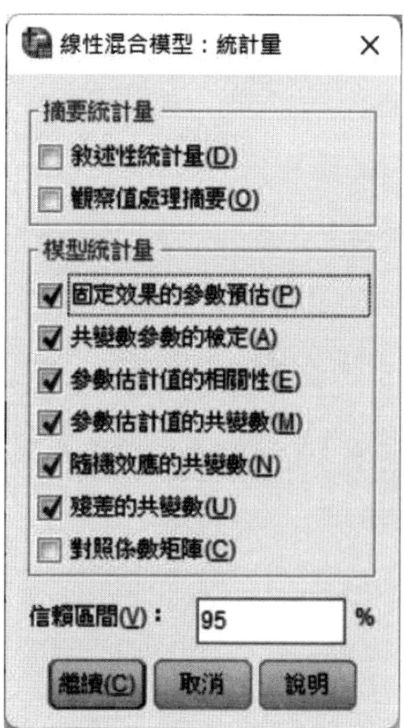

步驟 9 回到以下畫面時，按一下 確定 。

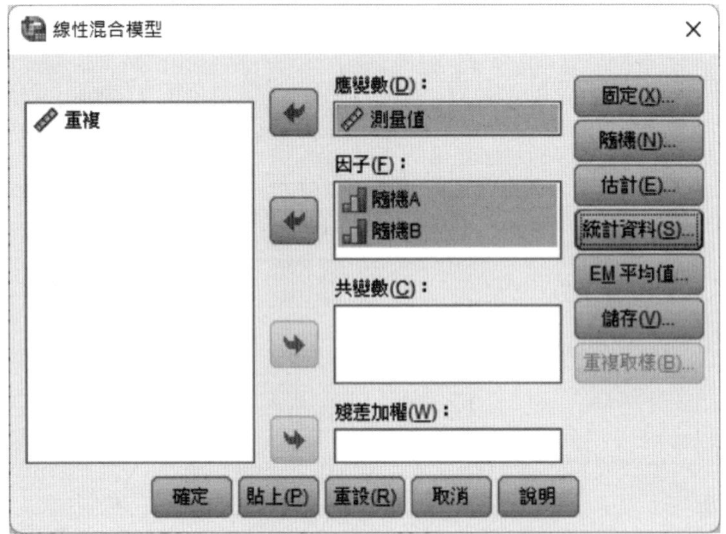

【SPSS 輸出 · 1】

模型維度[a]

		層級數	共變數結構	參數數目
固定效應	截距	1		1
隨機效應	隨機A + 隨機B + 隨機A * 隨機B[b]	19	變異成分	3
殘差				1
總計		20		5

← (1)

a. 依變數：測量值。

b. 從 11.5 版開始，RANDOM 次指令的語法規則已變更。您的指令語法產生的結果可能與舊版本產生的結果不同。如果您使用的是第 11 版語法，請參閱現行語法參考手冊，以取得相關資訊。

資訊準則[a]

-2 受限對數概似	130.552
Akaike 資訊準則 (AIC)	138.552
Hurvich 及 Tsai 準則 (AICC)	140.774
Bozdogan 準則 (CAIC)	147.094
Schwarz 貝氏準則 (BIC)	143.094

← (2)

資訊準則以越小越好的格式顯示。

a. 依變數：測量值。

【輸出結果的判讀 ‧1】

(1) 有關模型構成的輸出

固定效果只是截距而已。

在隨機效果（SPSS 稱爲隨機效果）的模型中引進

變量 A
變量 B
變量 A* 變量 B

此模型是

$$y_{ijk} = u + \alpha_i + \beta_j + (\alpha\beta)_{ij} + \varepsilon_{ijk}$$

u	α_i	β_j	$(\alpha\beta)_{ij}$	ε_{ijk}
↑	↑	↑	↑	↑
截距 一般平均	隨機 A 主效果	隨機 B 主效果	隨機 A* 隨機 B 交互作用	誤差

(2) 有關模型適配的資訊量基準

譬如，資訊量基準 AIC 是

AIC = 138.552

資訊量基準是不能單獨使用的。

當數據可適配幾個模型時，可以認爲

「資訊量基準最小的模型是最適的模型」。

【SPSS 輸出 · 2】

固定效應

固定效應的類型 III 檢定[a]

來源	分子自由度	分母自由度	F	顯著性
截距	1	4.023	20.695	.010

a. 依變數：測量值。

← (3)

固定效應估計值[a]

參數	估計	標準誤	自由度	T	顯著性	95% 信賴區間 下限	95% 信賴區間 上限
截距	19.770833	4.346033	4.023	4.549	.010	7.731775	31.809891

a. 依變數：^1。

← (4)

固定效應估計值的共變數矩陣[a]

參數	截距
截距	18.888003

a. 依變數：測量值。

← (5)

以下的輸出是將表 3.1.1 的數據以

一般線性模型 (G) →單隨機 (U)

所分析的結果。注意截距的 F 值與顯著機率是與 (3) 之值一致。

受試者間效應項的檢定

依變數:測量值

來源		型 III 平方和	自由度	平均平方和	F 檢定	顯著性
截距	假設	9381.260	1	9381.260	20.695	.010
	誤差	1823.793	4.023	453.312[a]		
變量A	假設	533.488	3	177.829	19.339	.002
	誤差	55.171	6	9.195[b]		
變量B	假設	569.356	2	284.678	30.960	.001
	誤差	55.171	6	9.195[b]		
變量A * 變量B	假設	55.171	6	9.195	1.477	.266
	誤差	74.715	12	6.226[c]		

a. MS(變量A) + MS(變量B) - MS(變量A *變量B)

b. MS(變量A *變量B)

c. MS(誤差)

【輸出結果的判讀 ・2】

(3) 有關截距之檢定

假設 H_0：截距 = 0

顯著機率 0.010 < 顯著水準 0.05，因之假設 H_0 被捨棄。

因此，截距不是 0。

(4) 固定效果的檢定與區間估計

假設 H_0：截距 = 0

顯著機率 0.010 < 顯著水準 0.05，因之假設 H_0 被捨棄。

但是，分子的自由度是 1，因之注意

F 值 = 20.695 = $(4.549)^2$ = t 值 ^{2}

因此，與 (3) 之檢定結果相同。

截距的區間估計如下：

7.7317754 ≦截距≦ 31.8098913

(5) 18. 8880035 =（標準誤差）^{2} = $(4.3460331)^2$

Tea Break

隨機因子的主效果 α_i，β_j 因設成 0，因之沒有主效果的輸出。只是截距而已。

【SPSS 輸出 ・3】

共變數參數

共變數參數估計值[a]

參數		估計	標準誤	Wald Z	顯著性	95% 信賴區間 下限	上限
殘差		6.226250	2.541856	2.449	.014	2.797209	13.858880
隨機A	變異	28.105694	24.215673	1.161	.246	5.192840	152.119093
隨機B	變異	34.435347	35.590927	.968	.333	4.541908	261.078184
隨機A * 隨機B	變異	1.484444	2.942981	.504	.614	.030480	72.295507

← (6)

a. 依變數：^1。

・殘差 6.2262500 與第 2 章的【SPSS 輸出 ・4】的 (9) 相同。
・隨機 B 的變異數 34.4353472 與第 3 章的【SPSS 輸出 ・5】的 (10) 相同。

Tea Break

以下的輸出是將表 3.2.1 的數據以

一般線性模型 (G) → 變異數成分 (V)

所分析的結果。請確認與 (6) 之值是一致的。

變異數估計值

成份	估計值
Var(變量A)	28.106
Var(變量B)	34.435
Var(變量A * 變量B)	1.484
Var(誤差)	6.226

依變數:測量值
方法: 最小二次不偏估計 (隨機效應和 殘差的加權 = 1)

【輸出結果的判讀 ‧3】

(6)隨機模型時，有興趣的對象是以下的比較

- 變量 A 的變異數
- 變量 B 的變異數
- 變量 A* 變量 B 的變異數
- 誤差的變異數

觀察輸出時，即為

變量 A 的變異數的估計值	= 28.1056944
變量 B 的變異數	= 34.4353472
變量 A* 變量 B 的變異數	= 1.484444
誤差的變異數	= 6.2262500

因此，知

「隨機 A 與隨機 B 之變異數比誤差的變異數大」。

註：

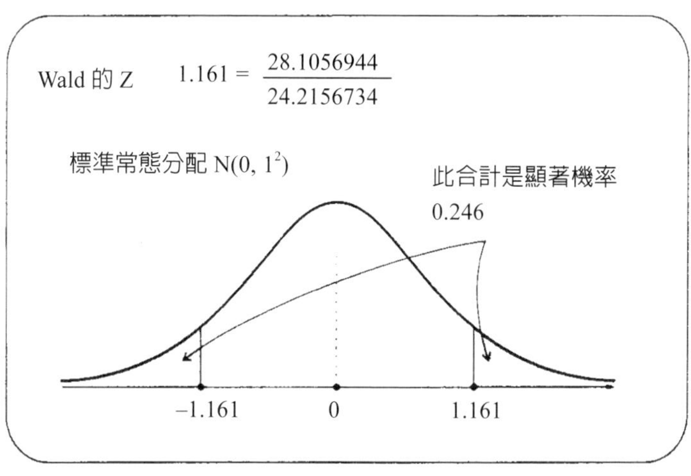

【SPSS 輸出 · 4】

共變數參數估計值的相關性矩陣[a]

參數		殘差	隨機A 變異	隨機B 變異	隨機A * 隨機B 變異
殘差		1	.000	.000	-.432
隨機A	變異	.000	1	.001	-.033
隨機B	變異	.000	.001	1	-.017
隨機A * 隨機B	變異	-.432	-.033	-.017	1

a. 依變數：測量值。

← (8)

共變數參數估計值的共變數矩陣[a]

參數		殘差	隨機A 變異	隨機B 變異	隨機A * 隨機B 變異
殘差		6.461032	.000000	.000000	-3.230516
隨機A	變異	.000000	586.398837	.587157	-2.348627
隨機B	變異	.000000	.587157	1266.714059	-1.761470
隨機A * 隨機B	變異	-3.230516	-2.348627	-1.761470	8.661139

a. 依變數：測量值。

← (7)

【輸出結果的判讀 · 4】

(7) 隨機效果的估計值的變異共變異矩陣

隨機 A 的變異數的估計值

$586.398837 = (24.2156734)^2$

隨機 B 的變異數的估計值

$1266.71406 = (35.5909266)^2$

隨機 A* 隨機 B 之變異數的估計值

$8.6611395 = (2.9429814)^2$

誤差的變異數的估計值

$6.4610315 = (2.5418559)^2$

(8) 隨機效果的估計值的相關矩陣

$$-0.033 = \frac{-2.3486272}{\sqrt{586.398837}\sqrt{8.6611395}}$$

$$-0.432 = \frac{-3.2305158}{\sqrt{8.6611395}\sqrt{6.4610305}}$$

註：相關係數 $= \frac{\text{共變異數}}{\sqrt{\text{變異數}}\sqrt{\text{變異數}}}$

【SPSS 輸出・5】

隨機A[a]

	[隨機A=1]	[隨機A=2]	[隨機A=3]	[隨機A=4]
[隨機A=1]	28.105694	0	0	0
[隨機A=2]	0	28.105694	0	0
[隨機A=3]	0	0	28.105694	0
[隨機A=4]	0	0	0	28.105694

← (9)

變異成分

a. 依變數：測量值。

隨機B[a]

← (10)

	[隨機B=1]	[隨機B=2]	[隨機B=3]
[隨機B=1]	34.435347	0	0
[隨機B=2]	0	34.435347	0
[隨機B=3]	0	0	34.435347

變異成分

a. 依變數：測量值。

	[隨機A=1] * [隨機B=1]	[隨機A=1] * [隨機B=2]	[隨機A=1] * [隨機B=3]	[隨機A=2] * [隨機B=1]	[隨機A=2] * [隨機B=2]
[隨機A=1] * [隨機B=1]	1.484444	0	0	0	0
[隨機A=1] * [隨機B=2]	0	1.484444	0	0	0
[隨機A=1] * [隨機B=3]	0	0	1.484444	0	0
[隨機A=2] * [隨機B=1]	0	0	0	1.484444	0
[隨機A=2] * [隨機B=2]	0	0	0	0	1.484444
[隨機A=2] * [隨機B=3]	0	0	0	0	0
[隨機A=3] * [隨機B=1]	0	0	0	0	0
[隨機A=3] * [隨機B=2]	0	0	0	0	0
[隨機A=3] * [隨機B=3]	0	0	0	0	0
[隨機A=4] * [隨機B=1]	0	0	0	0	0
[隨機A=4] * [隨機B=2]	0	0	0	0	0
[隨機A=4] * [隨機B=3]	0	0	0	0	0

← (11)

變異成分

a. 依變數：測量值。

【輸出結果的判讀 ·5】

(9)隨機 A 的變異數與共變異數

28.1056994 = 變量 A 的變異數的估計值

（請回想隨機模型的條件是

「主效果 α_i 是相互獨立地服從常態分配 N(0，σ_α^2)」。

「主效果 β_j 是相互獨立地服從常態分配 N(0，σ_β^2)」。

因此，共變異數即爲 0 。）

(10) 隨機 B 的變異數與共變異數

34.4353475 = 變量 B 的變異數的估計值

(11) 隨機 A* 隨機 B 之變異數與共變異數

1.484444 = 變量 A* 變量 B 的變異數的估計值

（請回想二因子隨機模型之條件：

「交互作用 $(\alpha\beta)_{ij}$ 相互獨立地服從常態分配 N(0，$\sigma_{\alpha\beta}^2$)」。）

【SPSS 輸出 ·6】

	[隨機A=2] * [隨機B=3]	[隨機A=3] * [隨機B=1]	[隨機A=3] * [隨機B=2]	[隨機A=3] * [隨機B=3]	[隨機A=4] * [隨機B=1]
[隨機A=1] * [隨機B=1]	0	0	0	0	0
[隨機A=1] * [隨機B=2]	0	0	0	0	0
[隨機A=1] * [隨機B=3]	0	0	0	0	0
[隨機A=2] * [隨機B=1]	0	0	0	0	0
[隨機A=2] * [隨機B=2]	0	0	0	0	0
[隨機A=2] * [隨機B=3]	1.484444	0	0	0	0
[隨機A=3] * [隨機B=1]	0	1.484444	0	0	0
[隨機A=3] * [隨機B=2]	0	0	1.484444	0	0
[隨機A=3] * [隨機B=3]	0	0	0	1.484444	0
[隨機A=4] * [隨機B=1]	0	0	0	0	1.484444
[隨機A=4] * [隨機B=2]	0	0	0	0	0
[隨機A=4] * [隨機B=3]	0	0	0	0	0

變異成分

a. 依變數：測量值。

	[隨機A=4] * [隨機B=2]	[隨機A=4] * [隨機B=3]
[隨機A=1] * [隨機B=1]	0	0
[隨機A=1] * [隨機B=2]	0	0
[隨機A=1] * [隨機B=3]	0	0
[隨機A=2] * [隨機B=1]	0	0
[隨機A=2] * [隨機B=2]	0	0
[隨機A=2] * [隨機B=3]	0	0
[隨機A=3] * [隨機B=1]	0	0
[隨機A=3] * [隨機B=2]	0	0
[隨機A=3] * [隨機B=3]	0	0
[隨機A=4] * [隨機B=1]	0	0
[隨機A=4] * [隨機B=2]	1.484444	0
[隨機A=4] * [隨機B=3]	0	1.484444

變異成分

a. 依變數：測量值。

殘差共變數 (R) 矩陣[a]

	殘差
殘差	6.226250

← (12)

a. 依變數：測量值。

【輸出結果的判讀 ・6】

(12) 誤差的變異數的估計值

6.2262500 = 誤差的變異數

（請回想二因子的隨機模型之條件

「交互作用 $(\alpha\beta)_{ij}$ 相互獨立地服從常態分配 $N(0，\sigma^2_{\alpha\beta})$」。）

Note

第 4 章
因子的混合模型——固定因子與隨機因子

4.1 前言

以下的表 4.1.1 是固定因子 A、隨機因子 B、重複數 2 的二因子數據。

表 4.1.1　固定因子 A 與隨機因子 B

		隨機因子 B		
		水準 B_1	水準 B_2	水準 B_3
固定因子 A	水準 A_1	13.2 11.9	16.1 15.1	9.1 8.2 } 重複數 2
	水準 A_2	22.8 18.5	24.5 24.2	11.9 13.7
	水準 A_3	21.8 32.1	26.9 28.3	15.1 16.2
	水準 A_4	25.7 29.5	30.1 29.6	15.2 14.8

【數據輸入類型】

表 4.1.1 的數據如下輸入。

03.sav [資料集1] - IBM SPSS Statistics 資料編輯器

檔案(F) 編輯(E) 檢視(V) 資料(D) 轉換(T) 分析(A) 圖形(G) 公用程式(U) 延伸(X) 視窗(W) 說明(H)

顯示：4 個變數（共有 4 個）

	固定A	隨機B	重複	測量值	變數	變數	變數	變數	變
1	1	1	1	13.2					
2	1	1	2	11.9					
3	1	2	1	16.1					
4	1	2	2	15.1					
5	1	3	1	9.1					
6	1	3	2	8.2					
7	2	1	1	22.8					
8	2	1	2	18.5					
9	2	2	1	24.5					
10	2	2	2	24.2					
11	2	3	1	11.9					
12	2	3	2	13.7					
13	3	1	1	21.8					
14	3	1	2	32.1					
15	3	2	1	26.9					
16	3	2	2	28.3					
17	3	3	1	15.1					
18	3	3	2	16.2					
19	4	1	1	25.7					
20	4	1	2	29.5					
21	4	2	1	30.1					
22	4	2	2	29.6					
23	4	3	1	15.2					
24	4	3	2	14.8					
25									
26									
27									

資料視圖　變數視圖

IBM SPSS Statistics 處理器已備妥　Unicode:OFF

4.2 二因子的混合模型的步驟

【統計處理的步驟】

步驟 1　從分析 (A) 的清單中選擇混合模型 (X)，按著點選子清單的線性 (L)。

步驟 2　變成以下畫面時，照原來那樣按一下 繼續 (C)。

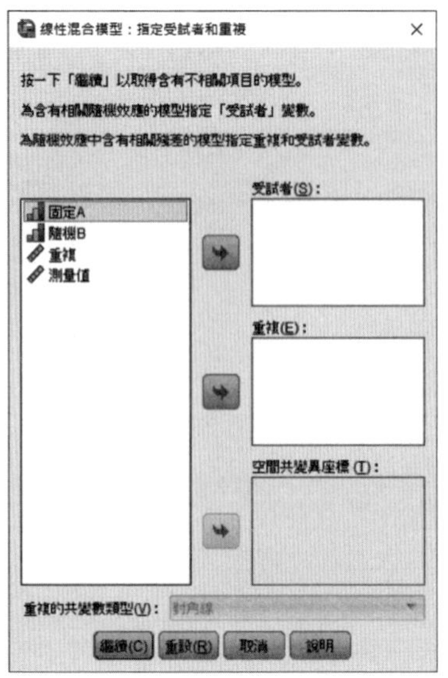

步驟 3　變成以下畫面時，將測量值移到應變數 (D) 之中。

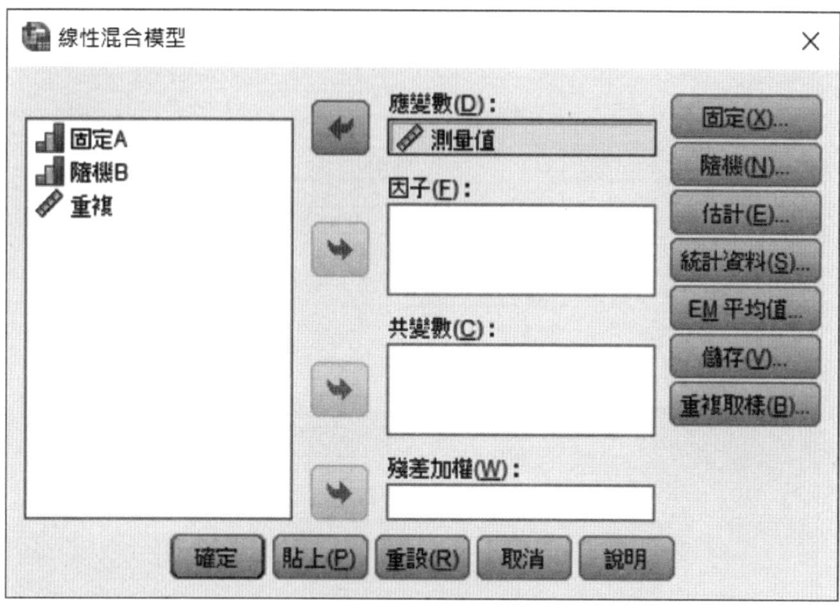

步驟 4　將固定 A 與隨機 B 分別移到因子 (F) 之中，按一下畫面左下的固定 (X)。

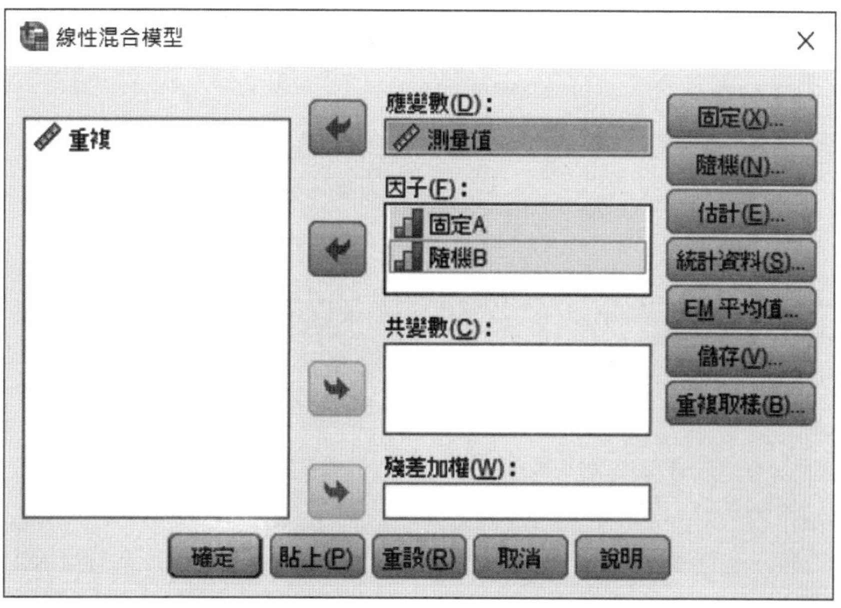

步驟 5 如以下變成固定效果的畫面。

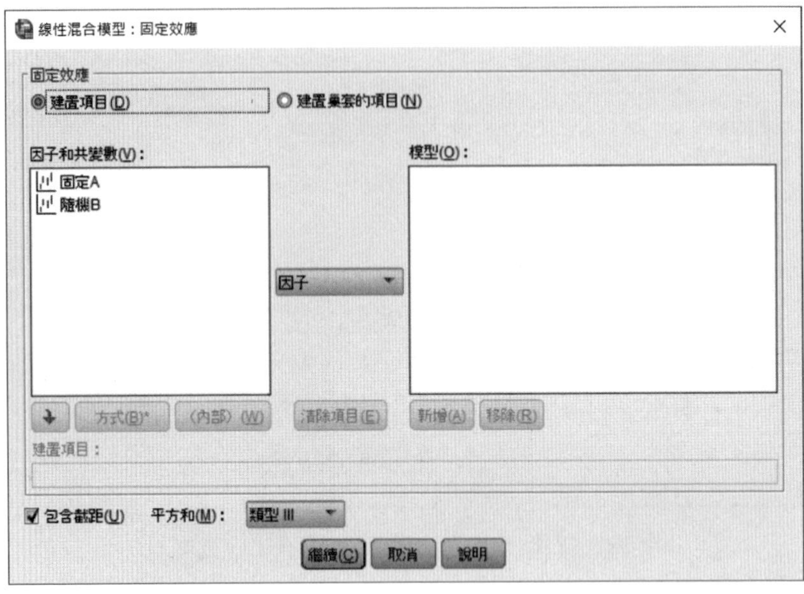

步驟 6 按一下固定 A，再按一下新增 (A)。固定 A 如移到模型 (O) 之中時，按一下繼續 (C)。

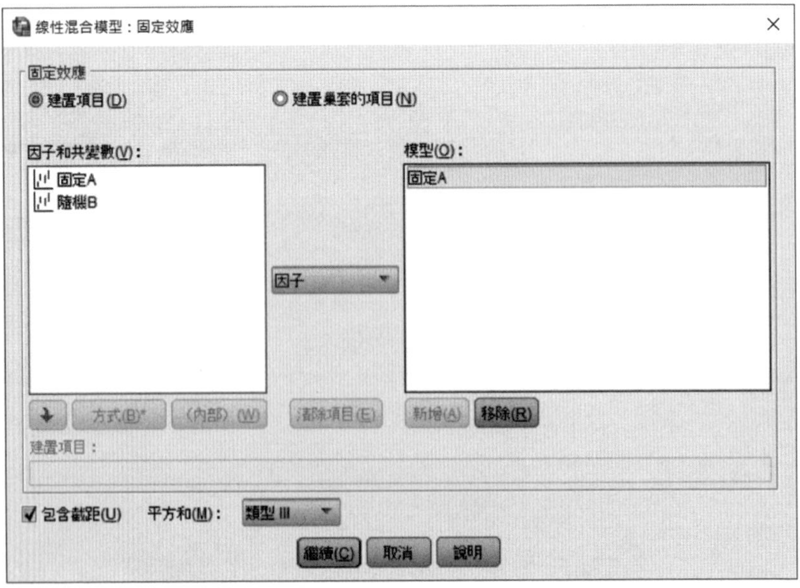

步驟 7　回到以下畫面時，按一下畫面右方的隨機 (N)。

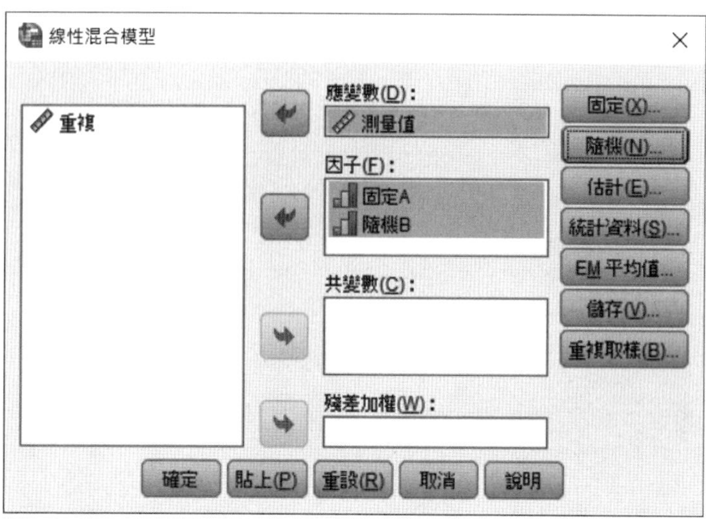

步驟 8　變成隨機效果之畫面時，按一下隨機 B，再按一下新增 (A)。

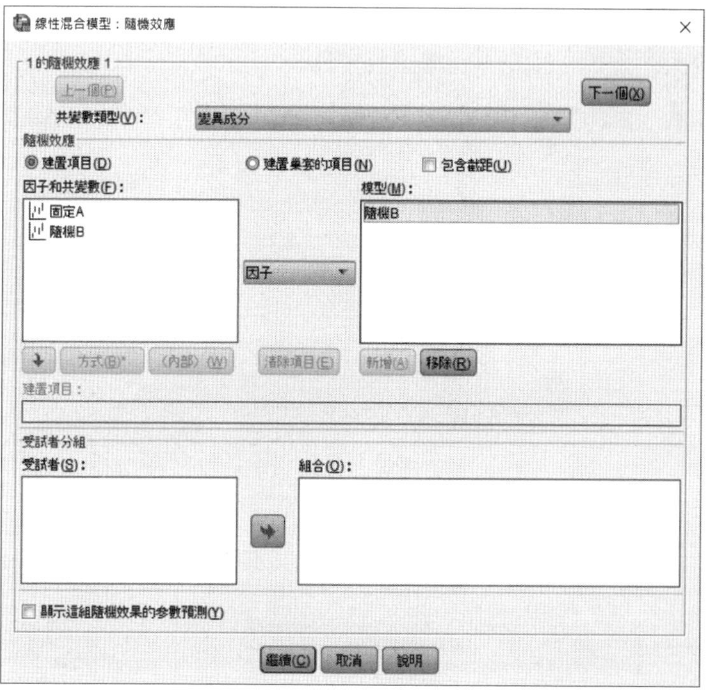

步驟 9　隨機 B 如移到模型 (M) 之中時，按住 Ctrl 鍵，點選固定 A 與隨機 B。並且，選擇交互作用，再按一下新增 (A)。

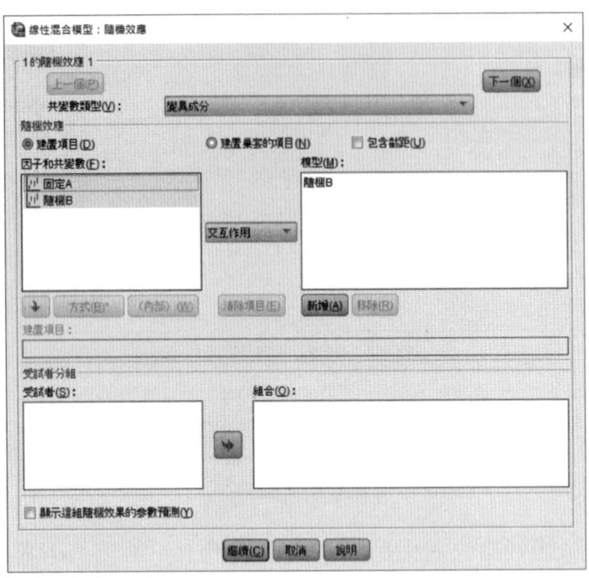

步驟 10　變成以下時，按一下繼續 (C)。

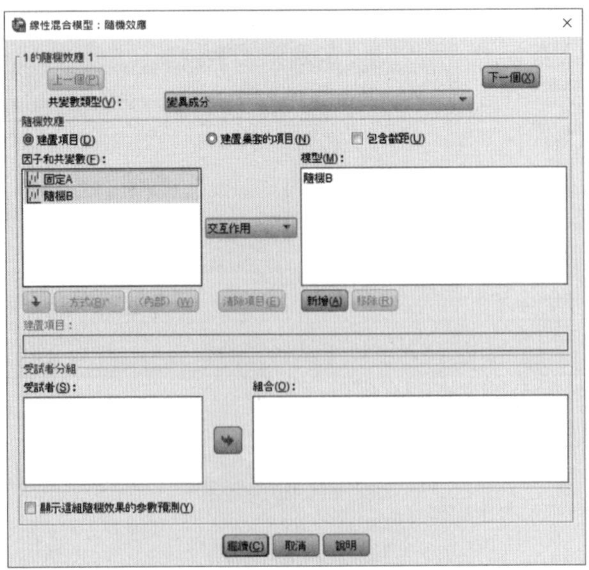

步驟 11　回到以下畫面時，按一下統計資料 (S)。

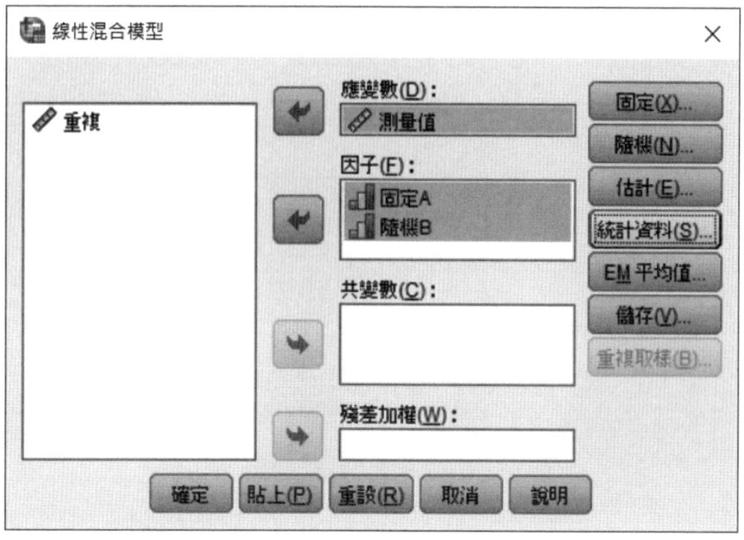

步驟 12　變成統計量畫面時，如下勾選，再按 繼續 (C) 。

步驟 13 回到以下畫面時，按一下 EM 平均值 (M)。

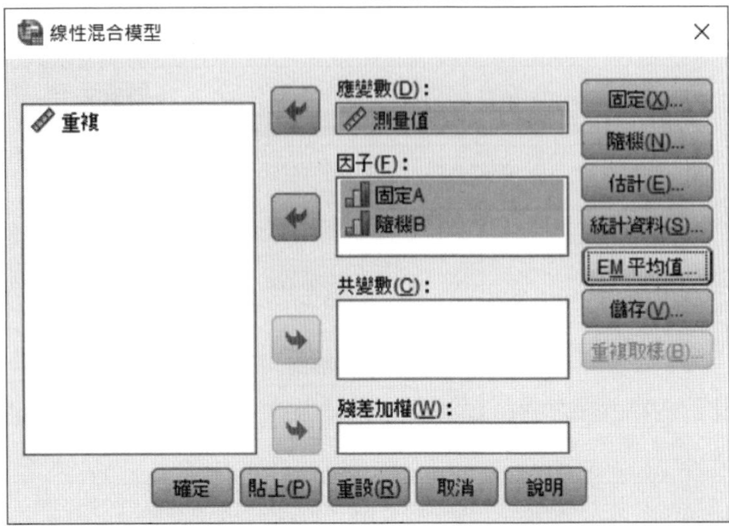

步驟 14 變成 EM 平均值的畫面時，將固定 A 移到顯示此項目的平均值 (M) 中。

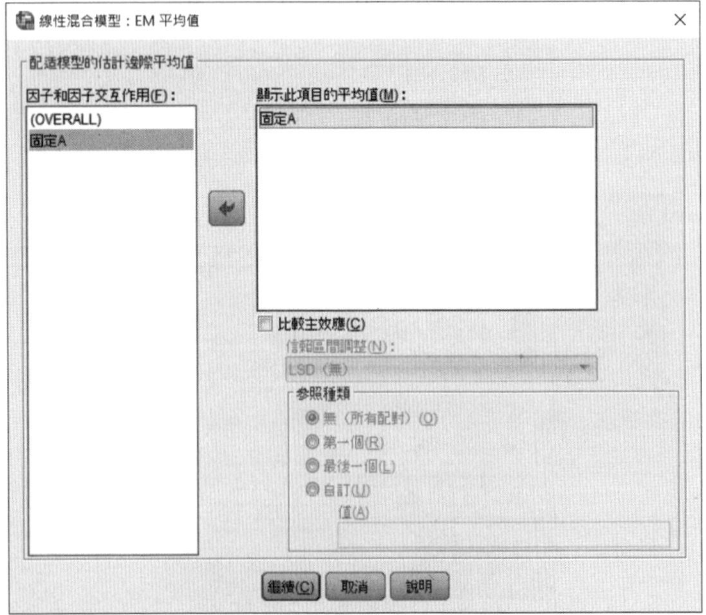

步驟 15　接著，勾選比較主效應 (C)。

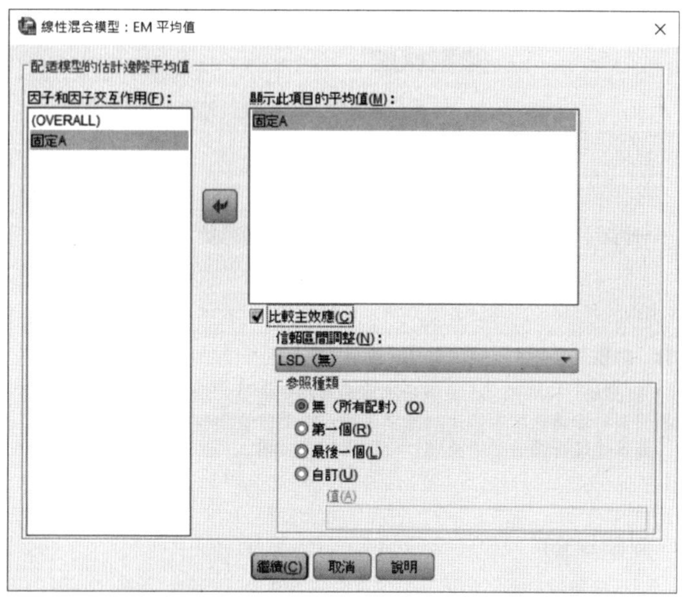

步驟 16　從信賴區間調整選擇 Bonferroni，按一下 繼續 (C)。

回到步驟 13 的畫面時，按一下 確定。

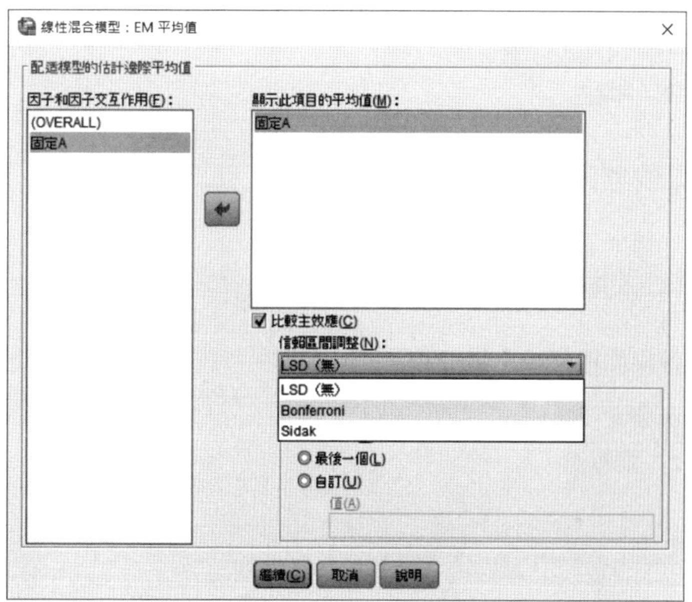

【SPSS 輸出 ・1】

模型維度[a]

		層級數	共變數結構	參數數目
固定效應	截距	1		1
	固定A	4		3
隨機效應	隨機B + 固定A * 隨機B[b]	15	變異成分	2
殘差				1
總計		20		7

←(1)

a. 依變數：測量值。

b. 從 11.5 版開始，RANDOM 次指令的語法規則已變更。您的指令語法產生的結果可能與舊版本產生的結果不同。如果您使用的是第 11 版語法，請參閱現行語法參考手冊，以取得相關資訊。

資訊準則[a]

-2 受限對數概似	110.485
Akaike 資訊準則 (AIC)	116.485
Hurvich 及 Tsai 準則 (AICC)	117.985
Bozdogan 準則 (CAIC)	122.472
Schwarz 貝氏準則 (BIC)	119.472

←(2)

資訊準則以越小越好的格式顯示。

a. 依變數：測量值。

【輸出結果的判讀 ・1】

(1) 有關模型構成之輸出

於固定效果的模型中引進

固定 A

於隨機效果的模型中引進

{ 變量 B
  變量 A* 變量 B

此模型是

$$y_{ijk} = u + \alpha_i + \beta_j + (\alpha\beta)_{ij} + \varepsilon_{ijk}$$

u	α_i	β_j	$(\alpha\beta)_{ij}$	ε_{ijk}
↑	↑	↑	↑	↑
截距 一般平均	固定 A 主效果	隨機 B 主效果	固定 A* 隨機 B 交互作用	誤差

(2) 有關模型適配的資訊基準量

譬如，資訊量基準 AIC 是

AIC = 116.485

此資訊量基準無法單獨使用

「當對數據適配幾個模型時，

資訊量基準最小的模型是其中的最適模型。」

【SPSS 輸出 ・2】

固定效應

固定效應的類型 III 檢定[a]　←(3)

來源	分子自由度	分母自由度	F	顯著性
截距	1	2	32.954	.029
固定A	3	6	19.339	.002

a. 依變數：測量值。

固定效應估計值[a]

(4)↓ 估計　　←(5)

參數	估計	標準誤	自由度	T	顯著性	95% 信賴區間 下限	95% 信賴區間 上限
截距	24.150000	3.607073	2.399	6.695	.013	10.858622	37.441378
[固定A=1]	-11.883333	1.750727	6	-6.788	.001	-16.167209	-7.599458
[固定A=2]	-4.883333	1.750727	6	-2.789	.032	-9.167209	-.599458
[固定A=3]	-.750000	1.750727	6	-.428	.683	-5.033876	3.533876
[固定A=4]	0[b]	0	.	.	.	.	.

a. 依變數：測量值。

b. 此參數設為零，因為它是冗餘的。

Tea Break

以下的輸出將表 4.1.1 的數據以

一般線型模型 (G) → 單變量 (U)

所分析的結果。試比較 (3)、(4)、(5) 看看。

受試者間效應項的檢定

依變數:測量值

來源		型 III 平方和	自由度	平均平方和	F 檢定	顯著性
截距	假設	9381.260	1	9381.260	32.954	.029
	誤差	569.356	2	284.678[a]		
固定A	假設	533.488	3	177.829	19.339	.002
	誤差	55.171	6	9.195[b]		
變量B	假設	569.356	2	284.678	30.960	.001
	誤差	55.171	6	9.195[b]		
固定A * 變量B	假設	55.171	6	9.195	1.477	.266
	誤差	74.715	12	6.226[c]		

a. MS(變量B)

b. MS(固定A *變量B)

c. MS(誤差)

【輸出結果的判讀 ·2】

(3) 有關固定因子 A 之差的檢定

假設 H_0：4 個水準 A_1、A_2、A_3、A_4 之間無差異。

顯著機率 0.002 < 顯著水準 0.05，因之假設 H_0 被捨棄。

因此，4 個水準間得知有差異。

(4)

	主效果	水準的平均（周邊平均）
A_1	$\alpha_1 = -11.883$	24.150 − 11.883 = 12.27
A_2	$\alpha_2 = -4.883$	24.150 − 4.883 = 19.27
A_3	$\alpha_3 = -0.750$	24.150 − 0.750 = 23.4
A_4	$\alpha_4 = 0$	24.150 − 0 = 24.150
一般平均	$\mu = 24.150$	

← $\frac{13.2+11.9+16.1+15.1+9.1+8.2}{6} = 12.27$

隨機因子的主效果 β_j 被設定成 0，因此，主效果的輸出只有因子 A 而已。
一般平均是指截距。
水準 A_1 的主效果的區間估計

$$-16.167209 = -11.883333 - t_6(0.025) \times 1.7507274$$

$$-7.5994578 = -11.883333 - t_6(0.025) \times 1.7507274$$

水準 A_1 的主效果的檢定
假設 H_0：$\alpha_1 = 0$（但設定 $\alpha_4 = 0$）

$$\text{t 值}\quad -6.788 = \frac{-11.883333}{1.7507274}$$

顯著機率 0.001 < 顯著水準 0.05，因之假設 H_0 被捨棄。
因此，水準 A_4 與 A_1 之間有差異。

【SPSS 輸出 · 3】

固定效應估計值的相關性矩陣[a]

參數	截距	[固定A=1]	[固定A=2]	[固定A=3]	[固定A=4]
截距	1	-.243	-.243	-.243	.[b]
[固定A=1]	-.243	1	.500	.500	.[b]
[固定A=2]	-.243	.500	1	.500	.[b]
[固定A=3]	-.243	.500	.500	1	.[b]
[固定A=4]	.[b]	.[b]	.[b]	.[b]	.[b]

← (7)

a. 依變數：測量值。

b. 相關性為系統遺漏，因為它與冗餘的參數相關聯。

固定效應估計值的共變數矩陣[a]

參數	截距	[固定A=1]	[固定A=2]	[固定A=3]	[固定A=4]
截距	13.010972	-1.532523	-1.532523	-1.532523	0[b]
[固定A=1]	-1.532523	3.065046	1.532523	1.532523	0[b]
[固定A=2]	-1.532523	1.532523	3.065046	1.532523	0[b]
[固定A=3]	-1.532523	1.532523	1.532523	3.065046	0[b]
[固定A=4]	0[b]	0[b]	0[b]	0[b]	0[b]

← (6)

a. 依變數：測量值。

b. 共變數設為零，因為它與冗餘的參數相關聯。

【輸出結果的判讀 ・3】

(6) 固定效果 A 的估計值的變異共變異矩陣

截距的估計值的變異數

$13.0109722 = (3.6070725)^2$

水準 A_1 的主效果的估計值的變異數

$3.0650463 = (1.7507274)^2$

(7) 固定效果 A 的估計值的相關矩陣

$$-0.243 = \frac{-1.5325231}{\sqrt{13.0109722}\sqrt{3.0650463}}$$

【SPSS 輸出 ・4】

共變數參數估計值[a]

參數		估計	標準誤	Wald Z	顯著性	95% 信賴區間	
						下限	上限
殘差		6.226250	2.541856	2.449	.014	2.797209	13.858880
隨機B	變異	34.435347	35.590927	.968	.333	4.541908	261.078184
固定A * 隨機B	變異	1.484444	2.942981	.504	.614	.030480	72.295507

a. 依變數：測量值。

← (8)

共變數參數估計值的相關性矩陣[a]

參數		殘差	隨機B 變異	固定A * 隨機B 變異
殘差		1	.000	-.432
隨機B	變異	.000	1	-.017
固定A * 隨機B	變異	-.432	-.017	1

a. 依變數：測量值。

共變數參數估計值的共變數矩陣[a]

參數		殘差	隨機B 變異	固定A * 隨機B 變異
殘差		6.461032	.000000	-3.230516
隨機B	變異	.000000	1266.714059	-1.761470
固定A * 隨機B	變異	-3.230516	-1.761470	8.661139

a. 依變數：測量值。

← (9)

【輸出結果的判讀・4】

(8) 隨機效果的估計值、檢定、區間估計

隨機 B 的變異數的估計值 = 34.4353472

隨機 B 的變異數的檢定

假設 H_0：隨機 B 的變異數 = 0

顯著機率 0.333 > 顯著水準 0.05，因之假設 H_0 無法捨棄。

隨機 B 的變異數的區間估計

4.5419082 ≦隨機 B 的變異數≦ 261.0781835

(9) 隨機效果的估計值的變異共變異數矩陣

$6.4610315 = (2.5418559)^2$

$1266.71406 = (35.5909266)^2$

$8.6611395 = (2.9429814)^2$

隨機 B 與誤差是獨立，因之隨機 B 與誤差之共變異數是
1.304E-13
= 0.000…01304。

【SPSS 輸出・5】

隨機B[a]

	[隨機B=1]	[隨機B=2]	[隨機B=3]
[隨機B=1]	34.435347	0	0
[隨機B=2]	0	34.435347	0
[隨機B=3]	0	0	34.435347

← (10)

變異成分

a. 依變數：測量值。

	[固定A=1] * [隨機B=1]	[固定A=1] * [隨機B=2]	[固定A=1] * [隨機B=3]	[固定A=2] * [隨機B=1]	[固定A=2] * [隨機B=2]
[固定A=1] * [隨機B=1]	1.484444	0	0	0	0
[固定A=1] * [隨機B=2]	0	1.484444	0	0	0
[固定A=1] * [隨機B=3]	0	0	1.484444	0	0
[固定A=2] * [隨機B=1]	0	0	0	1.484444	0
[固定A=2] * [隨機B=2]	0	0	0	0	1.484444
[固定A=2] * [隨機B=3]	0	0	0	0	0
[固定A=3] * [隨機B=1]	0	0	0	0	0
[固定A=3] * [隨機B=2]	0	0	0	0	0
[固定A=3] * [隨機B=3]	0	0	0	0	0
[固定A=4] * [隨機B=1]	0	0	0	0	0
[固定A=4] * [隨機B=2]	0	0	0	0	0
[固定A=4] * [隨機B=3]	0	0	0	0	0

變異成分

a. 依變數：測量值。

← (11)

	[固定A=2] * [隨機B=3]	[固定A=3] * [隨機B=1]	[固定A=3] * [隨機B=2]	[固定A=3] * [隨機B=3]
[固定A=1] * [隨機B=1]	0	0	0	0
[固定A=1] * [隨機B=2]	0	0	0	0
[固定A=1] * [隨機B=3]	0	0	0	0
[固定A=2] * [隨機B=1]	0	0	0	0
[固定A=2] * [隨機B=2]	0	0	0	0
[固定A=2] * [隨機B=3]	1.484444	0	0	0
[固定A=3] * [隨機B=1]	0	1.484444	0	0
[固定A=3] * [隨機B=2]	0	0	1.484444	0
[固定A=3] * [隨機B=3]	0	0	0	1.484444
[固定A=4] * [隨機B=1]	0	0	0	0
[固定A=4] * [隨機B=2]	0	0	0	0
[固定A=4] * [隨機B=3]	0	0	0	0

變異成分

a. 依變數：測量值。

【輸出結果的判讀 ‧ 5】

(10) 隨機效果的變異共變異數
　34.4353472 = 變異 B 的變異數

(11) 隨機效果的變異共變異數
　1.484444 = 固定 A* 變異 B 的變異數

【SPSS 輸出 ・6】

	[固定A=4] * [隨機B=2]	[固定A=4] * [隨機B=3]
[固定A=1] * [隨機B=1]	0	0
[固定A=1] * [隨機B=2]	0	0
[固定A=1] * [隨機B=3]	0	0
[固定A=2] * [隨機B=1]	0	0
[固定A=2] * [隨機B=2]	0	0
[固定A=2] * [隨機B=3]	0	0
[固定A=3] * [隨機B=1]	0	0
[固定A=3] * [隨機B=2]	0	0
[固定A=3] * [隨機B=3]	0	0
[固定A=4] * [隨機B=1]	0	0
[固定A=4] * [隨機B=2]	1.484444	0
[固定A=4] * [隨機B=3]	0	1.484444

變異成分

a. 依變數：測量值。

殘差共變數 (R) 矩陣[a]

	殘差
殘差	6.226250

← (12)

a. 依變數：測量值。

【輸出結果的判讀 ・6】

(12) 誤差的變異共變異數

6.2262500 = 誤差的變異數

與第 2 章的【輸出結果的判讀 ・4】的 (9) 有相同的結果。

也與第 3 章的【輸出結果的判讀 ・3】有相同的結果。

【SPSS 輸出 ・7】

估計值[a]

固定A	平均值	標準誤	自由度	95% 信賴區間 下限	95% 信賴區間 上限
水準A1	12.267	3.607	2.399	-1.025	25.558
水準A2	19.267	3.607	2.399	5.975	32.558
水準A3	23.400	3.607	2.399	10.109	36.691
水準A4	24.150	3.607	2.399	10.859	37.441

a. 依變數：測量值。

← (13)

成對比較[a]

(I) 固定A	(J) 固定A	平均值差異 (I-J)	標準誤	自由度	顯著性[c]	差異的 95% 信賴區間[c] 下限	差異的 95% 信賴區間[c] 上限
水準A1	水準A2	-7.000*	1.751	6	.007	-11.284	-2.716
	水準A3	-11.133*	1.751	6	.001	-15.417	-6.849
	水準A4	-11.883*	1.751	6	.001	-16.167	-7.599
水準A2	水準A1	7.000*	1.751	6	.007	2.716	11.284
	水準A3	-4.133	1.751	6	.056	-8.417	.151
	水準A4	-4.883*	1.751	6	.032	-9.167	-.599
水準A3	水準A1	11.133*	1.751	6	.001	6.849	15.417
	水準A2	4.133	1.751	6	.056	-.151	8.417
	水準A4	-.750	1.751	6	.683	-5.034	3.534
水準A4	水準A1	11.883*	1.751	6	.001	7.599	16.167
	水準A2	4.883*	1.751	6	.032	.599	9.167
	水準A3	.750	1.751	6	.683	-3.534	5.034

根據估計的邊際平均值

*. 平均值差異在 .05 層級顯著。

a. 依變數：測量值。

c. 調整多重比較：最小顯著差異（相當於未調整）。

← (14)

單變量檢定[a]

分子自由度	分母自由度	F	顯著性
3	6	19.339	.002

F 檢定 固定A 的效應。此檢定是以已估計邊際平均值中的線性獨立成對比較為基礎。

a. 依變數：測量值。

← (15)

【輸出結果的判讀 ・7】

(13) 固定效果 A 的周邊平均的估計值與區間估計

水準 A_1 的周邊平均的估計值

$$12.267 = \frac{13.2 + 11.9 + 16.1 + 15.1 + 9.1 + 8.2}{6}$$

水準 A_1 的周邊平均的區間估計

$-1.025 \leqq$ 水準 $A_1 \leqq 25.558$

(14) 利用 Bonferronic 的修正的多重比較

有 * 記號之組合，在顯著水準 5% 下有顯著差。

水準 A_1 與水準 A_2
水準 A_1 與水準 A_3
水準 A_1 與水準 A_4

(15) 固定效果 A 之差的檢定

與【SPSS 輸出 ・2】的 (3) 是相同的結果。

Note

第 5 章
分割試驗

5.1 前言

下表 5.1.1 中 A 是 1 次因子、B 是 2 次因子、重複數 2 的分割試驗的數據。

表 5.1.1 1 次因子 A 與 2 次因子 B

		2 次因子 B		
		水準 B_1	水準 B_2	水準 B_3
1 次因子 A	水準 A_1	13.2 11.9	16.1 15.1	9.1 8.2
	水準 A_2	22.8 18.5	24.5 24.2	11.9 13.7
	水準 A_3	21.8 32.1	26.9 28.3	15.1 16.2
	水準 A_4	25.7 29.5	30.1 29.6	15.2 14.8

- 1 次因子 A = 固定因子
- 2 次因子 B = 固定因子

■ 分割試驗的數據與模型

分割試驗（Split-plot experiment）的數據與二因子的變異數分析（完全隨機）的數據，形成相同的型式。

不同的是在於數據的收集方式。

・分割試驗的數據

分割試驗首先是配置固定因子 A 的水準 A_i，接著按各水準 A_i 配置固定因子 B 的水準 B_j，再收集數據。譬如 · · ·

1 次因子 → 造酒人 A_1 造酒人 A_2 造酒人 A_3 造酒人 A_4

2 次因子 →釀米 釀米 釀米 釀米 釀米 釀米 釀米 釀米 釀米 釀米 釀米 釀米

B_1 B_2 B_3 B_1 B_2 B_3 B_1 B_2 B_3 B_1 B_2 B_3

・二因子的變異數分析（完全隨機）的數據

二因子的變異數分析（完全隨機）是隨機安排因子 A 的水準 A_i 與因子 B

的水準 B_j 的組合（A_i、B_j），再收集數據。因子 A 與因子 B 之間並無順位。

分割試驗的模型

$$y_{ijk} = u + \gamma_{ik} + \alpha_i + \varepsilon_{ik} + \beta_j + (\alpha\beta)_{ij} + \varepsilon_{ijk}$$

y_{ijk}	u	γ_{ik}	α_i	ε_{ik}	β_j	$(\alpha\beta)_{ij}$	ε_{ijk}
測量值	一般平均	重複	一次因子的主效果	一次誤差	二次因子的主效果	交互作用	2 次誤差
		R	A	R*A	B	A*B	

■ 分割試驗的分析步驟

步驟 1　檢定 1 次誤差 R*A。

檢定 1 次誤差 R*A 的模型

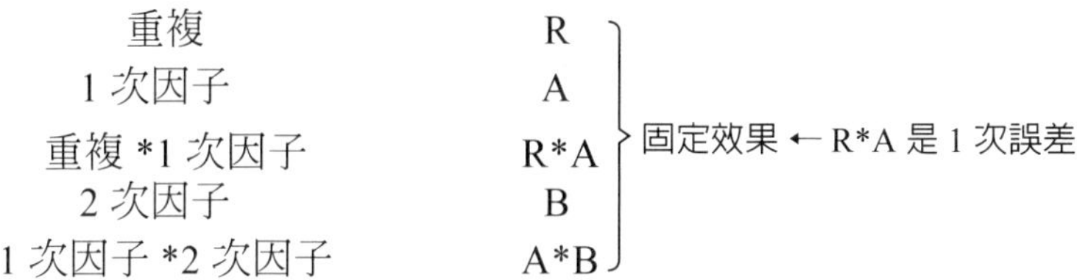

步驟 2　步驟 1 的檢定結果，分成以下 2 情形。

- 在 1 次誤差 R*A 的檢定下無法捨棄時

⇩

照原樣，進入 2 因子的變異數分析

- 在 1 次誤差 R*A 的檢定下無法捨棄時

⇩

再建立以下的模型，進行 2 因子的變異數分析

重複	R	固定效果
1 次因子	A	固定效果
2 次因子	B	固定效果
1 次因子 *2 次因子	A*B	固定效果
重複 *1 次因子	R*A	隨機效果

【數據輸入類型】

表 5.1.1 的數據如下輸入。

04.sav [資料集1] - IBM SPSS Statistics 資料編輯器

檔案(F) 編輯(E) 檢視(V) 資料(D) 轉換(T) 分析(A) 圖形(G) 公用程式(U) 延伸(X) 視窗(W) 說明(H)

顯示：4 個變數（共有 4 個）

	一次A	二次B	重複	測量值	變數	變數	變數	變數
1	水準A1	水準B1	1	13.2				
2	水準A1	水準B1	2	11.9				
3	水準A1	水準B2	1	16.1				
4	水準A1	水準B2	2	15.1				
5	水準A1	水準B3	1	9.1				
6	水準A1	水準B3	2	8.2				
7	水準A2	水準B1	1	22.8				
8	水準A2	水準B1	2	18.5				
9	水準A2	水準B2	1	24.5				
10	水準A2	水準B2	2	24.2				
11	水準A2	水準B3	1	11.9				
12	水準A2	水準B3	2	13.7				
13	水準A3	水準B1	1	21.8				
14	水準A3	水準B1	2	32.1				
15	水準A3	水準B2	1	26.9				
16	水準A3	水準B2	2	28.3				
17	水準A3	水準B3	1	15.1				
18	水準A3	水準B3	2	16.2				
19	水準A4	水準B1	1	25.7				
20	水準A4	水準B1	2	29.5				
21	水準A4	水準B2	1	30.1				
22	水準A4	水準B2	2	29.6				
23	水準A4	水準B3	1	15.2				
24	水準A4	水準B3	2	14.8				

資料視圖 變數視圖

IBM SPSS Statistics 處理器已備妥 Unicode:ON

5.2 1 次誤差的檢定步驟

【統計處理的步驟】

步驟 1　從分析 (A) 的清單中選擇混合模型 (X)，接著點選子清單的線性 (L)。

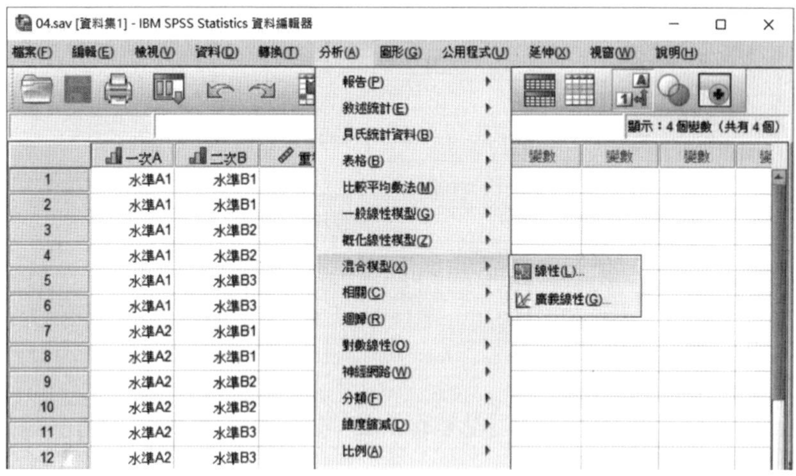

步驟 2　變成以下的畫面時，照原來那樣按一下 繼續 (C) 。

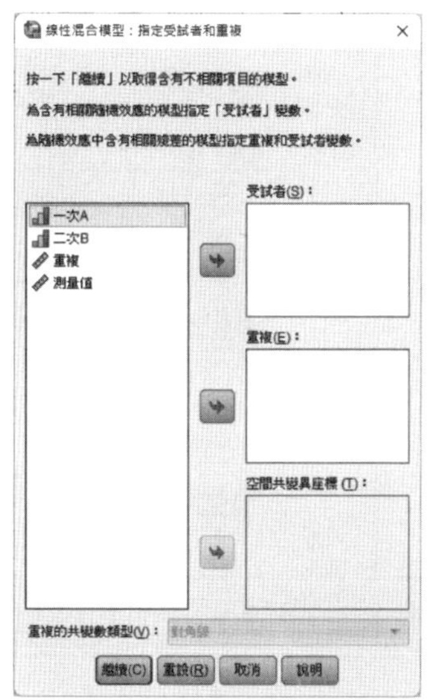

步驟 3 變成如下的畫面時，按一下測量值，移到應變數 (D) 之中。

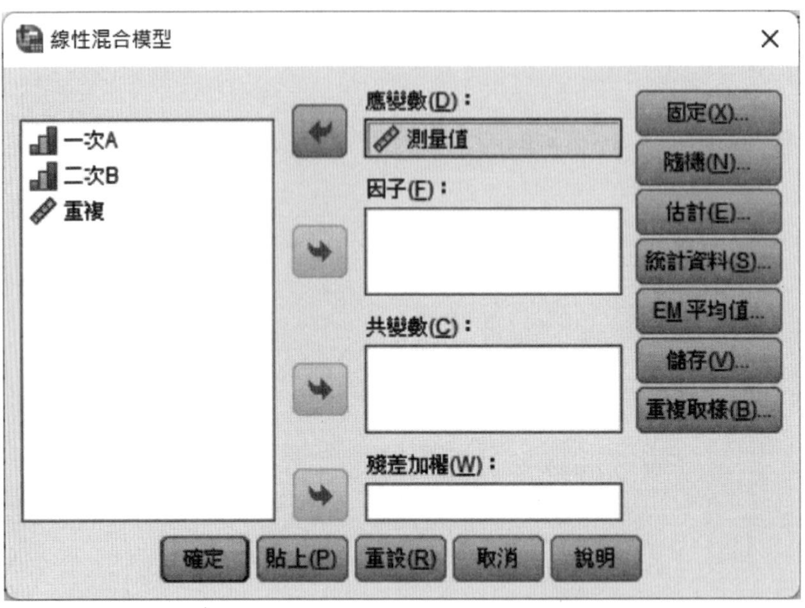

步驟 4 接著，將 1 次 A、2 次 B、重複移到因子 (F) 之中，按一下固定 (X)。

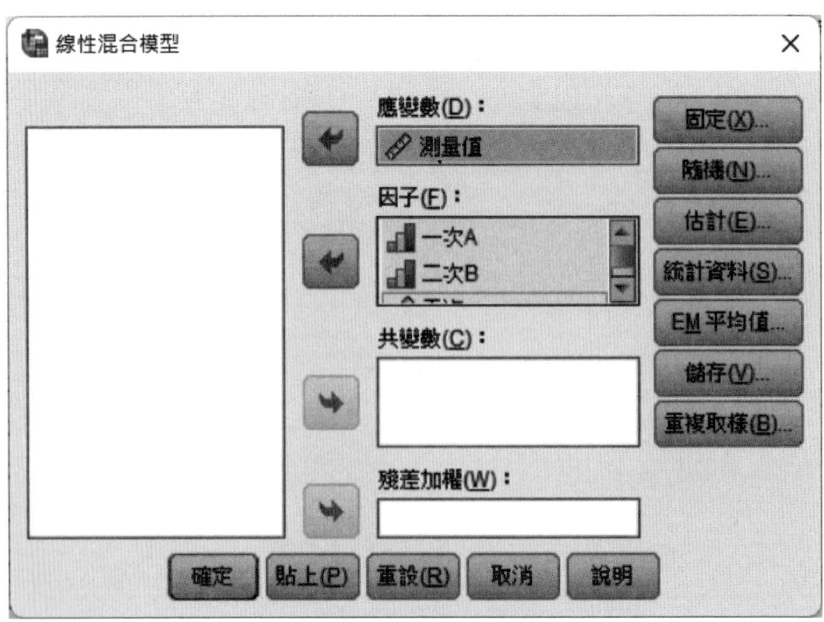

步驟 5　變成固定效果的畫面時，爲了檢定 1 次誤差，向模型 (O) 去建構模型。

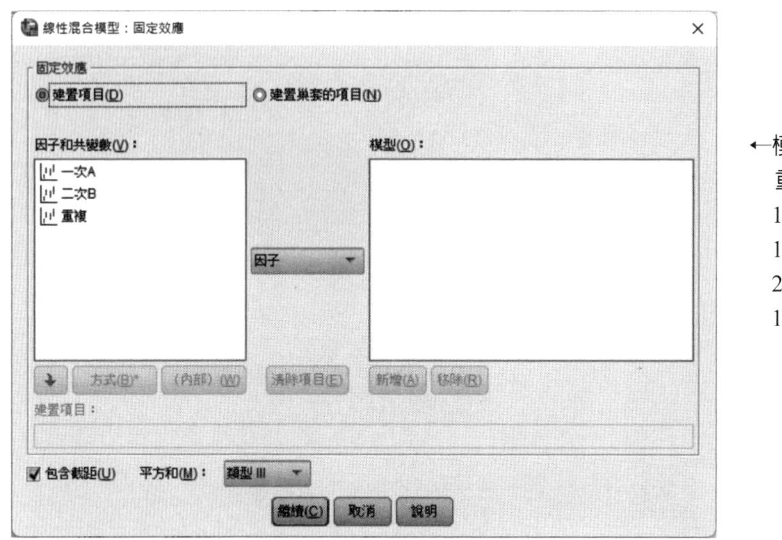

←模型是
重複
1 次 A
1 次 A* 重複
2 次 B
1 次 A*2 次 B

步驟 6　如下建構模型。完成模型的建構時，按一下 繼續 (C) 。

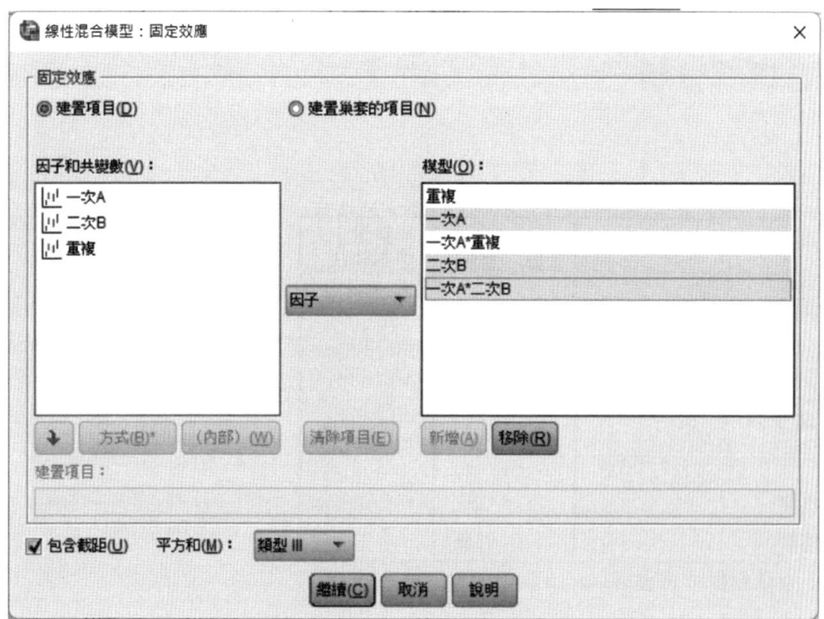

步驟 7　變成如下畫面時，按一下 確定 。

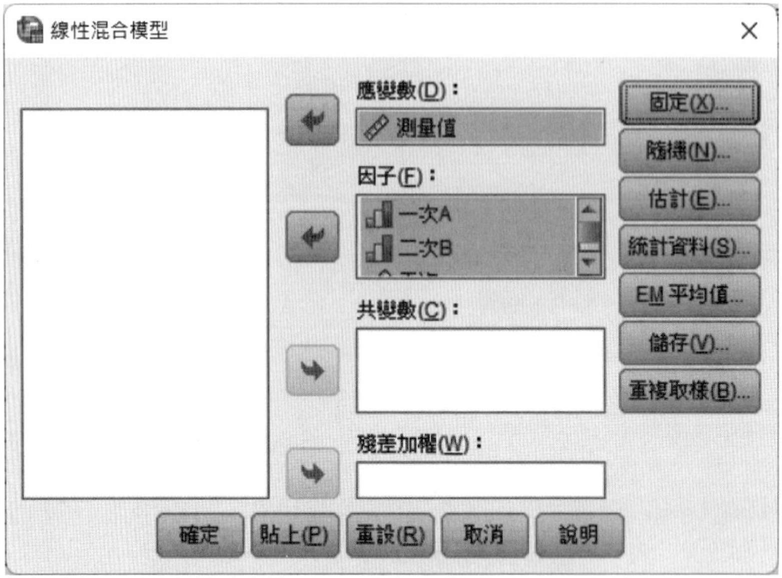

【SPSS 輸出 ·1】

混合模式分析

模式維度[a]

		N 層；層數	N 參數；參數數目
固定效果	截距	1	1
	重覆	2	1
	一次A	4	3
	一次A *重覆	8	3
	二次B	3	2
	一次A *二次B	12	6
殘差			1
總計		30	17

a. 依變數：測量值.

← (1)

資訊條件[a]

-2 限制對數概似值	46.095
Akaike 的訊息條件 (AIC)	48.095
Hurvich 和 Tsai 的條件 (AICC)	48.762
Bozdogan的條件 (CAIC)	49.175
Schwarz 的貝葉斯條件 (BIC)	48.175

以越小越好的形式顯示資訊條件。
a. 依變數：測量值.

【輸出結果的判讀 ・1】

(1) 1 次誤差的檢定有關模型建立之輸出
於固定效果的模型中引進

重複
1 次 A
1 次 A* 重複
2 次 B
1 次 A*2 次 B

此模型是

$$y_{ijk} = u + \gamma_{ik} + \alpha_i + \varepsilon_{ik} + \beta_j + (\alpha\beta)_{ij} + \varepsilon_{ijk}$$

u	γ_{ik}	α_i	ε_{ik}	β_j	$(\alpha\beta)_{ij}$	ε_{ijk}
↑	↑	↑	↑		↑	↑
截距	重複	1 次因子	1 次誤差	2 次因子	1 次因子*2 次因子	2 次誤差
	‖	‖	‖	‖	‖	
	R	A	R*A	B	A*B	

【SPSS 輸出 · 2】

固定效果

固定效果的類型 III 檢定a

來源	分子自由度	分母自由度	F	Sig.
截距	1	8	1745.621	.000
重覆	1	8	.729	.418
一次A	3	8	33.090	.000
一次A * 重覆	3	8	1.724	.239
二次B	2	8	52.972	.000
一次A * 二次B	6	8	1.711	.236

a. 依變數：測量值.

← (2)

共變異數參數

估計共變異數參數a

參數	估計	標準錯誤
殘差	5.3741667	2.6870833

a. 依變數：測量值.

【輸出結果的判讀 · 2】

(2) 1 次誤差的檢定

假設 H_0：1 次誤差不存在

顯著機率 0.239 > 顯著水準 0.05，因之假設 H_0 無法捨棄。

因此，知 1 次誤差可以不考慮。

5.3 分割試驗的步驟——可以不考慮 1 次誤差時

■ 1 次因子，2 次因子的變異數分析表

延續【SPSS 輸出 ・2】的變異數分析表。

固定效果

固定效果的類型 III 檢定a

來源	分子自由度	分母自由度	F	Sig.	
截距	1	8	1745.621	.000	
重覆	1	8	.729	.418	
一次A	3	8	33.090	.000	← (4)
一次A * 重覆	3	8	1.724	.239	
二次B	2	8	52.972	.000	← (5)
一次A * 二次B	6	8	1.711	.236	← (3)

a. 依變數：測量值.

由於得知 1 次誤差不考慮也行，所以，
接著向
　交互作用的檢定 ‧‧‧ 1 次 A*2 次 B
　1 次因子的檢定 ‧‧‧ 1 次 A
　2 次因子的檢定 ‧‧‧ 2 次 B
去進行。

【輸出結果的判讀 ・3】

(3) 交互作用之檢定
　假設 H_0：交互作用不存在
　顯著機率 0.236 > 顯著水準 0.05，因之假設 H_0 無法捨棄。
　因此，得知 2 次因子的 3 水準間有差異。
　之後，再進入多重比較。
(4) 一次因子之差的檢定
　假設 H_0：4 個水準 A_1、A_2、A_3、A_4 之間無差異
　顯著機率 0. 000 > 顯著水準 0.05，因之假設 H_0 被捨棄。

因此，得知一次因子的 4 水準間有差異。
之後，再進入多重比較。

(5) 二次因子之差的檢定
假設 H_0：3 個水準 B_1、B_2、B_3 之間無差異
顯著機率 0.000 > 顯著水準 0.05，因之，假設 H_0 被捨棄。
因此，得知二次因子的 3 水準間有差異。
之後，再進入多重比較。

■ 1 次因子、2 次因子的周邊平均與多重比較

【統計處理的步驟】

從步驟 7 的畫面繼續下去。

步驟 8　按一下 EM 平均值 (M)。

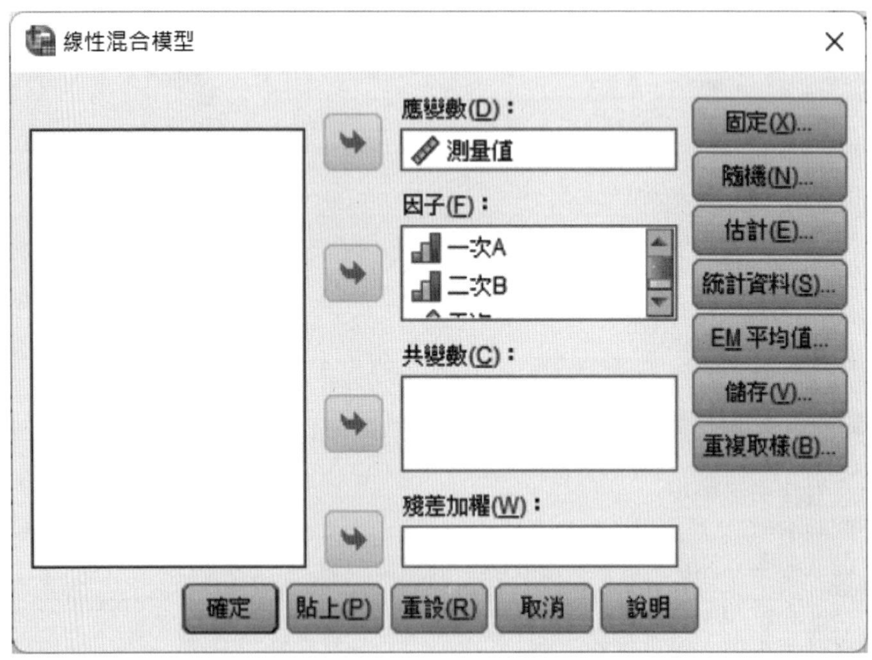

步驟 9　變成 EM 平均值的畫面時，將 1 次 A、2 次 B 移到顯示此項目的平均值 (M) 之中。

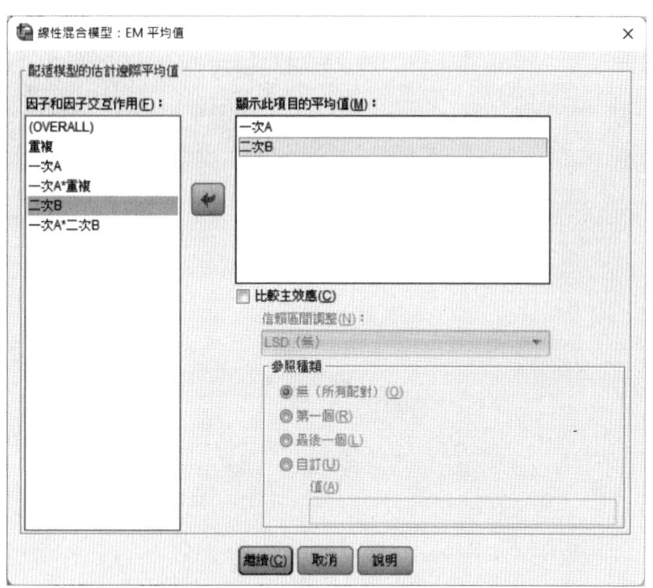

步驟 10　如下勾選比較主效應 (C)，從信賴區間調整 (N) 之中選擇 Bonferroni，再按 繼續 (C) 。

步驟 11 回到以下畫面時，按 確定 。

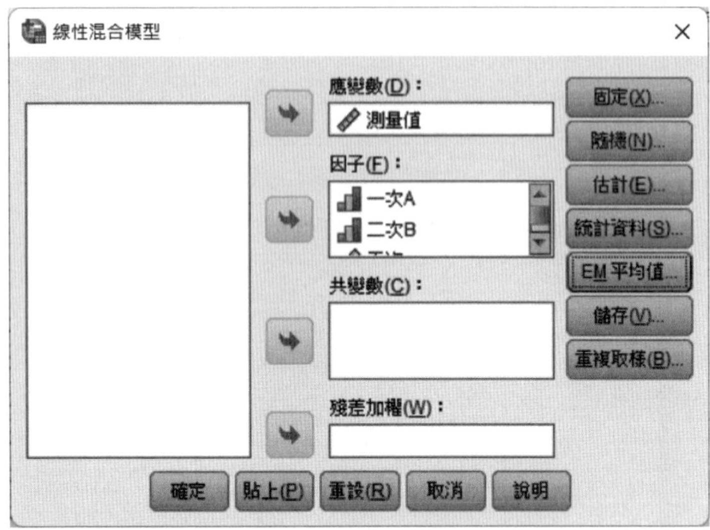

【SPSS 輸出 ・3】

估計的邊緣平均數

1. 一次A

估計值[a]

一次A	平均數	標準錯誤	自由度	95% 信賴區間 下限	95% 信賴區間 上限
水準A1	12.267	.946	8	10.084	14.449
水準A2	19.267	.946	8	17.084	21.449
水準A3	23.400	.946	8	21.218	25.582
水準A4	24.150	.946	8	21.968	26.332

a. 依變數：測量值.

← (6)

成對比較b

(I) 一次A	(J) 一次A	平均數差異 (I-J)	標準錯誤	自由度	Sig。a	差異的 95% 信賴區間a 下限	上限
水準A1	水準A2	-7.000*	1.338	8	.005	-11.656	-2.344
	水準A3	-11.133*	1.338	8	.000	-15.790	-6.477
	水準A4	-11.883*	1.338	8	.000	-16.540	-7.227
水準A2	水準A1	7.000*	1.338	8	.005	2.344	11.656
	水準A3	-4.133	1.338	8	.090	-8.790	.523
	水準A4	-4.883*	1.338	8	.039	-9.540	-.227
水準A3	水準A1	11.133*	1.338	8	.000	6.477	15.790
	水準A2	4.133	1.338	8	.090	-.523	8.790
	水準A4	-.750	1.338	8	1.000	-5.406	3.906
水準A4	水準A1	11.883*	1.338	8	.000	7.227	16.540
	水準A2	4.883*	1.338	8	.039	.227	9.540
	水準A3	.750	1.338	8	1.000	-3.906	5.406

← (7)

根據估計的邊緣平均數而定

*. 平均數差異的顯著水準為 .05。

a. 調整多重比較：Bonferroni。

b. 依變數：測量值.

【輸出結果的判讀 ·3】

(6) 1 次因子 A 的周邊平均的估計值與區間估計

水準 A_i 的周邊平均的估計值

$$12.267 = \frac{13.2 + 11.9 + 16.1 + 15.1 + 9.1 + 8.2}{6}$$

水準 A_1 的周邊平均的區間估計

$$10.084 = 12.267 - t_8(0.05) \times 0.946$$

$$14.449 = 12.267 + t_8(0.05) \times 0.946$$

(7) 利用 Bonferroni 修正的多重比較

有 * 記號的水準組合，有顯著差。

$$\begin{cases} \text{水準 } A_1 \text{ 與水準 } A_2 \\ \text{水準 } A_1 \text{ 與水準 } A_3 \\ \text{水準 } A_1 \text{ 與水準 } A_4 \\ \text{水準 } A_2 \text{ 與水準 } A_4 \end{cases}$$

【SPSS 輸出 ・4】

2. 二次B

估計值[a]

二次B	平均數	標準錯誤	自由度	95% 信賴區間	
				下限	上限
水準B1	21.938	.820	8	20.047	23.828
水準B2	24.350	.820	8	22.460	26.240
水準B3	13.025	.820	8	11.135	14.915

a. 依變數：測量值.

← (8)

成對比較[b]

(I) 二次B	(J) 二次B	平均數差異 (I-J)	標準錯誤	自由度	Sig。[a]	差異的 95% 信賴區間[a]	
						下限	上限
水準B1	水準B2	-2.412	1.159	8	.213	-5.908	1.083
	水準B3	8.912*	1.159	8	.000	5.417	12.408
水準B2	水準B1	2.412	1.159	8	.213	-1.083	5.908
	水準B3	11.325*	1.159	8	.000	7.829	14.821
水準B3	水準B1	-8.912*	1.159	8	.000	-12.408	-5.417
	水準B2	-11.325*	1.159	8	.000	-14.821	-7.829

根據估計的邊緣平均數而定

*. 平均數差異的顯著水準爲 .05。

a. 調整多重比較：Bonferroni。

b. 依變數：測量值.

← (9)

【輸出結果的判讀 ・4】

(8) 2 次因子 B 的周邊平均的估計值與區間估計

水準 B_1 的周邊平均的估計值

$$21.938 = \frac{13.2 + 11.9 + 22.8 + 18.5 + 21.8 + 32.1 + 25.7 + 29.5}{8}$$

水準 B_1 的周邊平均的區間估計

$$20.047 = 21.938 - t_8(0.025) \times 0.820$$

$$23.828 = 21.938 + t_8(0.025) \times 0.820$$

(9) 利用 Bonferroni 修正的多重比較

有 * 記號的水準組合，有顯著差。

水準 B_1 與水準 B_3

水準 B_2 與水準 B_3

5.4 分割試驗的步驟——1 次誤差存在時

在分割試驗的模型中

$$
\begin{array}{ccccccccccccccc}
y_{ijk} & = & u & + & \gamma_{ik} & + & \alpha_i & + & \varepsilon_{ik} & + & \beta_j & + & (\alpha\beta)_{ij} & + & \varepsilon_{ijk} \\
 & & & & \uparrow & & \uparrow & & \uparrow & & \uparrow & & \uparrow & & \\
 & & & & \text{R} & & \text{A} & & \text{1 次誤差？} & & \text{B} & & \text{A*B} & & \\
 & & & & & & & & \text{R*A} & & & & & &
\end{array}
$$

當無法忽略 1 次誤差的存在時，爲了重新建構模型，再向以下的步驟進行。

【統計處理的步驟】

從步驟 7 的畫面繼續下去。

步驟 8　爲了再建構模型，按一下固定 (X)。

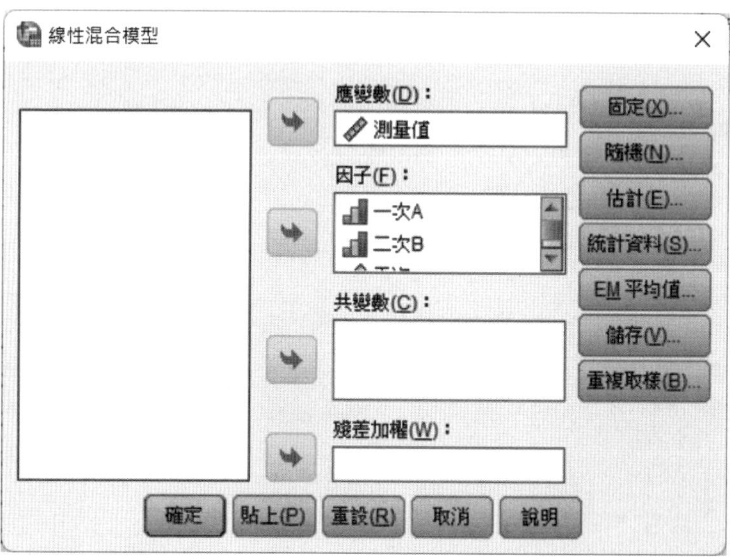

步驟 9　變成固定效果的畫面時，刪除一次 A* 重複。

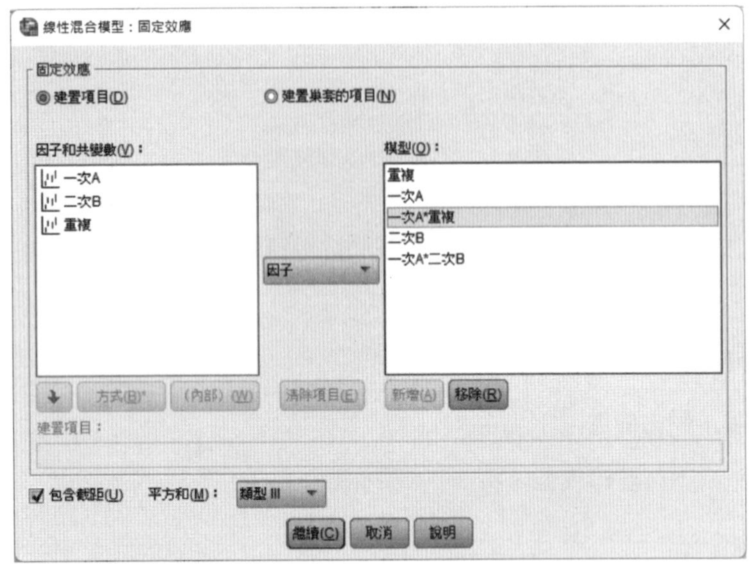

步驟 10　在模型 (O) 之中如下重新建構新模型後，按 繼續 (C)。

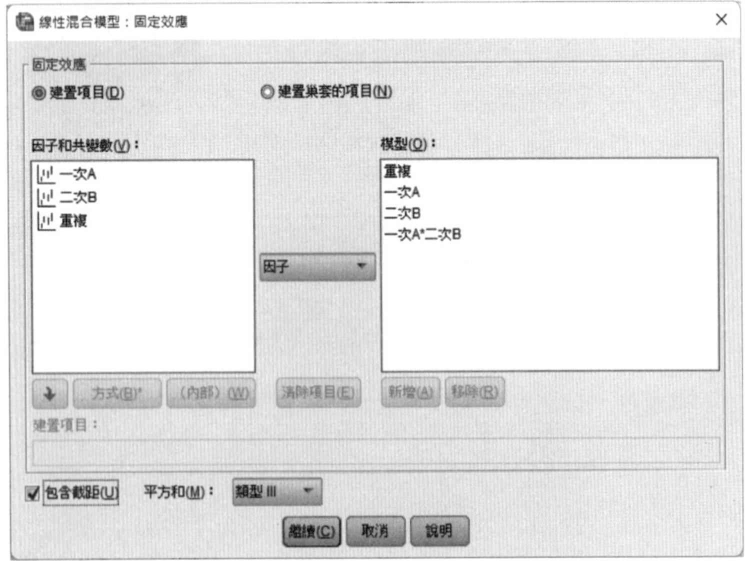

步驟 11　回到以下的畫面時，按一下隨機 (N)。

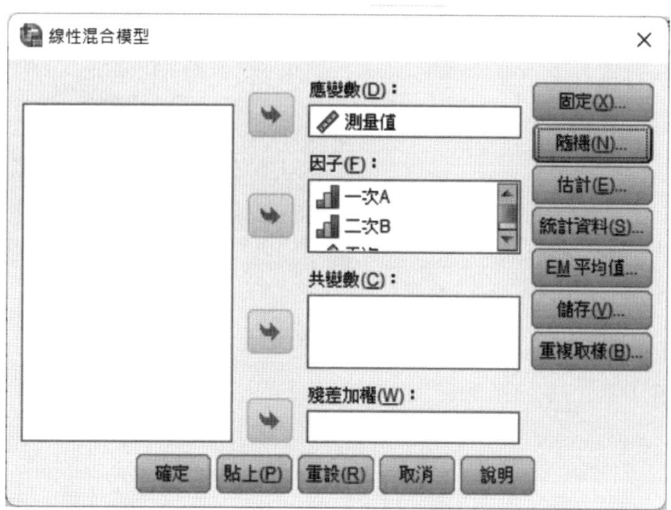

步驟 12　變成隨機效果的畫面時。

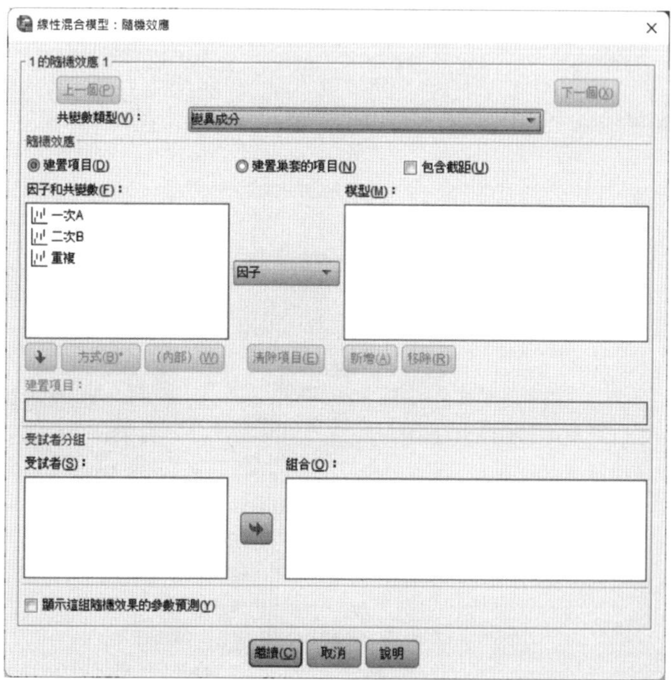

步驟 13 將一次 A* 重複輸入到模型之中，按一下 繼續 (C) 。

步驟 14 如回到以下畫面時，按一下 確定 。

【SPSS 輸出・5】

混合模式分析

模式維度[b]

		N 層；層數	共變異數結構	N 參數；參數數目
固定效果	截距	1		1
	重覆	2		1
	一次A	4		3
	二次B	3		2
	一次A *二次B	12		6
隨機效果	一次A *重覆[a]	8	變異數成分	1
殘差				1
總計		30		15

← (10)

a. 在 11.5 版中，已變更 RANDOM 副命令的語法規則。您的命令語法所產生的結果可能與先前版本產生的結果不同。如果使用的是 SPSS 11 語法，請查看現有語法參考指南以取得詳細資訊。

b. 依變數：測量值.

固定效果

固定效果的類型 III 檢定[a]

來源	分子自由度	分母自由度	F	Sig。	
截距	1	3	1012.321	.000	
重覆	1	3	.423	.562	← (12)
一次A	3	3	19.189	.018	← (13)
二次B	2	8.000	52.972	.000	
一次A *二次B	6	8.000	1.711	.236	← (11)

a. 依變數：測量值.

【輸出結果的判讀 ・5】

(10) 1 次誤差存在時有關模型建構之輸出
在固定效果的模型中引進

重複
1 次 A
2 次 B
1 次 A*2 次 B

在隨機效果的模型中引進
1 次 A* 重複

(11) 交互作用的檢定
假設 H_0：交互作用不存在
顯著機率 0. 236 < 顯著水準 0.05，因之假設 H_0 無法捨棄。
因此，交互作用可以想成不存在。
之後，進入到 1 次因子，2 次因子之差的檢定。

(12)，(13)1 次因子、2 次因子之差的檢定
假設被捨棄，因之水準間有差異。
之後，進入到水準的周邊平均估計與多重比較。

5.5 分割試驗的步驟——一般線型模型 (G) →單變量 (U) 之情形

數據與表 5.1.1 相同。

【統計處理的步驟】

步驟 1　從分析 (A) 的清單之中，如下選擇。

註：SPSS 將單變量使用成單變異數，有些不當。

步驟 2 將測量值移到應變數 (D) 之中，將 1 次 A、2 次 B 移到固定因子 (F) 之中，重複移到隨機因子 (A) 之中，按一下模型 (M)。

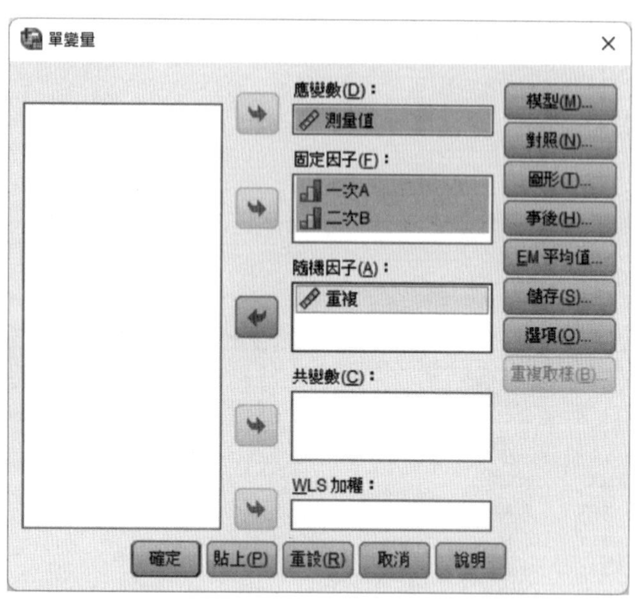

步驟 3 於模型 (M) 之中如下建構，按一下 繼續 (C) 。

步驟 4　回到以下的畫面時，按一下 確定 。

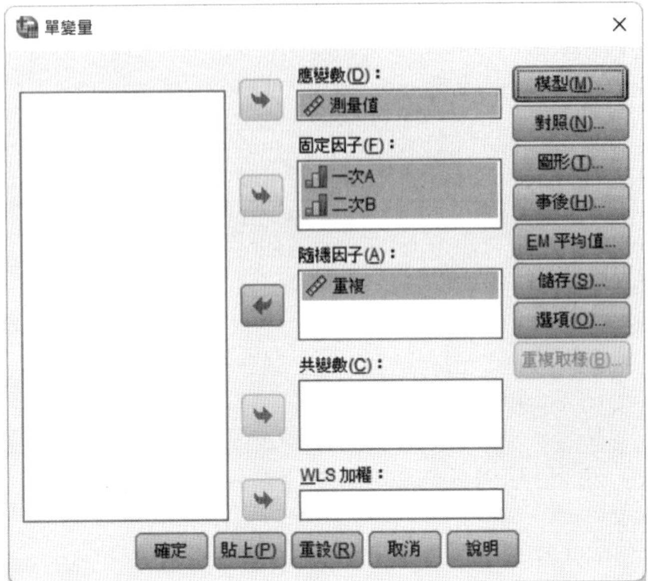

【SPSS 輸出 ・1】

受試者間效應項的檢定

依變數：測量值

來源		型 III 平方和	自由度	平均平方和	F 檢定	顯著性	
截距	假設	9381.260	1	9381.260	2392.924	.013	
	誤差	3.920	1	3.920[a]			
重覆	假設	3.920	1	3.920	.423	.562	
	誤差	27.801	3	9.267[b]			
一次A	假設	533.488	3	177.829	19.189	.018	← (3)
	誤差	27.801	3	9.267[b]			
一次A * 重覆	假設	27.801	3	9.267	1.724	.239	← (1)
	誤差	42.993	8	5.374[c]			
二次B	假設	569.356	2	284.678	52.972	.000	← (4)
	誤差	42.993	8	5.374[c]			
一次A * 二次B	假設	55.171	6	9.195	1.711	.236	← (2)
	誤差	42.993	8	5.374[c]			

a. MS(重覆)
b. MS(一次A * 重覆)
c. MS(誤差)

【輸出結果判讀 ・1】

(1) 1 次誤差的檢定

假設 H_0：1 次誤差不存在

顯著機率 0.239 > 顯著水準 0.05，因之假設 H_0 無法捨棄。

因此，1 次誤差似乎可以想成不存在。

(2) 交互作用的檢定

假設 H_0：交互作用不存在

顯著機率 0.236 > 顯著水準 0.05，因之假設 H_0 無法捨棄。

因此，交互作用似乎可以想成不存在。

(3) 1 次因子之差的檢定

假設 H_0：4 個水準 A_1、A_2、A_3、A_4 之間無差異

顯著機率 0. 018 < 顯著水準 0.05，因之假設 H_0 被捨棄。

因此，可以認爲 1 次因子的 4 個水準間有差異。

之後，進入到估計周邊平均數與多重比較。

(4) 2 次因子的檢定

假設 H_0：3 個水準 B_1、B_2、B_3 之間無差異

顯著機率 0.000 < 顯著水準 0.05，因之假設 H_0 被捨棄。

因此，知 2 次因子的 3 個水準間有差異。

之後，進入估計周邊平均數與多重比較。

第 6 章
分枝試驗

6.1 前言

下表 6.1.1 是隨機因子 A、隨機因子 B、重複數 2 的分枝試驗的數據。

表 6.1.1 隨機因子 A 與隨機因子 B

		2 次因子 B		
		水準 B_1	水準 B_2	水準 B_3
1 次因子 A	水準 A_1	13.2 11.9	16.1 15.1	9.1 8.2
	水準 A_2	22.8 18.5	24.5 24.2	11.9 13.7
	水準 A_3	21.8 32.1	26.9 28.3	15.1 16.2
	水準 A_4	25.7 29.5	30.1 29.6	15.2 14.8

■ 分枝試驗的模型

以下的 3 種數據均形成相同的形式。

{ 分枝試驗的數據
二因子變異數分析的數據
分割試驗的數據

不同的地方是在於數據的收集方式。

分枝試驗（Branch experiment）有直列型與並列型，顯示如下：

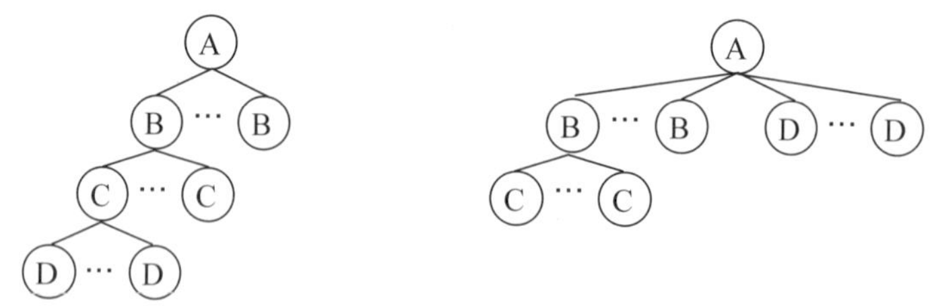

(1) 分枝試驗（直列型）　　(2) 分枝試驗（並列型）

此處介紹的是並列型。首先配置隨機因子 A 的水準 A_i，其次按各水準 A_i 配置隨機因子 B 的水準 B_j。

譬如，

母豬 A_1　　母豬 A_2　　母豬 A_3　　母豬 A_4

/ | \　　/ | \　　/ | \　　/ | \

小豬 小豬 小豬　小豬 小豬 小豬　小豬 小豬 小豬　小豬 小豬 小豬

B_1 B_2 B_3　B_1 B_2 B_3　B_1 B_2 B_3　B_1 B_2 B_3

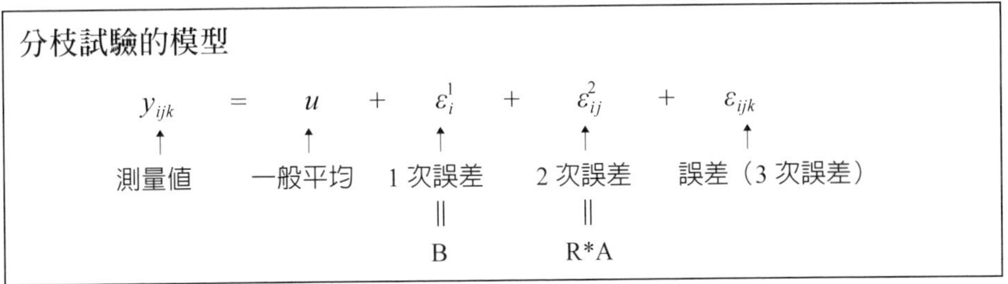

■ 分枝試驗的目的

分枝試驗的因子是隨機因子，因之主效果被設定成 0。

因此，分枝試驗的目的在於比較

1 次誤差的變異數、2 次誤差的變異數、誤差的變異數。

【數據輸入類型】

表 6.1.1 的數據如下輸入。

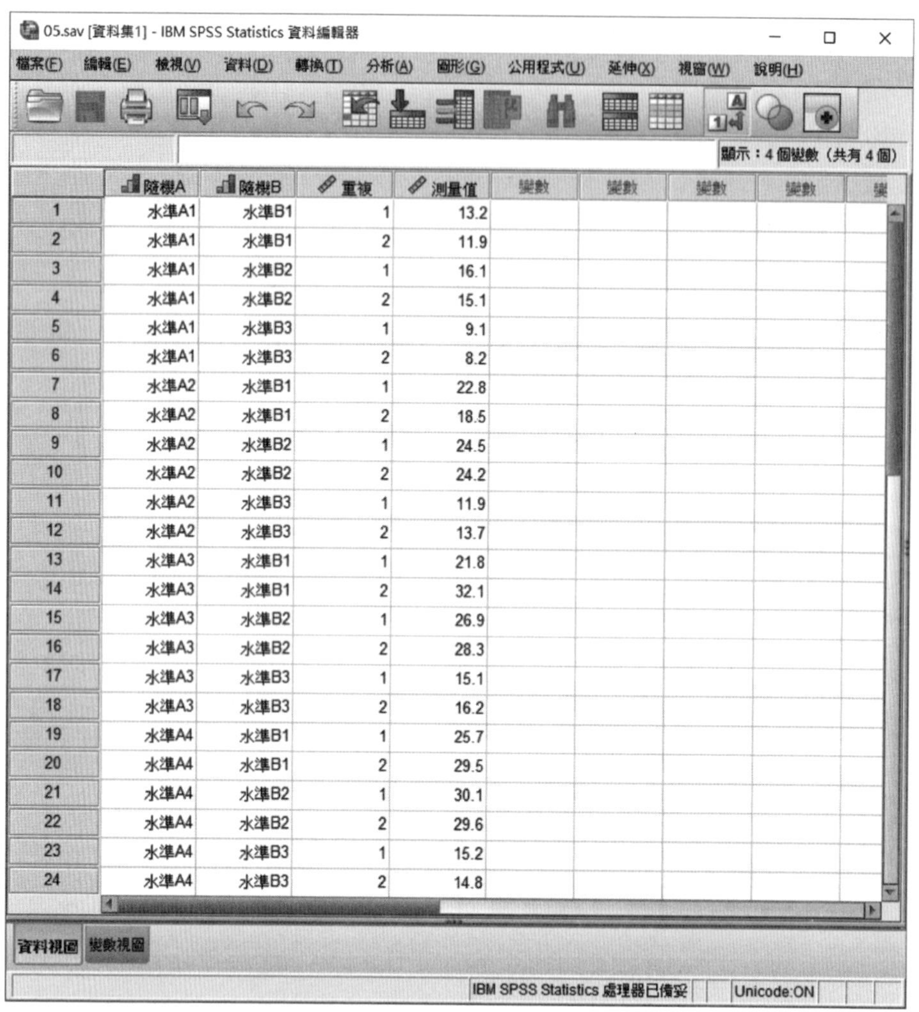

05.sav [資料集1] - IBM SPSS Statistics 資料編輯器

	隨機A	隨機B	重複	測量值
1	水準A1	水準B1	1	13.2
2	水準A1	水準B1	2	11.9
3	水準A1	水準B2	1	16.1
4	水準A1	水準B2	2	15.1
5	水準A1	水準B3	1	9.1
6	水準A1	水準B3	2	8.2
7	水準A2	水準B1	1	22.8
8	水準A2	水準B1	2	18.5
9	水準A2	水準B2	1	24.5
10	水準A2	水準B2	2	24.2
11	水準A2	水準B3	1	11.9
12	水準A2	水準B3	2	13.7
13	水準A3	水準B1	1	21.8
14	水準A3	水準B1	2	32.1
15	水準A3	水準B2	1	26.9
16	水準A3	水準B2	2	28.3
17	水準A3	水準B3	1	15.1
18	水準A3	水準B3	2	16.2
19	水準A4	水準B1	1	25.7
20	水準A4	水準B1	2	29.5
21	水準A4	水準B2	1	30.1
22	水準A4	水準B2	2	29.6
23	水準A4	水準B3	1	15.2
24	水準A4	水準B3	2	14.8

註：二因子的隨機模型與分枝試驗均是探討 2 個隨機因子，何處出現不同呢？請參閱 6.2【SPSS 輸出 ‧2】與【SPSS 輸出 ‧3】。

6.2 分枝試驗的步驟

【統計處理的步驟】

步驟 1　從分析 (A) 的清單中選擇混合模型 (X)，接著點選子清單的線性 (L)。

步驟 2　變成如下畫面時，照原樣按一下繼續 (C)。

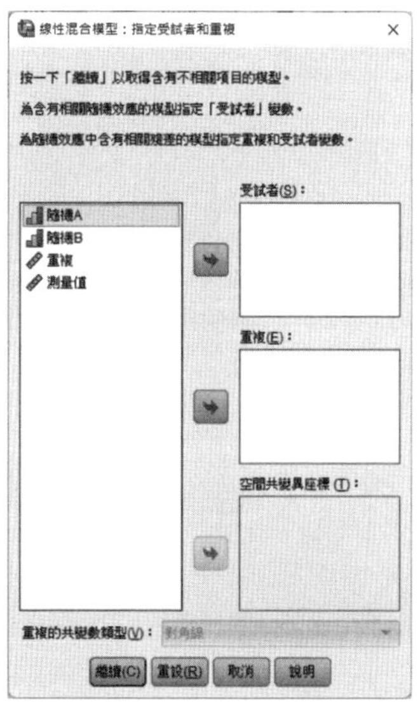

步驟 3　變成如下畫面時，點選測量值，移到應變數 (D) 之中。

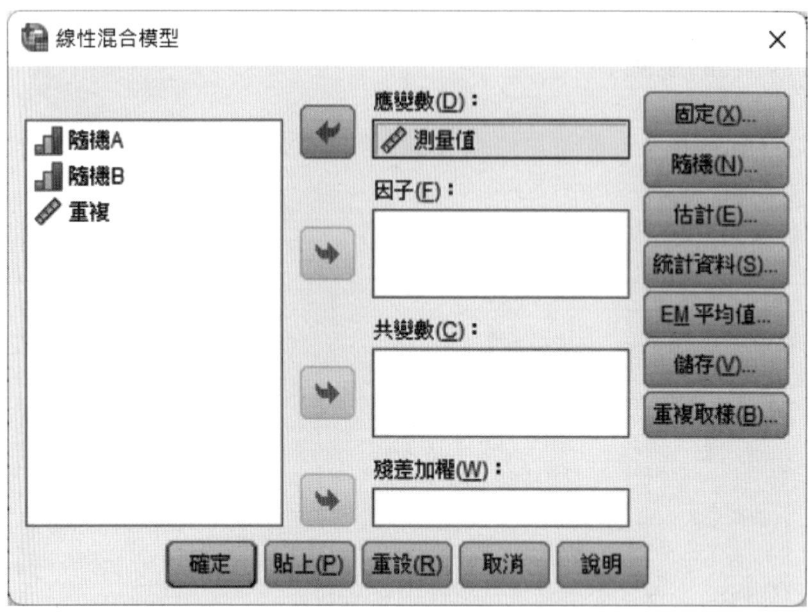

步驟 4　接著，將隨機 A、隨機 B 分別移到因子 (F) 之中，按一下畫面右方的隨機 (N)。

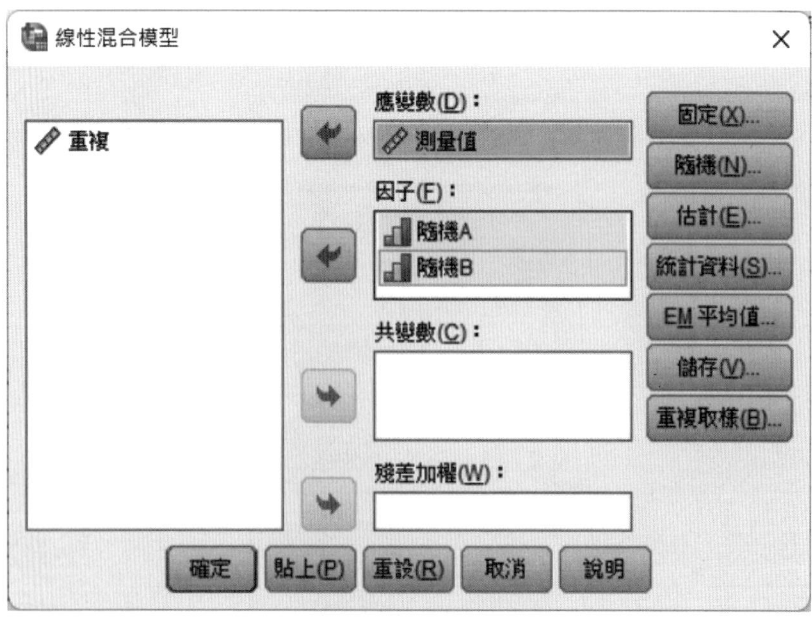

步驟 5　變成隨機效果之畫面時，按一下隨機 A，再按新增 (A)。

步驟 6　接著，按一下建置巢套的項目 (N)，再按一下隨機 B。

步驟 7 如按一下畫面正中的 ↓ 時，隨機 B 如下移到建置項目之中。

步驟 8 接著，按一下（內部）(W) 時，如下變成隨機 B()。

步驟 9　點選隨機 A（F），再按一下 ↓ 時，如下變成隨機 B（隨機 A）。

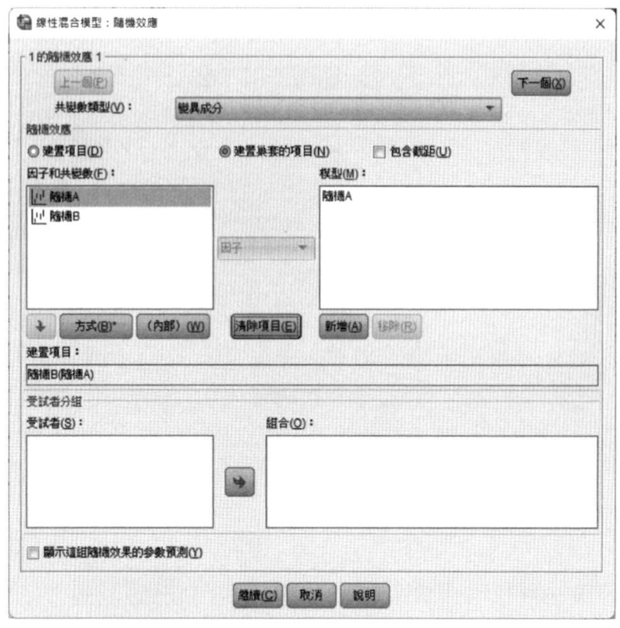

步驟 10　最後，按一下新增 (A) 時，隨機 B（隨機 A）移到模型 (M) 之中。

步驟 11　回到以下畫面時，按一下統計資料 (S)。

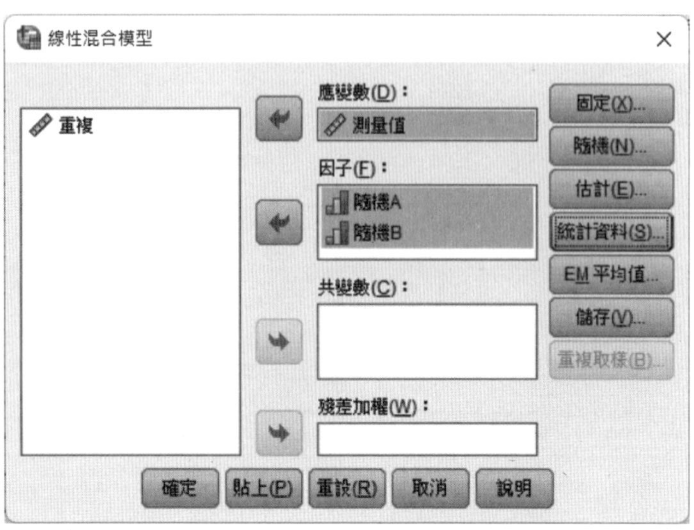

步驟 12　變成統計量的畫面時，如下勾選，再按 繼續 (C)。

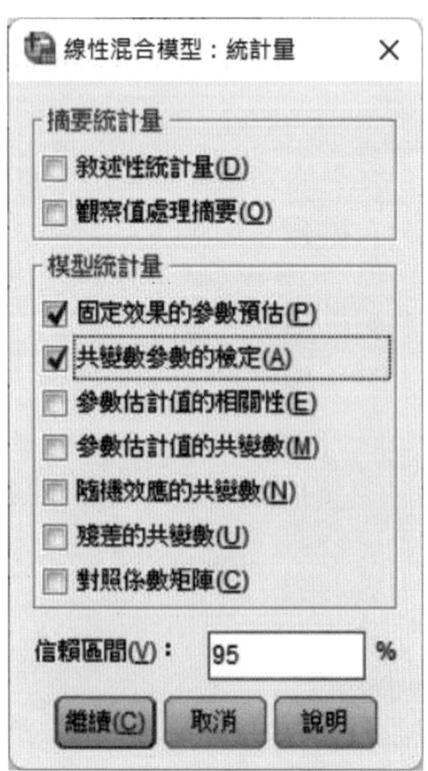

步驟 13　回到以下畫面時，按一下確定。

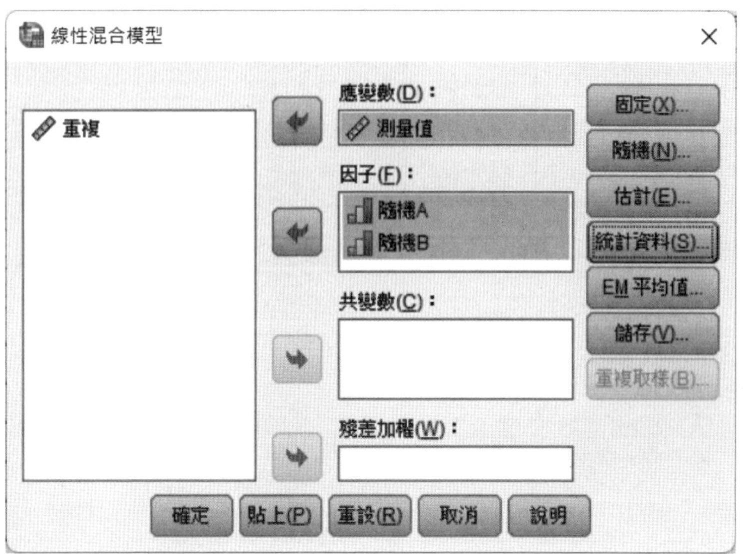

【SPSS 輸出 · 1】

混合模式分析

模式維度[b]

		N 層；層數	共變異數結構	N 參數；參數數目
固定效果	截距	1		1
隨機效果	變量A + 變量B(變量A)[a]	16	變異數成分	2
殘差				1
總計		17		4

← (1)

a. 在 11.5 版中，已變更 RANDOM 副命令的語法規則。您的命令語法所產生的結果可能與先前版本產生的結果不同。如果使用的是 SPSS 11 語法，請查看現有語法參考指南以取得詳細資訊。

b. 依變數 ： 測量值.

資訊條件[a]

-2 限制對數概似值	140.797
Akaike 的訊息條件 (AIC)	146.797
Hurvich 和 Tsai 的條件 (AICC)	148.061
Bozdogan的條件 (CAIC)	153.204
Schwarz 的貝葉斯條件 (BIC)	150.204

以越小越好的形式顯示資訊條件。

a. 依變數 ： 測量值.

← (2)

第 2 章至第 6 章的數據均相同。如模型不同時，輸出結果即不同，不妨調查看看。

【輸出結果的判讀 ・1】

(1) 有關建構分枝試驗之模型的輸出

在隨機效果的模型中引進

$$\begin{cases} \text{變量 A} \\ \text{變量 B（變量 A）} \end{cases}$$

此模型是…

分枝試驗的模型

$$y_{ijk} = u + \varepsilon_i^1 + \varepsilon_{ij}^2 + \varepsilon_{ijk}$$

ε_i^1 ↑ 1 次誤差 ‖ B

ε_{ij}^2 ↑ 2 次誤差 ‖ R*A

ε_{ijk} ↑ 誤差（3 次誤差）

(2) 有關模型適配的資訊量基準

譬如，資訊量基準 AIC 是

AIC = 146. 797

此資訊量基準無法單獨作用。

當對數據適配幾個模型時，此資訊量基準最小的模型是最適模型。

【SPSS 輸出 ・2】

固定效果

固定效果的類型 III 檢定a

來源	分子自由度	分母自由度	F	Sig。
截距	1	3	52.754	.005

a. 依變數：測量值.

固定效果估計a

參數	估計	標準錯誤	自由度	t	Sig。	95% 信賴區間	
						下限	上限
截距	19.7708333	2.7220497	3	7.263	.005	11.1080564	28.4336102

a. 依變數：測量值.

← (3)

【輸出結果的判讀 ・2】

(3) 截距（= 一般平均）的估計值、檢定、區間估計

截距的估計值

$$19.7708333 = \frac{13.2 + 11.9 + \cdots\cdots + 15.2 + 14.8}{24}$$

截距的檢定

假設 H_0：截距是 0

顯著機率 0.005 < 顯著水準 0.05，因之假設 H_0 被捨棄。

截距的區間估計

$11.108564 \ \ = 19.7708333 - t_3(0.025) \times 2.7220497$

$28.4336102 = 19.7708333 - t_3(0.025) \times 2.7220497$

【SPSS 輸出 ・3】

共變異數參數

估計共變異數參數a

參數		估計	標準錯誤	Wald Z	Sig。	95% 信賴區間 下限	95% 信賴區間 上限
殘差		6.2262500	2.5418559	2.449	.014	2.7972094	13.8588798
變量A	變異數	16.6272454	25.0586774	.664	.507	.8669358	318.89936
變量B(變量A)	變異數	35.9197917	19.5577965	1.837	.066	12.3556936	104.42404

a. 依變數：測量值.

← (4)

Tea Break

以下的輸出是將表 6.1.1 的數據以

一般線性模型 (G) → 變異數成分 (V)

變異數估計值

成份	估計值
Var(變量B * 變量A)	1.484
Var(變量B)	34.435
Var(誤差)	6.226

依變數:測量值
方法: 最小二次不偏估計 (隨機效應和 殘差的加權 = 1)

所分析的結果。試與上面的輸出比較看看。

【輸出結果的判讀・3】

(4) 共變異數參數的估計值

1 次誤差 ε_i^1 的變異數的估計值 = 16.6272454

2 次誤差 ε_i^1 的變異數的估計值 = 35.9197917

誤差的變異數的估計值 = 6.2262500

因此，得知

與誤差的變異數相比，1 次誤差與 2 次誤差的變異數較大。

誤差變異數的檢定

假設 H_0：1 次誤差 ε_i^1 的變異數 = 0

顯著機率 0.507 > 顯著水準 0.05，因之假設 H_0 無法捨棄。

Wald 的 Z　$0.664 = \frac{16.6272454}{25.0586774}$

誤差變異數的區間估計

0.8669358 ≦ 1 次誤差 ε_i^1 的變異數≦ 318.8993641

12.3556936 ≦ 2 次誤差 ε_{ij}^2 的變異數≦ 104.4240392

Note

第 7 章
混合模型時序性測量數據的分析 (1)

7.1 前言

以下的表 7.1.1 是 5 位受試者的時序性測量。

針對受試者 A、B、C、D、E 分別就用藥前、1 小時後、2 小時後、3 小時後，重複測量心跳數。

表 7.1.1 時序性測量數據

受試者	用藥前	1 小時後	2 小時後	3 小時後
A	67	92	87	68
B	92	112	94	90
C	58	71	69	62
D	61	90	83	66
E	72	85	72	69

【數據輸入類型】

表 7.1.1 的數據如下輸入。

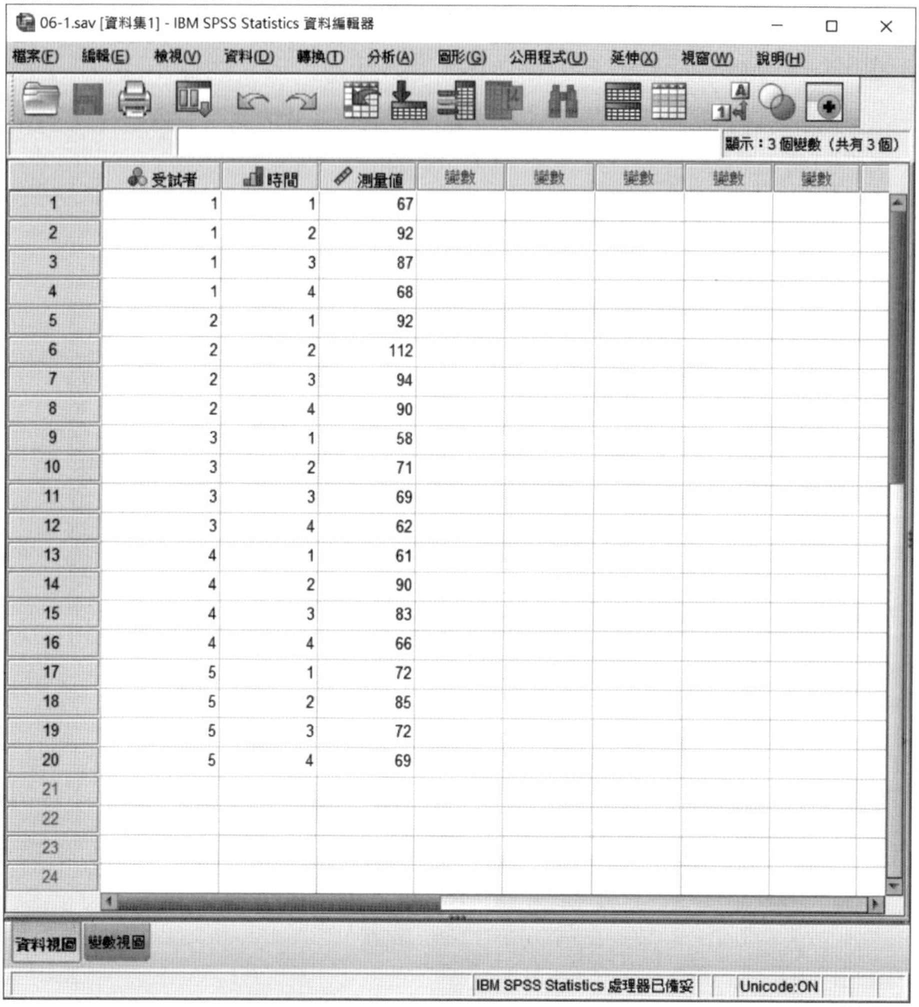

06-1.sav [資料集1] - IBM SPSS Statistics 資料編輯器

檔案(F) 編輯(E) 檢視(V) 資料(D) 轉換(T) 分析(A) 圖形(G) 公用程式(U) 延伸(X) 視窗(W) 說明(H)

顯示：3 個變數（共有 3 個）

	受試者	時間	測量值	變數	變數	變數	變數	變數
1	1	1	67					
2	1	2	92					
3	1	3	87					
4	1	4	68					
5	2	1	92					
6	2	2	112					
7	2	3	94					
8	2	4	90					
9	3	1	58					
10	3	2	71					
11	3	3	69					
12	3	4	62					
13	4	1	61					
14	4	2	90					
15	4	3	83					
16	4	4	66					
17	5	1	72					
18	5	2	85					
19	5	3	72					
20	5	4	69					
21								
22								
23								
24								

資料視圖 變數視圖

IBM SPSS Statistics 處理器已備妥　Unicode:ON

混合數據時，測量值縱向排成一行。
對 A 受試者 4 次重複測量
對 B 受試者 4 次重複測量

7.2 混合模型時序性測量數據的步驟 (1)

【統計處理的步驟】

步驟 1 從分析 (A) 的清單中選擇混合模型 (X)，接著選擇子清單的線性 (L)。

步驟 2 變成以下畫面時，將受試者移到受試者 (S) 中。

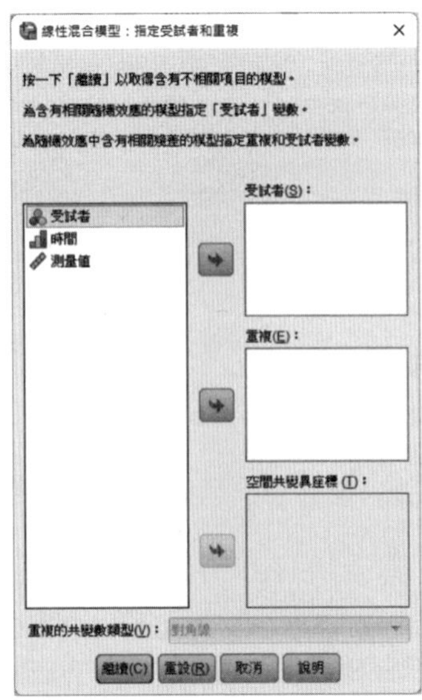

步驟 3　接著，將時間移到重複 (E) 中。

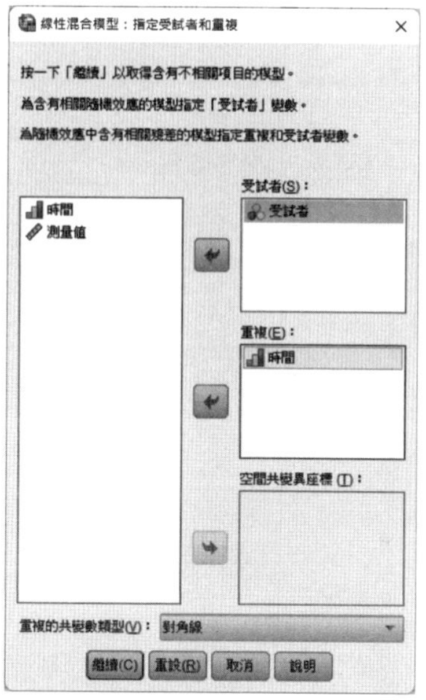

步驟 4　並且，從重複的共變變數類型(V)之中，選擇複合對稱再按 繼續 (C) 。

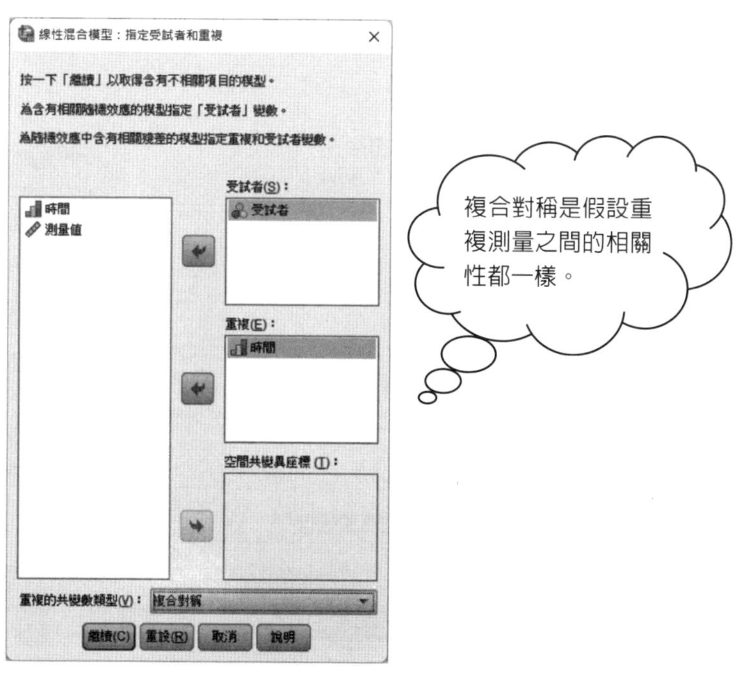

步驟 5 變成以下畫面時，將測量值移到應變數 (D) 中。

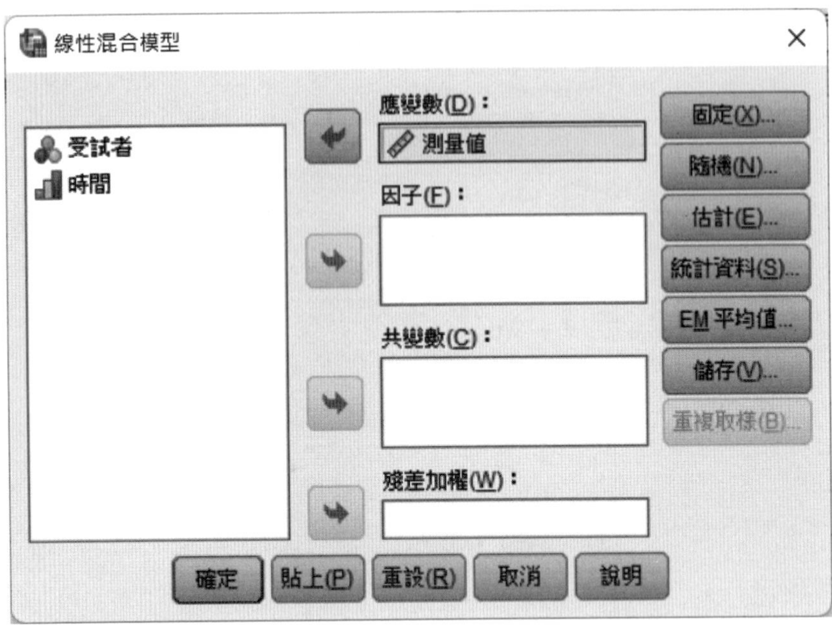

步驟 6 接著將時間移到因子 (F) 之中，按一下畫面右方的固定 (X)。

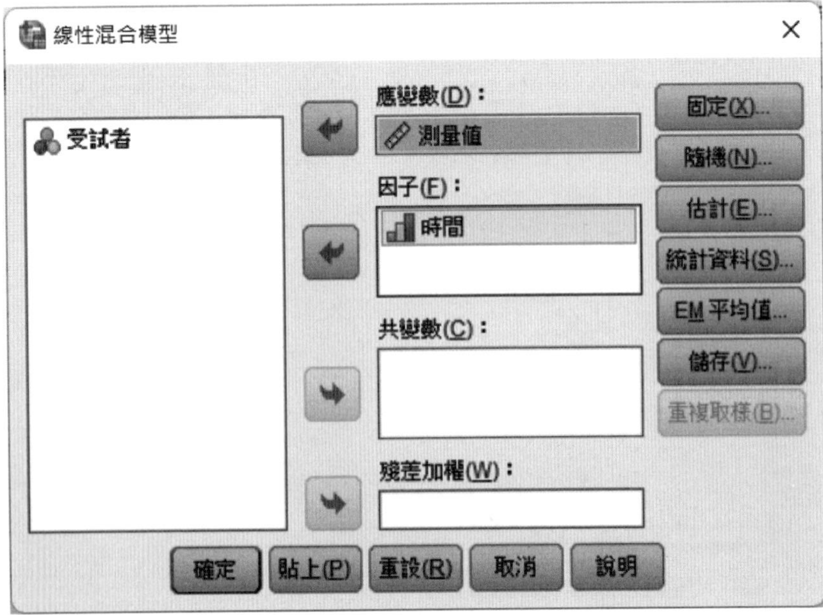

步驟 7　變成固定效果的畫面時，按一下時間。接著，按新增 (A)，即移到模型 (O) 之中，再按 繼續 (C) 。

線性混合模型：固定效應
固定效應
建置項目(D)
建置巢套的項目(N)
因子和共變數(V)：
時間
模型(O)：
時間
因子
方式(B)
(內部) (W)
清除項目(E)
新增(A)
移除(R)
建置項目：
包含截距(U)
平方和(M)：
類型 III
繼續(C)
取消
說明

步驟 8　回到以下畫面時，點選統計資料 (S)。

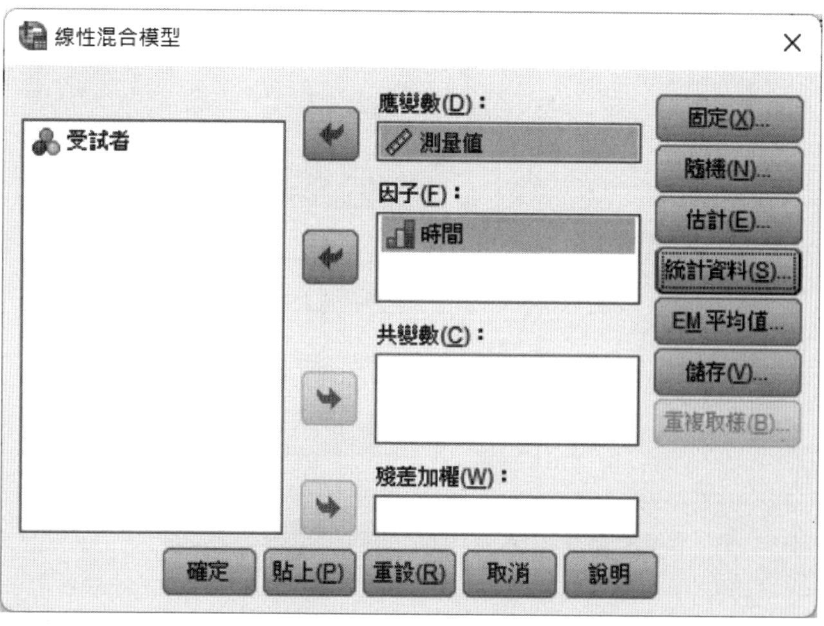

步驟 9　變成統計量的畫面時，如下勾選，再按 繼續 (C)。

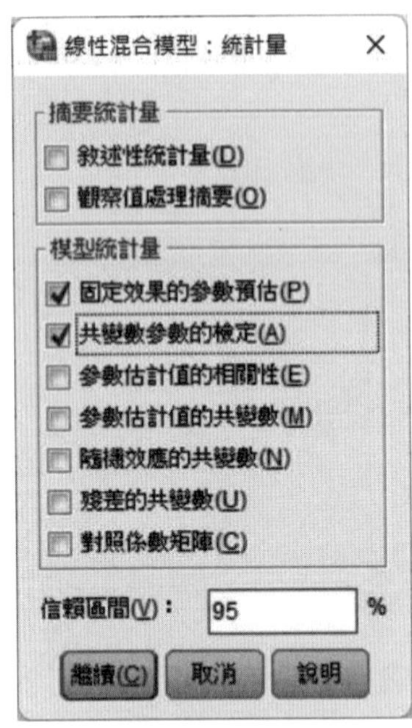

步驟 10　回到以下畫面時按一下 EM 平均值 (M)。

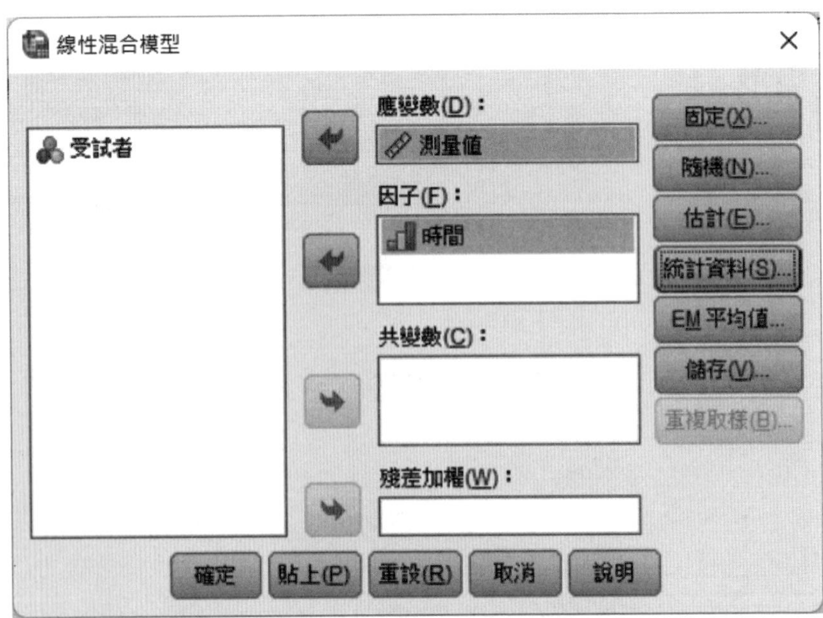

步驟 11　變成以下的 EM 平均值的畫面時，按一下時間，再移到顯示此項目的平均值 (M) 之中。

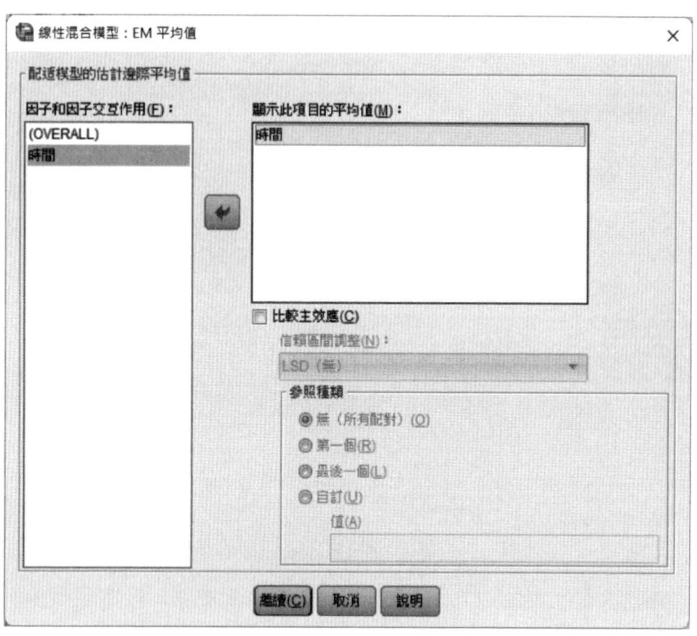

步驟 12　接著，勾選比較主效應，選擇 Bonferroni。

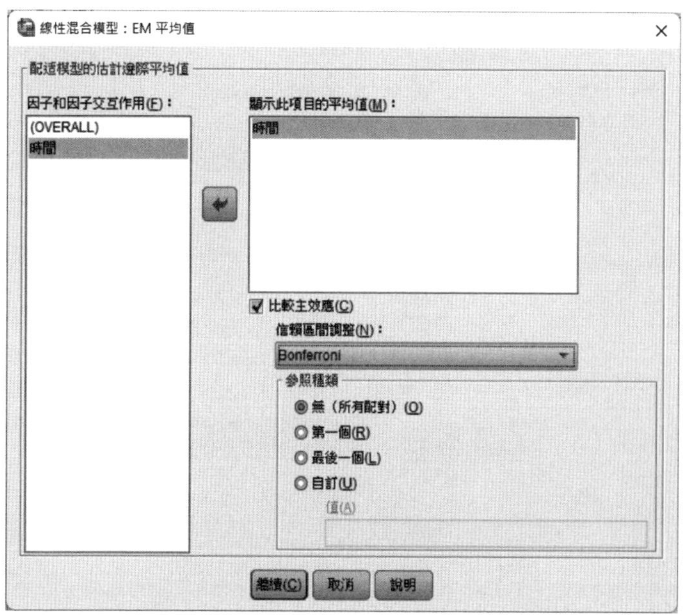

步驟 13 並且，點選參考類別之中的第一個 (R) 後，按 繼續 (C) 。

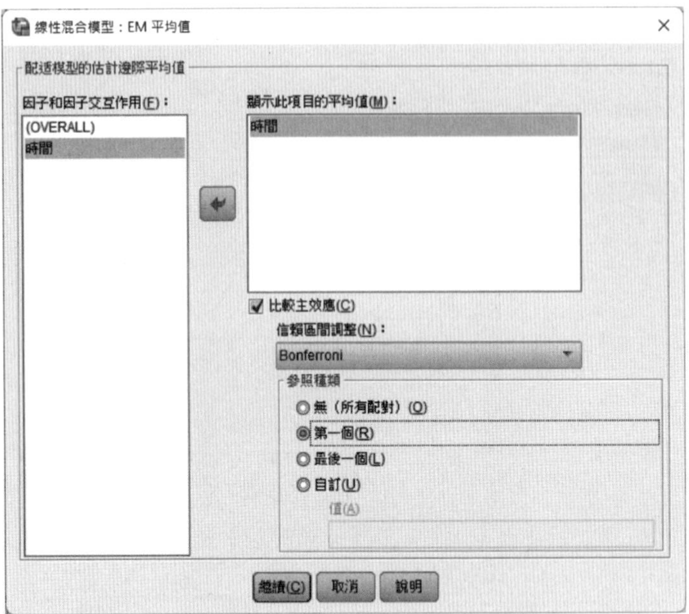

步驟 14 回到以下畫面時，按一下 確定 。

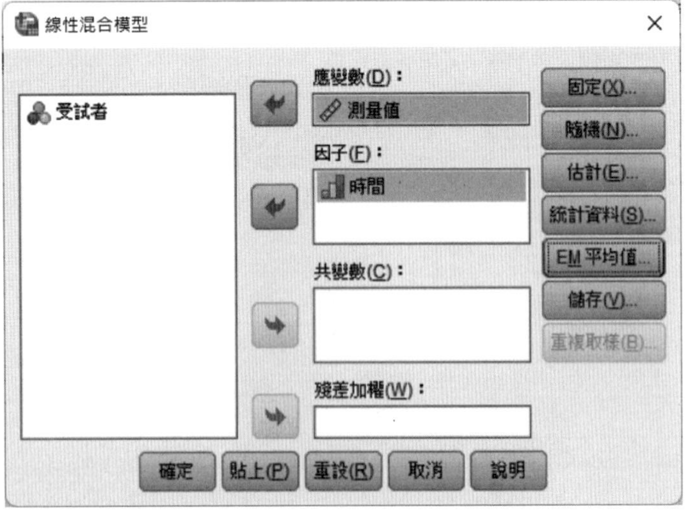

EM 平均值的參考類別說明如下：

• **無（O）（所有的各對）**

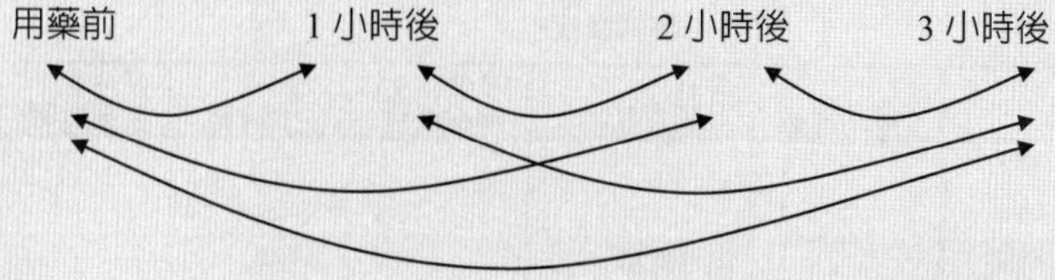

用藥前　1 小時後　2 小時後　3 小時後

• **最初（R）**

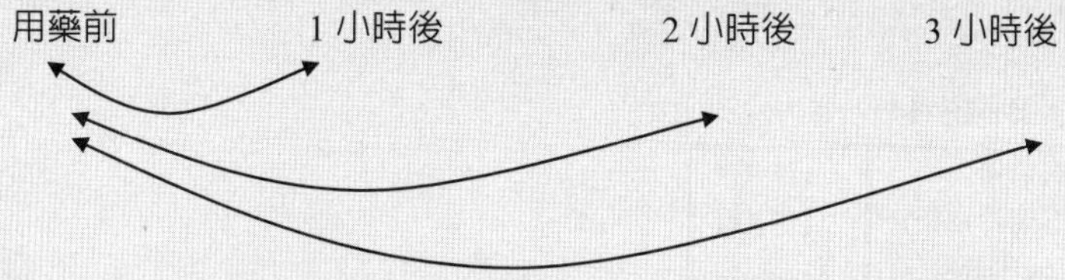

用藥前　1 小時後　2 小時後　3 小時後

• **最後（L）**

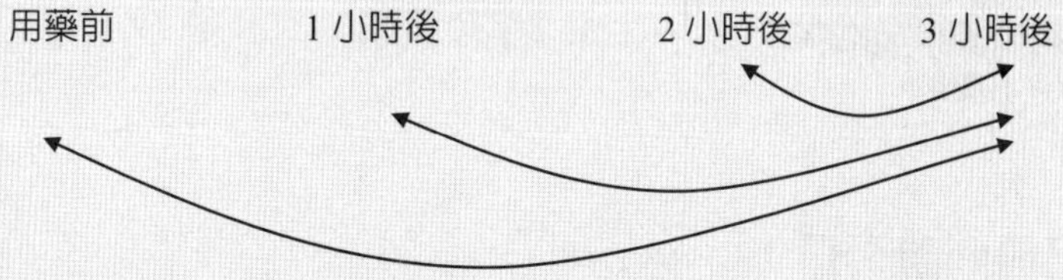

用藥前　1 小時後　2 小時後　3 小時後

【SPSS 輸出・1】

混合模式分析

模式維度a

		N 層；層數	共變異數結構	N 參數；參數數目	主題變數	N 主題；主題數目
固定效果	截距	1		1		
	時間	4		3		
重複效果	時間	4	複合對稱	2	受驗者	5
總計		9		6		

a. 依變數：測量值.

← (1)

資訊條件a

-2 限制對數概似值	115.880
Akaike 的訊息條件 (AIC)	119.880
Hurvich 和 Tsai 的條件 (AICC)	120.803
Bozdogan的條件 (CAIC)	123.425
Schwarz 的貝葉斯條件 (BIC)	121.425

以越小越好的形式顯示資訊條件。

a. 依變數：測量值.

← (2)

【輸出結果的判讀・1】

(1) 有關模型構造之輸出

在固定效果的模型中引進

時間。

重複測量變成

時間。 ← 用藥前、1 小時後、2 小時後、3 小時後

重複測量數的變異共變異矩陣（共變異數構造）是指定

複合對稱。 ←

$$\begin{bmatrix} \sigma^2 & \sigma_1 & \sigma_1 \\ \sigma_1 & \sigma^2 & \sigma_1 \\ \sigma_1 & \sigma_1 & \sigma^2 \end{bmatrix} \text{或} \begin{bmatrix} \sigma^2+\sigma_1 & \sigma_1 & \sigma_1 \\ \sigma_1 & \sigma^2+\sigma_1 & \sigma_1 \\ \sigma_1 & \sigma_1 & \sigma^2+\sigma_1 \end{bmatrix}$$

受測者的人數是

5　　　　　　← 受試者 A、B、C、D、E

(2) 有關模型適配的資訊量基準

資訊量基準 AIC 是

AIC = 119.880

此資訊量基準無法單獨使用。

對此數據適配幾個模型，它的資訊量基準最小的模型即是最適模型。

【SPSS 輸出 ・2】

固定效果

固定效果的類型 III 檢定[a]

來源	分子自由度	分母自由度	F	Sig.
截距	1	4.000	220.635	.000
時間	3	12.000	17.500	.000

← (3)

a. 依變數：測量值.

Tea Break

以下的輸出是將表 7.1.1 的數據以

一般線型模型 (G) → 重複測量（R）

所分析的結果。試比較 (3) 與 (3)' 看看。

受試者內效應項的檢定

測量: MEASURE_1

來源		型 III 平方和	自由度	平均平方和	F 檢定	顯著性
時間	假設為球形	1330.000	3	443.333	17.500	.000
	Greenhouse-Geisser	1330.000	1.664	799.215	17.500	.003
	Huynh-Feldt值	1330.000	2.706	491.515	17.500	.000
	下限	1330.000	1.000	1330.000	17.500	.014
誤差 (時間)	假設為球形	304.000	12	25.333		
	Greenhouse-Geisser	304.000	6.657	45.669		
	Huynh-Feldt值	304.000	10.824	28.087		
	下限	304.000	4.000	76.000		

← (3)'

【輸出結果的判讀 ・2】

(3) 有關固定因子之差的檢定（變異數分析）

H_0 設：按用藥前、1 小時、2 小時、3 小時後之間隔，測量值並無變化。

顯著機率 0.000 < 顯著水準 0.005，因之假設 H_0 被捨棄。

因此，可以想成測量值是受到時間的不同而有變化。

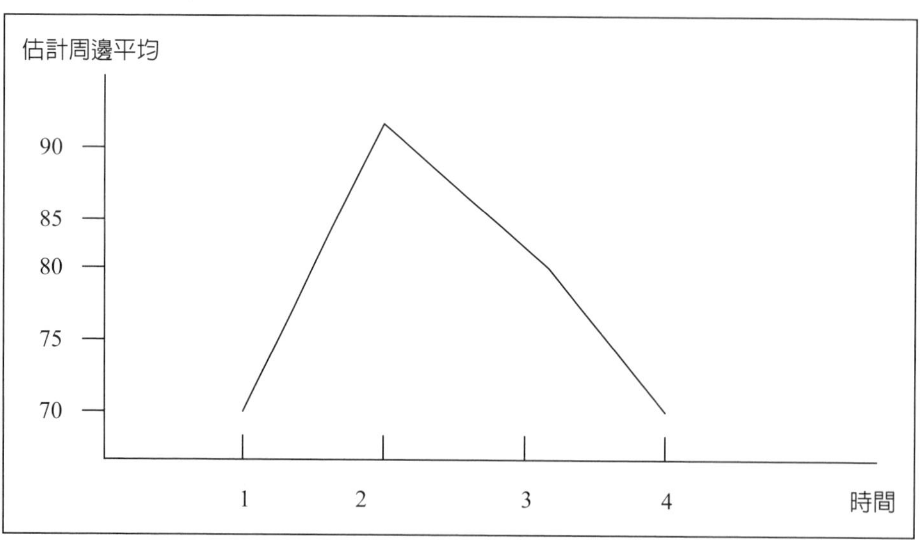

之後，再進入到多重比較。

【SPSS 輸出・3】

固定效果估計 [b]

參數	估計	標準錯誤	自由度	t	Sig。	95% 信賴區間 下限	95% 信賴區間 上限	
截距	71.0000000	5.6013391	5.146	12.676	.000	56.7231753	85.2768247	
[時間=1]	-1.0000000	3.1832897	12.000	-.314	.759	-7.9357924	5.9357924	← (5)
[時間=2]	19.0000000	3.1832897	12.000	5.969	.000	12.0642076	25.9357924	← (6)
[時間=3]	10.0000000	3.1832897	12.000	3.141	.009	3.0642076	16.9357924	← (7)
[時間=4]	0[a]	0	.	.	.	.	.	

a. 這個參數多餘，因此設為零。

b. 依變數：測量值.

共變異數參數

估計共變異數參數 [a]

參數		估計	標準錯誤	Wald Z	Sig。	95% 信賴區間 下限	95% 信賴區間 上限
重複測量	CS 對角線偏移量	25.3333333	10.3422900	2.449	.014	11.3812710	56.3889376
	CS 共變異數	131.54167	97.5266271	1.349	.177	-59.607010	322.69034

a. 依變數：測量值.

【輸出結果的判讀・3】

(4) 主效果 α_1、α_2、α_3、α_4 方面的估計值

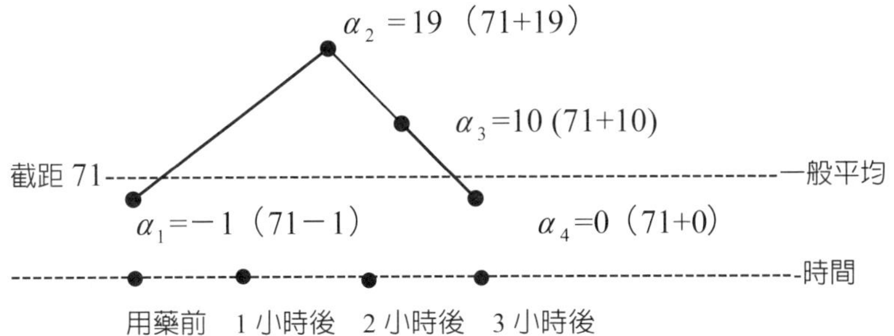

(5) 主效果 α_1 的檢定

假設 H_0：$\alpha_1 = 0$（但設定 $\alpha_4 = 0$）

顯著機率 0.759 > 顯著水準 0.05，因之假設 H_0 無法捨棄。

因此，用藥前與 3 小時後的測量值不能說有顯著差異。

(6) 主效果 α_2 的檢定

假設 H_0：$\alpha_2 = 0$（但設定 $\alpha_4 = 0$）

顯著機率 0.000 < 顯著水準 0.005，因之假設 H_0 被捨棄。

因此，1 小時後與 3 小時後的測量值有顯著差異。

(7) 主效果 α_3 的檢定

假設 H_0：$\alpha_3 = 0$（但設定 $\alpha_4 = 0$）

顯著機率 0.000 < 顯著水準 0.005，因之假設 H_0 被捨棄。

因此，2 小時後與 3 小時後的測量值有顯著差異。

【SPSS 輸出 ・4】

估計的邊緣平均數

時間

估計值[a]

時間	平均數	標準錯誤	自由度	95% 信賴區間	
				下限	上限
用藥前	70.000	5.601	5.146	55.723	84.277
一小時後	90.000	5.601	5.146	75.723	104.277
二小時後	81.000	5.601	5.146	66.723	95.277
三小時後	71.000	5.601	5.146	56.723	85.277

a. 依變數：測量值.

← (8)

成對比較[b]

(I) 時間	(J) 時間	平均數差異 (I-J)	標準錯誤	自由度	Sig。[a]	差異的 95% 信賴區間[a]	
						下限	上限
一小時後	用藥前	20.000*	3.183	12.000	.000	11.152	28.848
二小時後	用藥前	11.000*	3.183	12.000	.014	2.152	19.848
三小時後	用藥前	1.000	3.183	12.000	1.000	-7.848	9.848

根據估計的邊緣平均數而定

*. 平均數差異的顯著水準為 .05。

a. 調整多重比較：Bonferroni。

b. 依變數：測量值.

← (9)

簡單效果的檢定[a]

分子自由度	分母自由度	F	Sig.
3	12.000	17.500	.000

← (10)

F 檢定時間的效果。這個檢定是根據所估計邊緣平均數的線性獨立成對比較而定。

a. 依變數：測量值.

【輸出結果的判讀 ・4】

(8) 4 個時間中測量值的平均估計值與區間估計

	用藥前	1 小時後	2 小時後	3 小時後
	67 92 58 61 72	92 112 71 90 85	87 94 69 83 72	68 90 62 66 69
邊際平均	70.00	90.00	81.00	71.00

$$70 = \frac{67+92+58+61+72}{5}$$

在用藥前測量值平均的區間估計

$55.723 \le$ 測量值平均 ≤ 84.277

(9) 利用 Bonferroni 的修正的多重比較，有 * 記號之組合，有顯著差。

- 用藥前與 1 小時後
- 用藥前與 2 小時後

(10) 固定效果的變異數分析

與【SPSS 輸出 ・2】的 (3) 有相同的結果。

Tea Break

在 EM 平均之處（步驟 13），如選擇無 (O)（所有配對）時，就變成以下那樣對所有的組合進行多重比較。

成對比較b

(I) 時間	(J) 時間	平均數差異 (I-J)	標準錯誤	自由度	Sig。a	差異的 95% 信賴區間a 下限	上限
用藥前	一小時後	-20.000*	3.183	12.000	.000	-30.036	-9.964
	二小時後	-11.000*	3.183	12.000	.029	-21.036	-.964
	三小時後	-1.000	3.183	12.000	1.000	-11.036	9.036
一小時後	用藥前	20.000*	3.183	12.000	.000	9.964	30.036
	二小時後	9.000	3.183	12.000	.092	-1.036	19.036
	三小時後	19.000*	3.183	12.000	.000	8.964	29.036
二小時後	用藥前	11.000*	3.183	12.000	.029	.964	21.036
	一小時後	-9.000	3.183	12.000	.092	-19.036	1.036
	三小時後	10.000	3.183	12.000	.051	-.036	20.036
三小時後	用藥前	1.000	3.183	12.000	1.000	-9.036	11.036
	一小時後	-19.000*	3.183	12.000	.000	-29.036	-8.964
	二小時後	-10.000	3.183	12.000	.051	-20.036	.036

← (11)

根據估計的邊緣平均數而定

*. 平均數差異的顯著水準為 .05。

a. 調整多重比較：Bonferroni。

b. 依變數：測量值.

(11) 時序性測量數據時

將最初的水準（= 用藥前）取成基準進行差的檢定似乎不少，但是，像這樣也有對所有的組合進行多重比較。

有 * 記號的水準組合，即有顯著差。

用藥前與 1 小時後
用藥前與 2 小時後
用藥前與 3 小時後 ← 此多重比較類似 Tukey 的多重比較

7.3 將受試者當作隨機效果列入模型時

將表 7.1.1 的數據的受試者，當作隨機效果列入模型看看。步驟如下略有改變。

【統計處理的步驟】

步驟 1　與 7.2 節的步驟 1 相同。
不進行 7.2 節的步驟 2 到步驟 4 的操作。

步驟 2　變成以下畫面時，照原樣按 繼續 (C)。

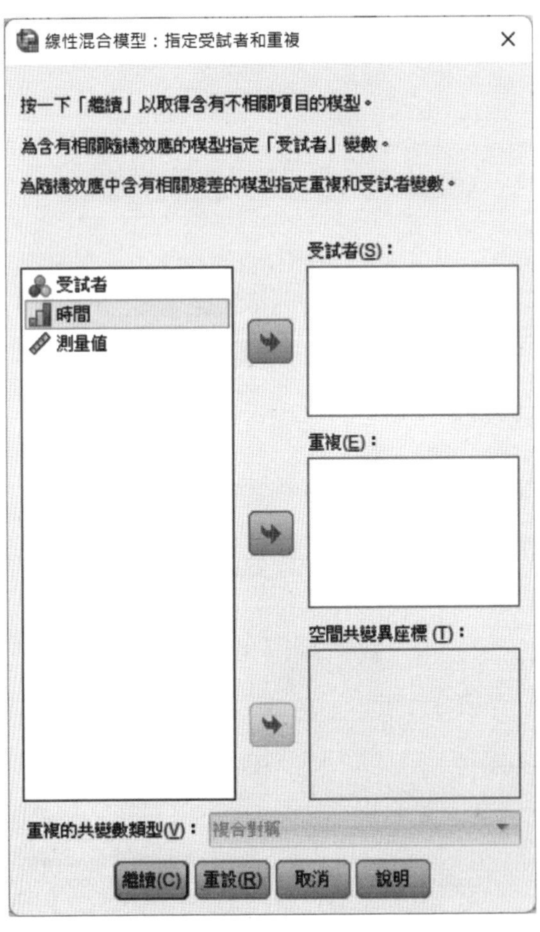

步驟 3 如以下將測量值移到應變數 (D) 中，受試者與時間移到因子 (F) 中，再按 固定 (X) 。

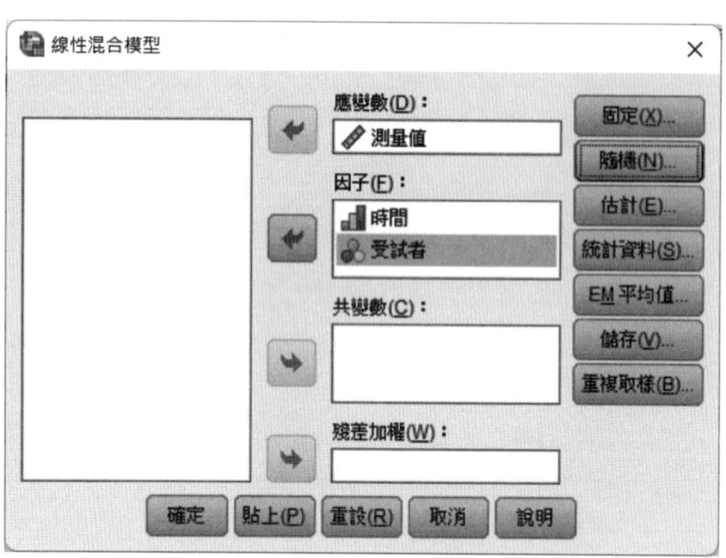

步驟 4 變成固定效果畫面時，將時間移到模型 (O) 中，接著，按 繼續 (C) 。回到步驟 3 的畫面時，按一下 隨機 (N) 。

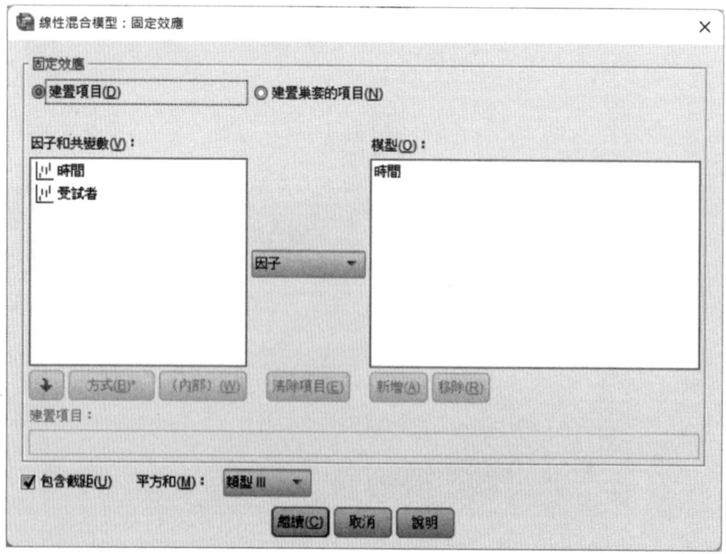

步驟 5　變成隨機效果的畫面時，將受試者移到模型 (M) 中，接著按繼續 (C)。

回到 7.2 節步驟 8 的畫面，之後的步驟，與步驟 8 到步驟 14 相同。

【SPSS 輸出 ・1】

模式維度[b]

		N 層；層數	共變異數結構	N 參數；參數數目
固定效果	截距	1		1
	時間	4		3
隨機效果	受驗者[a]	5	變異數成分	1
殘差				1
總計		10		6

a. 在 11.5 版中，已變更 RANDOM 副命令的語法規則。您的命令語法所產生的結果可能與先前版本產生的結果不同。如果使用的是 SPSS 11 語法，請查看現有語法參考指南以取得詳細資訊。

b. 依變數：測量值.

← (1)

資訊條件[a]

-2 限制對數概似值	115.880
Akaike 的訊息條件 (AIC)	119.880
Hurvich 和 Tsai 的條件 (AICC)	120.803
Bozdogan的條件 (CAIC)	123.425
Schwarz 的貝葉斯條件 (BIC)	121.425

以越小越好的形式顯示資訊條件。

a. 依變數：測量值.

← (2)

【輸出結果的判讀・1】

(1) 與 7.2 節【SPSS 輸出 ・1】的輸出結果相比時，並無重複效果時間的部分。且隨機效果的地方，加入受試者。

(2) 資訊量基準是與 7.2【SPSS 輸出 ・1】的輸出結果一致。

【SPSS 輸出 ・2】

固定效果的類型 III 檢定[a]

來源	分子自由度	分母自由度	F	Sig。
截距	1	4	220.635	.000
時間	3	12.000	17.500	.000

a. 依變數：測量值.

← (3)

固定效果估計[b]

參數	估計	標準錯誤	自由度	t	Sig。	95% 信賴區間	
						下限	上限
截距	71.0000000	5.6013391	5.146	12.676	.000	56.7231753	85.2768247
[時間=1]	-1.0000000	3.1832897	12.000	-.314	.759	-7.9357924	5.9357924
[時間=2]	19.0000000	3.1832897	12.000	5.969	.000	12.0642076	25.9357924
[時間=3]	10.0000000	3.1832897	12.000	3.141	.009	3.0642076	16.9357924
[時間=4]	0[a]	0	.	.	.	.	.

a. 這個參數多餘，因此設爲零。
b. 依變數：測量值.

← (4)

共變異數參數

估計共變異數參數[a]

參數	估計	標準錯誤	Wald Z	Sig。	95% 信賴區間	
					下限	上限
殘差	25.3333333	10.3422900	2.449	.014	11.3812710	56.3889376
受驗者　變異數	131.54167	97.5266271	1.349	.177	30.7589802	562.54173

a. 依變數：測量值.

← (5)

【輸出結果的判讀 ・2】

(3) 有關固定效果的變異數分析表與7.2節【SPSS輸出 ・2】的輸出結果一致。
(4) 固定效果的參數的估計與 7.2 節【SPSS 輸出 ・3】的輸出結果一致。
(5) 共變異數的參數的估計值，除信賴區間的地方，幾乎與 7.2 節【SPSS 輸出 ・3】的輸出結果一致。

Note

第 8 章
混合模型時序性測量數據的分析 (2)

8.1 前言

以下的表 8.1.1 是 10 位受試者的時序性測量數據。組 1 是對受試者 A、B、C、D、E 給予藥物 1 的結果。組 2 是對受試者 F、G、H、I、J 給予藥物 2 的結果。

表 8.1.1 時序性測量數據

組 1

受試者	用藥前	1 小時後	2 小時後
A	44	120	153
B	61	119	148
C	67	157	167
D	60	153	175
E	61	139	162

組 2

受試者	用藥前	1 小時後	2 小時後
F	51	100	110
G	62	109	117
H	56	134	139
I	57	140	161
J	59	126	137

組 1 與組 2 的受試者是不同的。

【數據輸入類型】

表 8.1.1 的數據如下輸入。

07-1.sav [資料集1] - IBM SPSS Statistics 資料編輯器

檔案(F) 編輯(E) 檢視(V) 資料(D) 轉換(T) 分析(A) 圖形(G) 公用程式(U) 延伸(X) 視窗(W) 說明(H)

顯示：4 個變數（共有 4 個）

	組	受試者	時間	測量值	變數	變數	變數	變數
1	1	1	1	44				
2	1	1	2	120				
3	1	1	3	153				
4	1	2	1	61				
5	1	2	2	119				
6	1	2	3	148				
7	1	3	1	67				
8	1	3	2	157				
9	1	3	3	167				
10	1	4	1	60				
11	1	4	2	153				
12	1	4	3	175				
13	1	5	1	61				
14	1	5	2	139				
15	1	5	3	162				
16	2	6	1	51				
17	2	6	2	100				
18	2	6	3	110				
19	2	7	1	62				
20	2	7	2	109				
21	2	7	3	117				
22	2	8	1	56				
23	2	8	2	134				
24	2	8	3	139				

資料視圖　變數視圖

IBM SPSS Statistics 處理器已備妥　Unicode:ON

8.2 混合模型時序性測量數據的步驟 (2)

【統計處理的步驟】

步驟 1 從分析 (A) 的清單中選擇混合模型 (X)，接著，點選子清單的線性 (L)。

步驟 2 變成以下畫面時，分別將組與受試者移到受試者 (S) 之中。

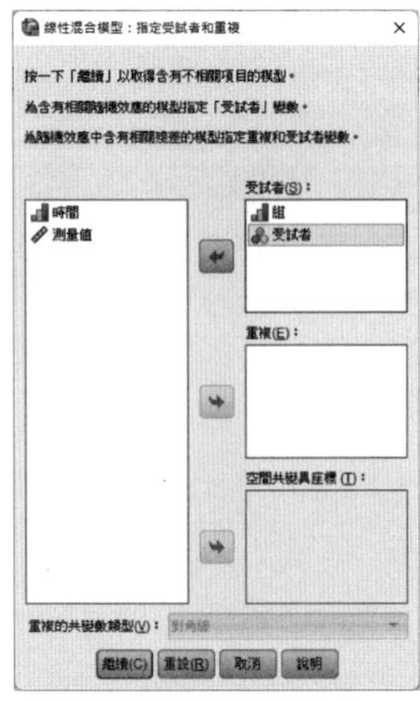

步驟 3　接著，點選時間，再移到重複 (E) 之中。

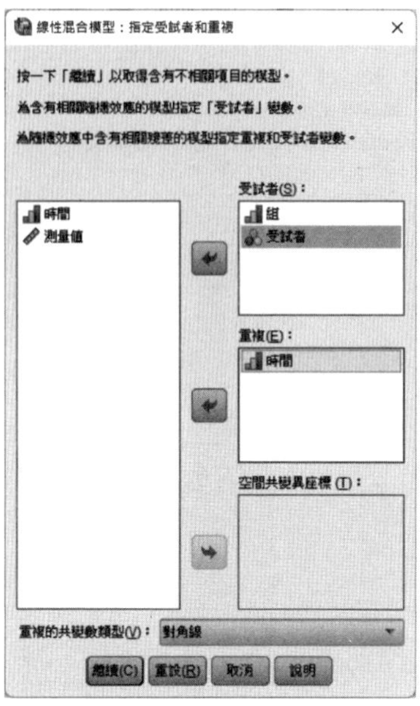

步驟 4　點選重複的共變數類型 (V) 的地方時，有如下的清單，選擇複合對稱。

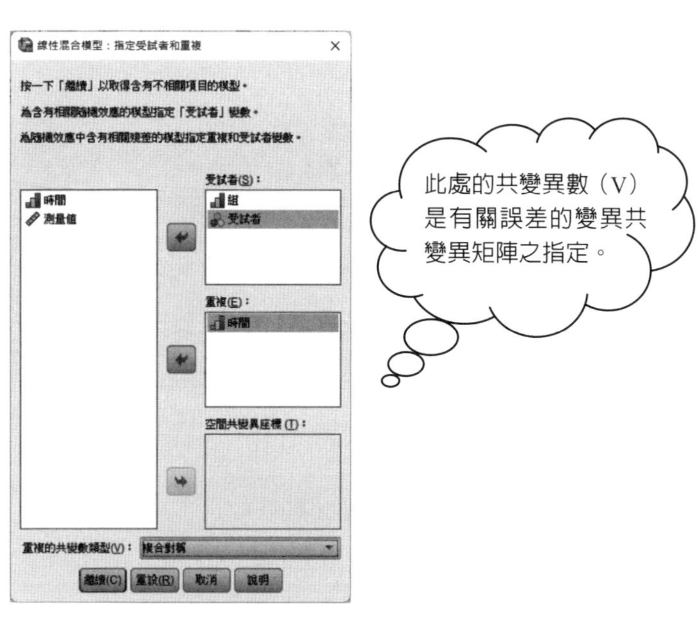

步驟 5　接著，按 繼續 (C)。

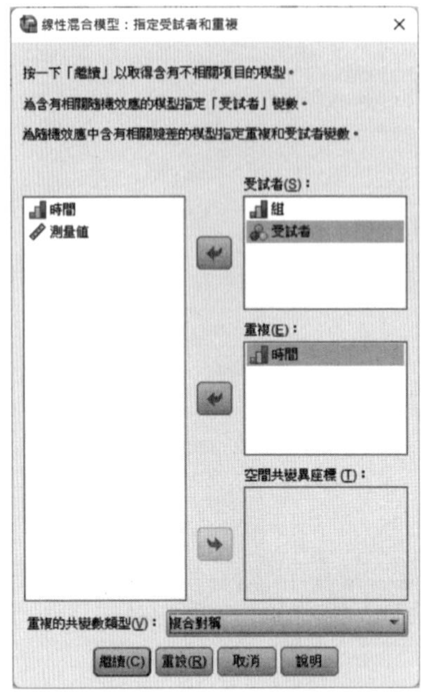

步驟 6　變成以下畫面時，將測量值移到應變數 (D) 之中。

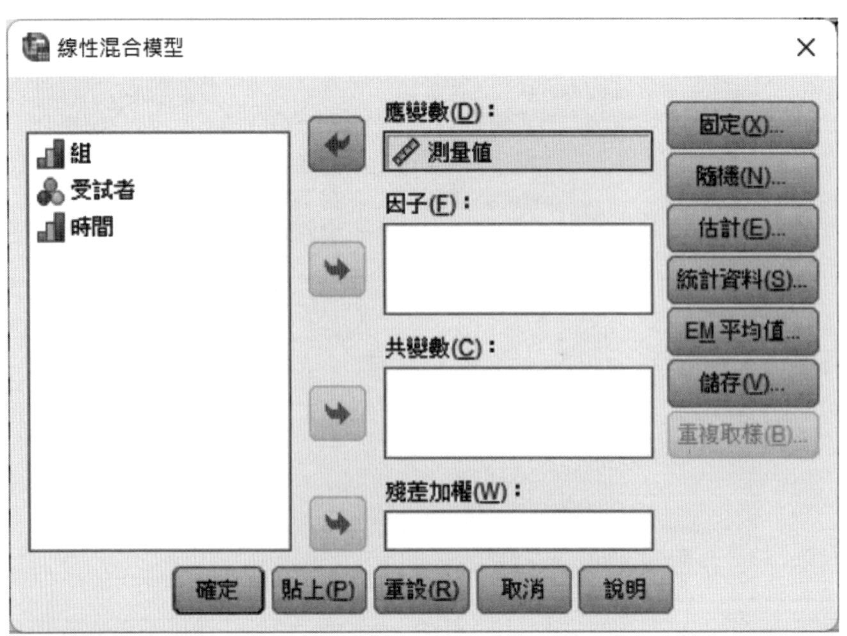

步驟 7　接著，將組與時間移到因子 (F) 之中，按一下畫面右方的 固定 (X)。

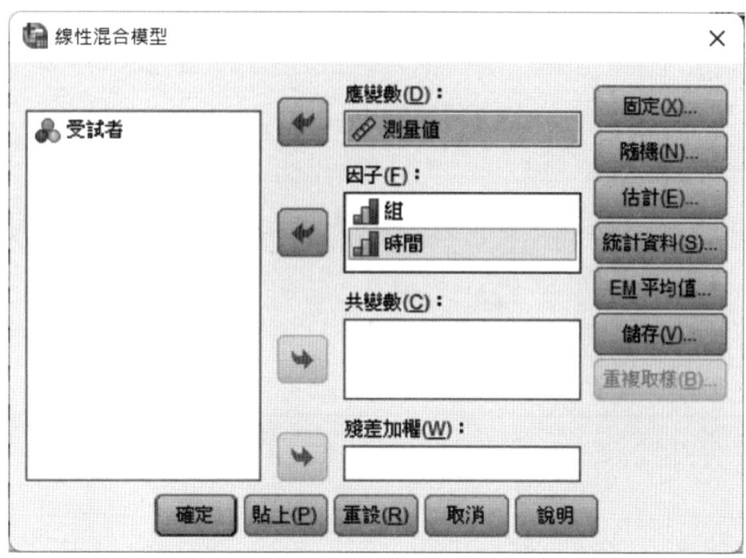

步驟 8　變成固定效果的畫面時，按住 CTRL，再點選組與時間，再按一下新增 (A)。

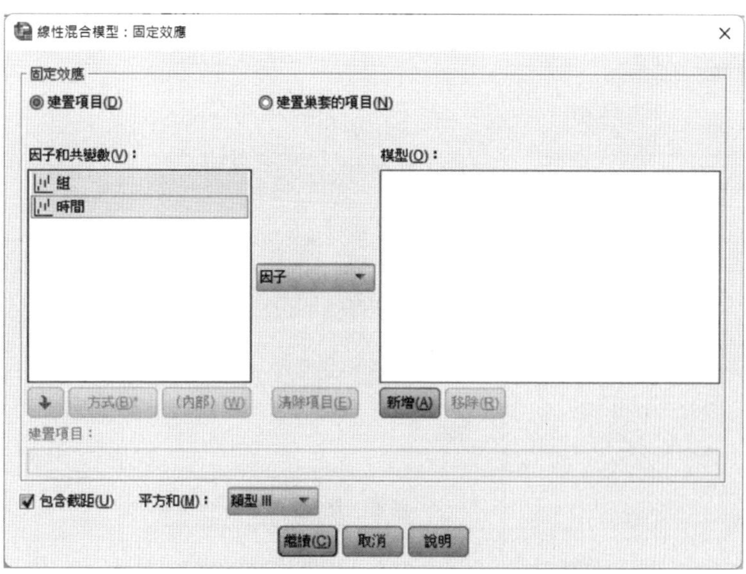

步驟 9 於是，模型 (O) 之中，變成如下。接著，按一下 繼續 (C)。

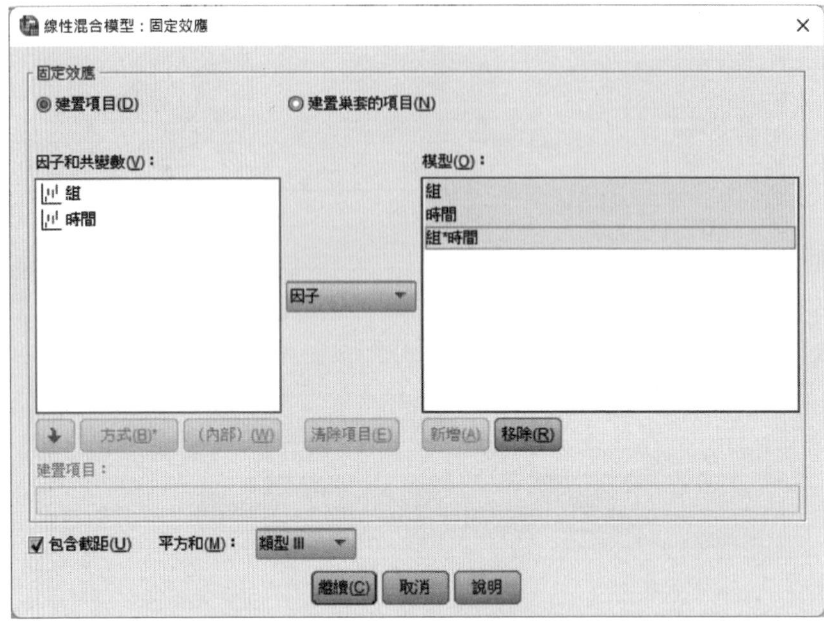

步驟 10 回到以下的畫面時，按一下統計資料 (S)。

步驟 11　變成統計量的畫面時，如下勾選，再按一下 繼續 (C)。

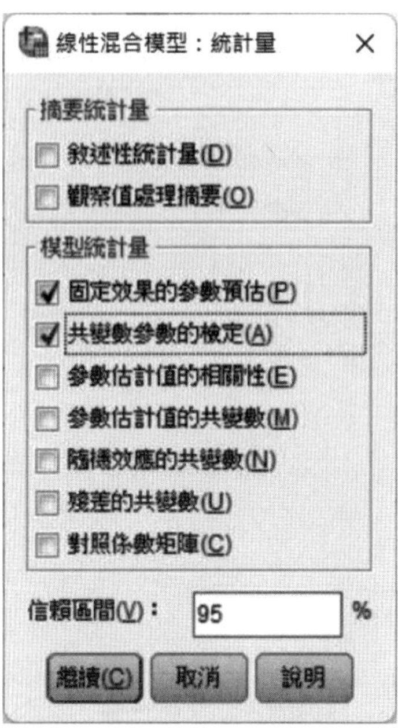

步驟 12　回到以下畫面時，按一下 EM 平均值 (M)。

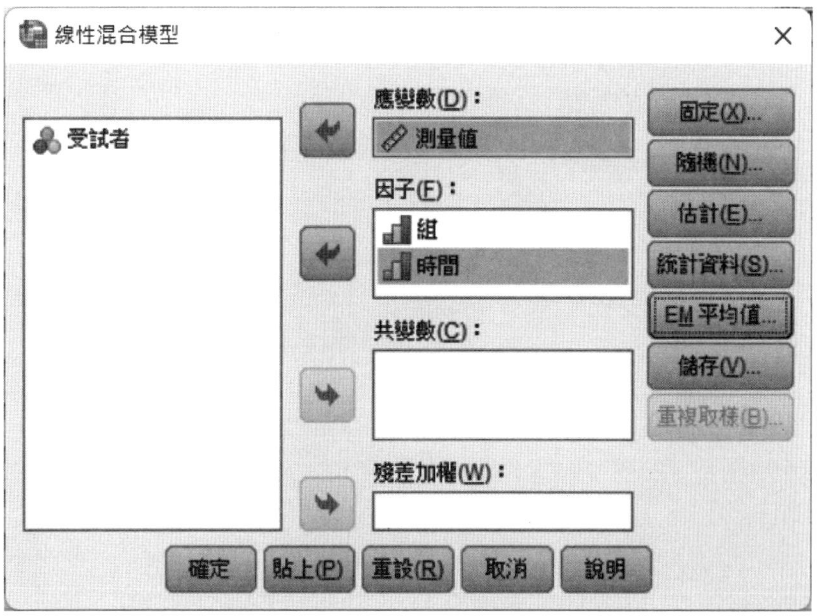

步驟 13 變成 EM 平均值的畫面時，將組與時間分別移到顯示此項目的平均值 (M) 之中。

步驟 14 接著勾選比較主效應 (C)，然後按一下信賴區間調整 (N)。

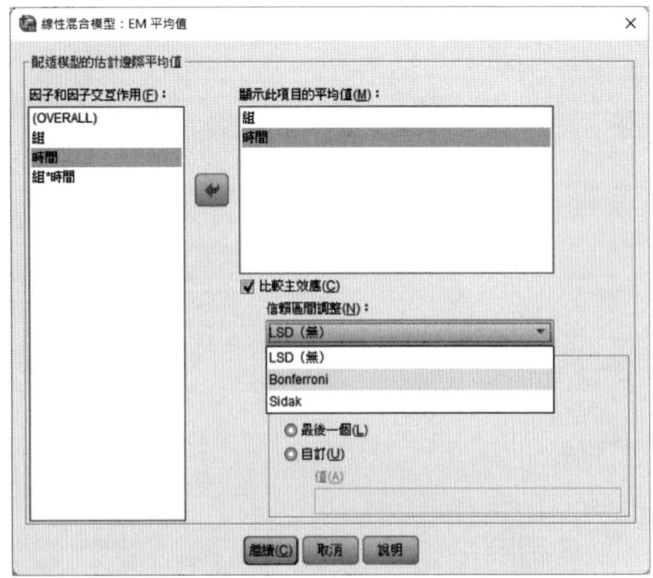

步驟 15　選擇 Bonferroni，按一下 繼續 (C) 。

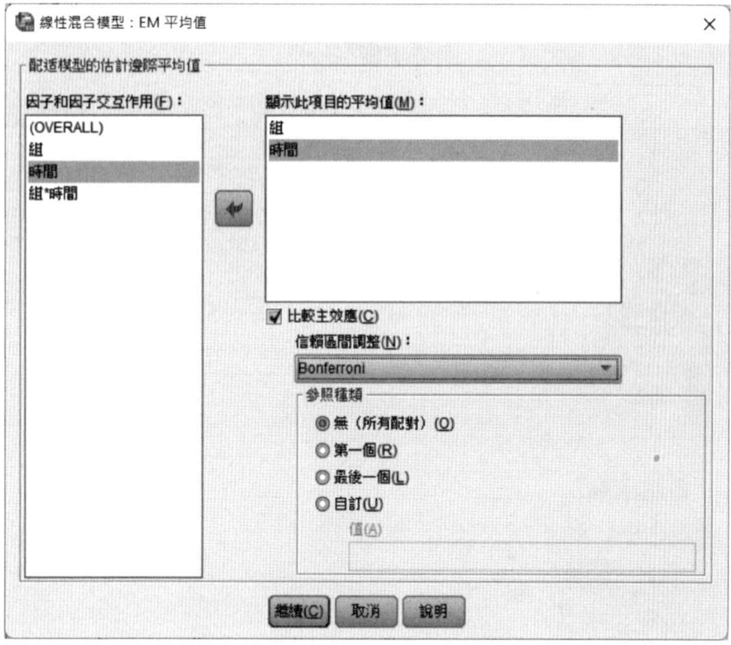

步驟 16　回到以下畫面時按一下 確定 。

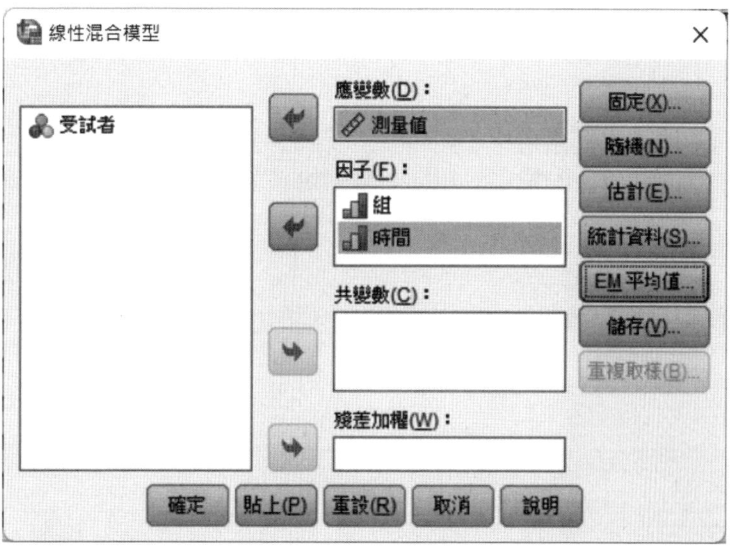

【SPSS 輸出・1】

模型維度[a]

		層級數	共變數結構	參數數目	受試者變數	受試者數目
固定效應	截距	1		1		
	組	2		1		
	時間	3		2		
	組 * 時間	6		2		
重複效應	時間	3	複合對稱	2	組 * 受試者	10
總計		15		8		

a. 依變數：測量值。

← (1)

資訊準則[a]

-2 受限對數概似	198.192
Akaike 資訊準則 (AIC)	202.192
Hurvich 及 Tsai 準則 (AICC)	202.764
Bozdogan 準則 (CAIC)	206.548
Schwarz 貝氏準則 (BIC)	204.548

資訊準則以越小越好的格式顯示。

a. 依變數：測量值。

← (2)

- 組間有對應，亦即假定組 1 與組 2 的受試者分別相同時，即得出第 8 章的【SPSS 輸出・1】的輸出。組間有無對應，分析結果是大爲不同的。

【輸出結果的判讀・1】

(1) 有關模型構成的輸出，在固定效果的模型中引進

組
時間
組 * 時間

重複測量變成

時間
重複測量的變異共變異矩陣（共變異表構造）是
複合對稱。
受試者人數是
10。

(2) 有關模型之適配的資訊量基準
資訊量基準 AIC 是 AIC=202.192。
此資訊量基準無法單獨使用。
對數據適配幾個模型，其資訊量基準最小的模型即爲最適模型。

【SPSS 輸出・2】

固定效果

固定效果的類型 III 檢定[a]

來源	分子自由度	分母自由度	F	Sig。	
截距	1	8.000	871.577	.000	← (4)
組	1	8.000	4.052	.079	← (5)
時間	2	16.000	248.803	.000	← (3)
組 *時間	2	16.000	4.933	.021	

a. 依變數：測量值.

Tea Break

以下的輸出是將表 8.1.1 的數據以

一般線型模型 (G) → 重複量數 (R)

所分析的結果。試比較 (3) 與 (4) 看看。

受試者內效應項的檢定

測量: MEASURE_1

來源		型 III 平方和	自由度	平均平方和	F 檢定	顯著性
時間	假設為球形	44680.867	2	22340.433	248.803	.000
	Greenhouse-Geisser	44680.867	1.356	32955.193	248.803	.000
	Huynh-Feldt值	44680.867	1.740	25684.949	248.803	.000
	下限	44680.867	1.000	44680.867	248.803	.000
時間 * 組	假設為球形	885.800	2	442.900	4.933	.021
	Greenhouse-Geisser	885.800	1.356	653.338	4.933	.040
	Huynh-Feldt值	885.800	1.740	509.205	4.933	.028
	下限	885.800	1.000	885.800	4.933	.057
誤差 (時間)	假設為球形	1436.667	16	89.792		
	Greenhouse-Geisser	1436.667	10.846	132.455		
	Huynh-Feldt值	1436.667	13.917	103.234		
	下限	1436.667	8.000	179.583		

← (3)'

受試者間效應項的檢定

測量: MEASURE_1
轉換的變數: 均數

來源	型 III 平方和	自由度	平均平方和	F 檢定	顯著性
截距	372744.533	1	372744.533	871.577	.000
組	1732.800	1	1732.800	4.052	.079
誤差	3421.333	8	427.667		

← (4)'

【輸出結果的判讀・2】

(3) 交互作用的檢定

假設 H_0：組與時間之間未存在交互作用

顯著機率 0.021 < 顯著水準 0.05，因此假設 H_0 被捨棄。

因此，組與時間之間可以認為存在交互作用。

此事觀察以下圖形即可清楚明白。

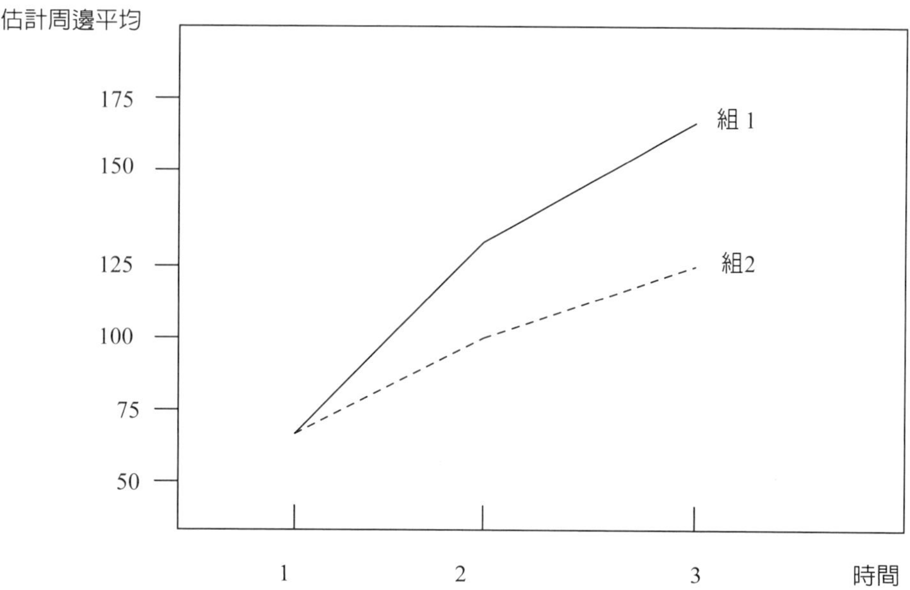

像這樣，交互作用存在一事說明在 2 個組中，側量值的變化類型是不同的。

(4)，(5) 組間之差的檢定，時間之差的檢定

交互作用存在時，變化的類型因各組不同，所以這些之差的檢定不太有意義。

此種時候就要按各組進行分析。

【SPSS 輸出・3】

共變異數參數

估計共變異數參數ª

參數		估計	標準錯誤	Wald Z	Sig。	95% 信賴區間 下限	95% 信賴區間 上限
重複測量	CS 對角線偏移量	89.7916667	31.7461482	2.828	.005	44.9046009	179.54827
	CS 共變異數	112.62500	72.0590131	1.563	.118	-28.608071	253.85807

a. 依變數：測量值.

估計的邊緣平均數

1. 組

估計值[a]

組	平均數	標準錯誤	自由度	95% 信賴區間 下限	95% 信賴區間 上限
組1	119.067	5.340	8.000	106.754	131.380
組2	103.867	5.340	8.000	91.554	116.180

← (6)

a. 依變數：測量值.

成對比較[b]

(I) 組	(J) 組	平均數差異 (I-J)	標準錯誤	自由度	Sig。[a]	差異的 95% 信賴區間[a] 下限	差異的 95% 信賴區間[a] 上限
組1	組2	15.200	7.551	8.000	.079	-2.213	32.613
組2	組1	-15.200	7.551	8.000	.079	-32.613	2.213

← (7)

根據估計的邊緣平均數而定

a. 調整多重比較：Bonferroni。

b. 依變數：測量值.

簡單效果的檢定[a]

分子自由度	分母自由度	F	Sig。
1	8.000	4.052	.079

F 檢定組的效果。這個檢定是根據所估計邊緣平均數的線性獨立成對比較而定。

a. 依變數：測量值.

【輸出結果的判讀．3】

(6) 2 個組中測量值平均的估計值與區間估計

組 1 之測量值平均的估計值

$$119.067 = \frac{44+120+153+61+\cdots\cdots+61+139+162}{15}$$

組 1 之測量值平均的區間估計

$106.745 \leq$ 測量值平均 ≤ 131.380

(7) 利用 Bonferroni 的多重比較，有 * 的記號之組合，是有顯著差。可是，並無 * 記號。

【SPSS 輸出 · 4】

2. 時間

估計值[a]

時間	平均數	標準錯誤	自由度	95% 信賴區間 下限	95% 信賴區間 上限
用藥前	57.800	4.499	14.822	48.200	67.400
一小時後	129.700	4.499	14.822	120.100	139.300
二小時後	146.900	4.499	14.822	137.300	156.500

a. 依變數 ： 測量值.

← (8)

成對比較[b]

(I) 時間	(J) 時間	平均數差異 (I-J)	標準錯誤	自由度	Sig。[a]	差異的 95% 信賴區間[a] 下限	差異的 95% 信賴區間[a] 上限
用藥前	一小時後	-71.900*	4.238	16.000	.000	-83.228	-60.572
	二小時後	-89.100*	4.238	16.000	.000	-100.428	-77.772
一小時後	用藥前	71.900*	4.238	16.000	.000	60.572	83.228
	二小時後	-17.200*	4.238	16.000	.003	-28.528	-5.872
二小時後	用藥前	89.100*	4.238	16.000	.000	77.772	100.428
	一小時後	17.200*	4.238	16.000	.003	5.872	28.528

根據估計的邊緣平均數而定

*. 平均數差異的顯著水準為 .05。

a. 調整多重比較：Bonferroni。

b. 依變數 ： 測量值.

← (9)

簡單效果的檢定[a]

分子自由度	分母自由度	F	Sig。
2	16.000	248.803	.000

F 檢定時間的 效果。這個檢定是根據所估計邊緣平均數的線性獨立成對比較而定。

a. 依變數 ： 測量值.

【輸出結果的判讀・4】

(8) 3 個時間中測量值平均的估計值與區間估計

在用藥前之測量值平均的估計值

$$57.800 = \frac{44 + 61 + 67 + \cdots\cdots + 56 + 57 + 59}{10}$$

用藥前之測量值平均的區間估計

48.200 ≤ 測量值平均 ≤ 67.400

(9) 利用 Bonferroni 的修正的多重比較

有 * 記號之組合，是有顯著差。

- 用藥前與 1 小時後
- 用藥前與 2 小時後
- 1 小時後與 2 小時後

8.3 交互作用不存在時

以下表 8.3.1 的數據，是 18 位受試者的時序性測量數據。
組 1 是對受試者 A、B、C、D、E、F 給予治療藥 1 的結果，
組 2 是對受試者 G、H、I、J、K、L 給予治療藥 2 的結果，
組 3 是對受試者 M、N、O、P、Q、R 給予治療藥 3 的結果。

表 8.3.1　交互作用不存在時的時序性測量數據

組 1

受試者	用藥前	1 小時後	2 小時後	3 小時後
A	4.24	4.71	4.74	3.58
B	3.78	4.15	4.41	5.45
C	5.10	4.83	4.20	3.92
D	2.72	3.72	2.80	2.50
E	3.44	4.29	4.19	2.97
F	4.31	4.37	3.30	2.83

組 2

受試者	用藥前	1 小時後	2 小時後	3 小時後
G	5.68	6.88	4.29	4.13
H	8.64	8.97	11.80	5.45
I	4.54	6.42	8.62	8.06
J	8.80	8.07	5.58	5.57
K	2.82	4.59	4.12	3.16
L	5.51	5.09	5.92	3.56

組 3

受試者	用藥前	1 小時後	2 小時後	3 小時後
M	4.39	4.93	4.22	3.83
N	5.16	5.59	6.51	3.33
O	3.94	5.09	6.18	6.02
P	4.92	5.83	4.91	4.40
Q	2.30	3.01	2.09	1.73
R	3.50	3.08	5.02	3.07

【數據輸入類型】

表 8.3.1 的數據如下輸入。

07-2.sav [資料集1] - IBM SPSS Statistics 資料編輯器

檔案(F) 編輯(E) 檢視(V) 資料(D) 轉換(T) 分析(A) 圖形(G) 公用程式(U) 延伸(X) 視窗(W) 說明(H)

顯示：4 個變數（共有 4 個）

	組	受試者	時間	測量值	變數	變數	變數	變數
1	1	1	1	4.24				
2	1	1	2	4.71				
3	1	1	3	4.74				
4	1	1	4	3.58				
5	1	2	1	3.78				
6	1	2	2	4.15				
7	1	2	3	4.41				
8	1	2	4	5.45				
9	1	3	1	5.10				
10	1	3	2	4.83				
11	1	3	3	4.20				
12	1	3	4	3.92				
13	1	4	1	2.72				
14	1	4	2	3.72				
15	1	4	3	2.80				
16	1	4	4	2.50				
17	1	5	1	3.44				
18	1	5	2	4.29				
19	1	5	3	4.19				
20	1	5	4	2.97				
21	1	6	1	4.31				
22	1	6	2	4.37				
23	1	6	3	3.30				
24	1	6	4	2.83				

資料視圖 變數視圖

IBM SPSS Statistics 處理器已備妥 Unicode:ON

4 次重複測量 A 先生
4 次重複測量 B 先生

【統計處理的步驟】

與 8.2 節步驟 1 到步驟 16 相同。

【SPSS 輸出 ・1】

混合模式分析

模式維度a

		N 層；層數	共變異數結構	N 參數；參數數目	主題變數	N 主題；主題數目
固定效果	截距	1		1		
	時間	4		3		
	組	3		2		
	時間 * 組	12		6		
重複效果	時間	4	複合對稱	2	受驗者 * 組	18
總計		24		14		

a. 依變數：測量值.

固定效果

固定效果的類型 III 檢定a

來源	分子自由度	分母自由度	F	Sig。	
截距	1	15.000	277.952	.000	
時間	3	45	5.197	.004	← (2)
組	2	15.000	4.705	.026	← (3)
時間 * 組	6	45	.504	.802	← (1)

a. 依變數：測量值.

【輸出結果的判讀 ・1】

(1) 交互作用的檢定

假設 H_0：組與時間之間不存在交互作用。

顯著機率 0.802 > 顯著水準 0.05，所以假設 H_0 無法捨棄。

因此，組與時間之間可以認爲交互作用不在。

此事意指

「3 個組中測量值的變化類型相同」，

之後，再進入到 (2) 與 (3)。

(2) 有關組之差檢定

假設 H_0：3 個組之測量值沒有差異

顯著機率 0.026 < 顯著水準 0.05，因此假設 H_0 被捨棄。

因此，得知 3 個組之間有顯著差異。

之後，再進入到多重比較。

(3) 有關時間之差的檢定

假設 H_0：於用藥前、1 小時後、2 小時後、3 小時後的測量值無差異。

顯著機率 0.004 < 顯著水準 0.05，因之假設 H_0 被捨棄。

因此，用藥前、1 小時後、2 小時後、3 小時後之間有顯著差異。

之後，再進入多重比較。

【SPSS 輸出 ・2】

估計的邊緣平均數

1. 組

估計值[a]

組	平均數	標準錯誤	自由度	95% 信賴區間	
				下限	上限
組1	3.940	.494	15	2.886	4.993
組2	5.970	.494	15	4.916	7.023
組3	4.359	.494	15.000	3.306	5.412

a. 依變數：測量值.

← (4)

成對比較[b]

(I) 組	(J) 組	平均數差異 (I-J)	標準錯誤	自由度	Sig.[a]	差異的 95% 信賴區間[a]	
						下限	上限
組1	組2	-2.030*	.699	15	.033	-3.912	-.148
	組3	-.419	.699	15.000	1.000	-2.301	1.463
組2	組1	2.030*	.699	15	.033	.148	3.912
	組3	1.611	.699	15.000	.108	-.271	3.493
組3	組1	.419	.699	15.000	1.000	-1.463	2.301
	組2	-1.611	.699	15.000	.108	-3.493	.271

根據估計的邊緣平均數而定

*. 平均數差異的顯著水準為 .05。

a. 調整多重比較：Bonferroni。

b. 依變數：測量值.

← (5)

【輸出結果的判讀 ・2】

(4) 3 個組的測量值平均的估計值與區間估計
　組 1 的測量值平均的估計值 3.940
　組 1 的測量值平均的區間估計
　2.886 ≤ 測量值平均 ≤ 4.993

(5) 利用 Bonferroni 之修正的多重比較
　有 * 記號的組合有顯著差異。
　「組 1 與組 2」

【SPSS 輸出 ・3】

2. 時間

估計值[a]

時間	平均數	標準錯誤	自由度	95% 信賴區間 下限	95% 信賴區間 上限
用藥前	4.544	.352	31.946	3.826	5.261
一小時後	5.254	.352	31.946	4.537	5.972
二小時後	5.139	.352	31.946	4.421	5.856
三小時後	4.087	.352	31.946	3.369	4.804

a. 依變數：測量值.

← (6)

成對比較[b]

(I) 時間	(J) 時間	平均數差異 (I-J)	標準錯誤	自由度	Sig。[a]	差異的 95% 信賴區間[a] 下限	差異的 95% 信賴區間[a] 上限
用藥前	一小時後	-.711	.338	45.000	.245	-1.642	.221
	二小時後	-.595	.338	45.000	.508	-1.526	.336
	三小時後	.457	.338	45.000	1.000	-.474	1.389
一小時後	用藥前	.711	.338	45.000	.245	-.221	1.642
	二小時後	.116	.338	45.000	1.000	-.816	1.047
	三小時後	1.168*	.338	45.000	.007	.236	2.099
二小時後	用藥前	.595	.338	45.000	.508	-.336	1.526
	一小時後	-.116	.338	45.000	1.000	-1.047	.816
	三小時後	1.052*	.338	45.000	.019	.121	1.984
三小時後	用藥前	-.457	.338	45.000	1.000	-1.389	.474
	一小時後	-1.168*	.338	45.000	.007	-2.099	-.236
	二小時後	-1.052*	.338	45.000	.019	-1.984	-.121

根據估計的邊緣平均數而定

*. 平均數差異的顯著水準爲 .05。

← (7)

【輸出結果的判讀 ・3】

(6) 4 個時間中測量值平均的估計值與區間估計
用藥前之測量值平均的估計值 4.544
用藥前之測量值平均的估計區間
3.826 ≤ 測量值平均 ≤ 5.261

(7) 利用 Bonferroni 之修正的多重比較
有 * 記號的組合有顯著差異。

{1 小時後與 3 小時後
 2 小時後與 3 小時後

時序性測量數據時，一般將最初（用藥前）取成基準（參照類別）。

【圖形表現】

欲輸出剖面圖時，點選圖形 (T)，橫軸加入時間，再按新增 (A)，即可得出。

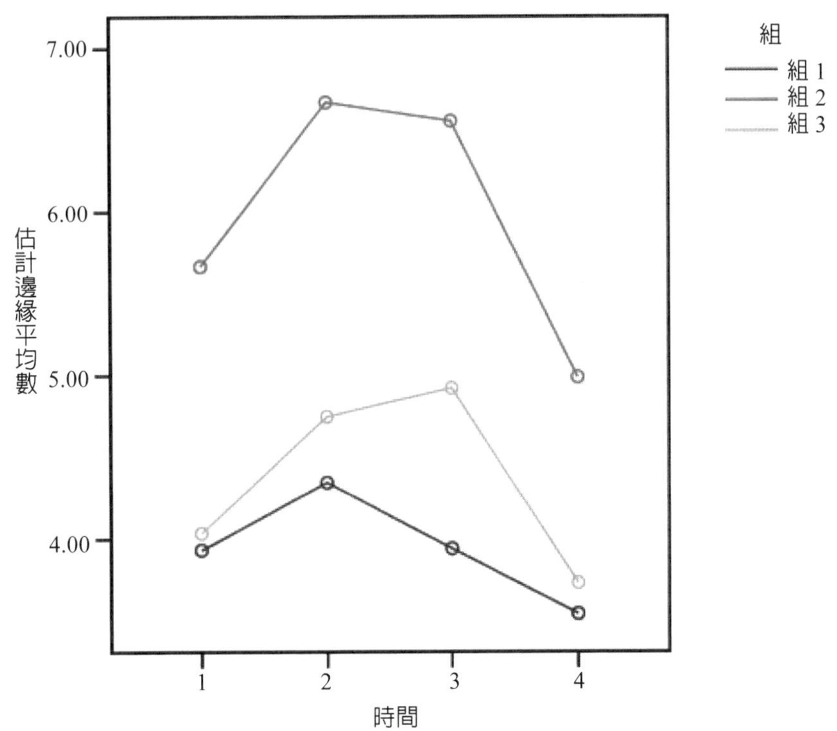

1：觀上圖時，3 個組的變化類型看起來似乎相同。

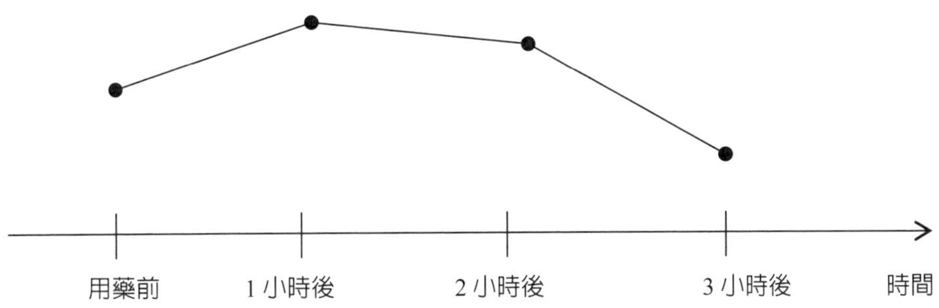

2：變化的類型相同是表示組與時間之間不存在交互作用

3：如比較 3 個組時，知組 1 與組 3 不太有差異，但組 2 有甚高的測量值。此事表示組間有差異。　　← 此處是變異數分析

4：2 個組的比較　　　　　← 此處是多重比較

組 1 與組 2 似乎有差異

組 1 與組 3 似乎無差異

組 2 與組 3 似乎有差異

如進行多重比較時，知有顯著差異者是組 1 與組 2。

8.4 將受試者當作隨機效果列入混合模型時

將表 8.1.1 的數據的受試者當作隨機效果列入模型看看。
步驟如下略有不同。

【統計處理的步驟】

步驟 1　與 8.2 節的步驟 1 相同。
不進行 8.2 節的步驟 2 到步驟 4 的操作。

步驟 2　變成以下畫面時，照原來那樣按一下 繼續 (C)。

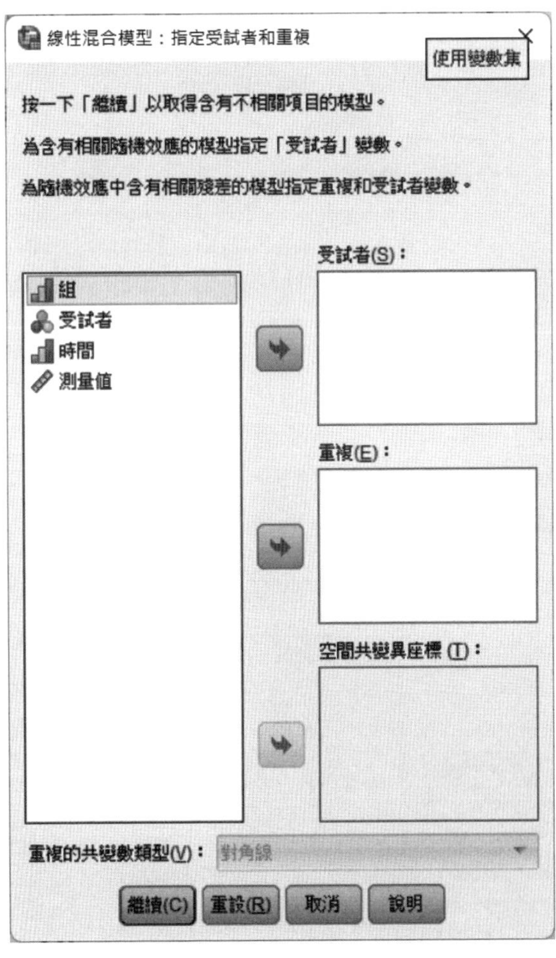

步驟 3 變成以下畫面時，將測量值移到應變數 (D) 之中，組、受試者時間移到因子 (F) 之中。再按 固定 (X)。

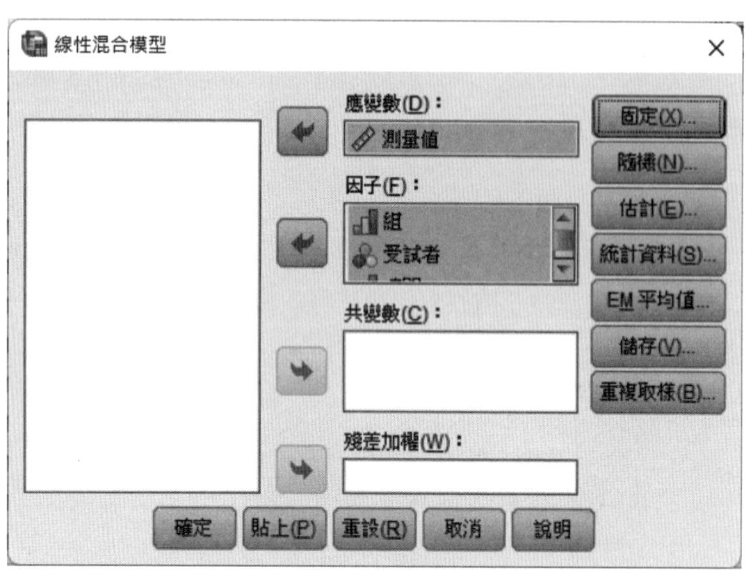

步驟 4 變成固定效果之畫面時，將模型 (O) 之中如下構成。
接著，按一下 繼續 (C)。

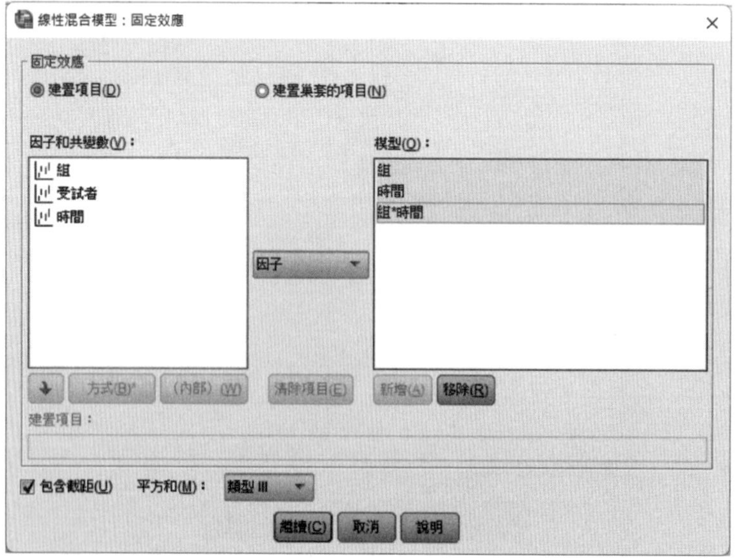

回到步驟 3 的畫面，按一下 隨機 (N)。

步驟 5　變成隨機效果的畫面時，將受試者移到模型 (M) 之中。接著，按 繼續 (C)。

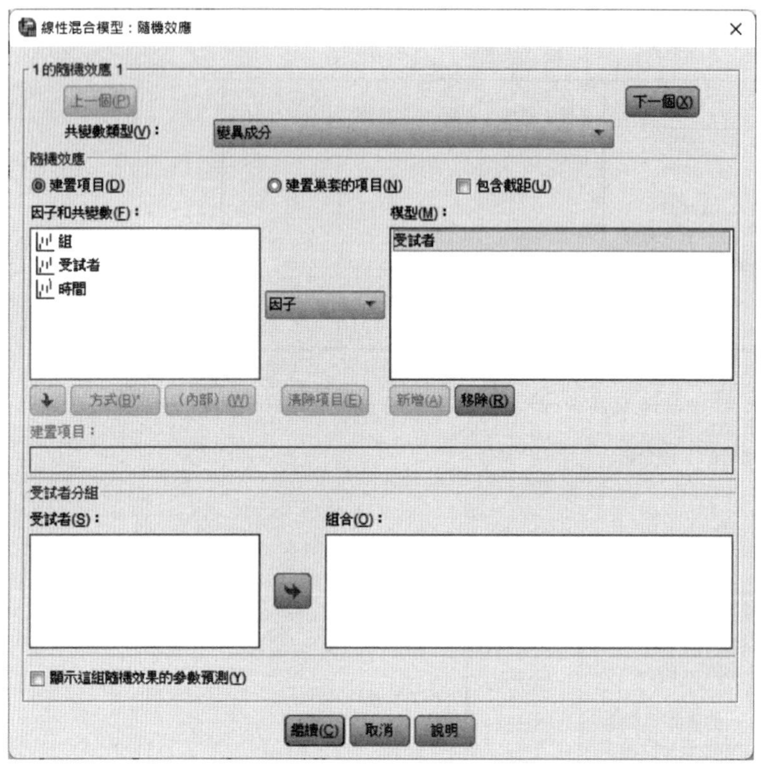

變成 8.2 節的步驟 10 的畫面。之後的步驟與步驟 10 到步驟 16 相同。

【SPSS 輸出・1】

混合模式分析

模式維度b

		N層；層數	共變異數結構	N參數；參數數目
固定效果	截距	1		1
	組	2		1
	時間	3		2
	組 *時間	6		2
隨機效果	受驗者a	10	變異數成分	1
殘差				1
總計		22		8

← (1)

a. 在 11.5 版中，已變更 RANDOM 副命令的語法規則。您的命令語法所產生的結果可能與先前版本產生的結果不同。如果使用的是 SPSS 11 語法，請查看現有語法參考指南以取得詳細資訊。

b. 依變數：測量值.

資訊條件a

-2 限制對數概似值	198.192
Akaike 的訊息條件 (AIC)	202.192
Hurvich 和 Tsai 的條件 (AICC)	202.764
Bozdogan的條件 (CAIC)	206.548
Schwarz 的貝葉斯條件 (BIC)	204.548

← (2)

以越小越好的形式顯示資訊條件。

a. 依變數：測量值.

固定效果

固定效果的類型 III 檢定a

來源	分子自由度	分母自由度	F	Sig。
截距	1	8	871.577	.000
組	1	8	4.052	.079
時間	2	16	248.803	.000
組 *時間	2	16	4.933	.021

← (3)

a. 依變數：測量值.

【輸出結果的判讀 ・1】

(1) 與 8.2 節之【SPSS 輸出 ・1】的輸出結果相比時……
　並無重複效果時間的部分。
　在隨機效果的地方有受試者。
(2) 資訊量基準與 8.2 節【SPSS 輸出 ・1】的輸出結果一致。
(3) 有關固定效果的變異數分析表與 8.2 節的【SPSS 輸出 ・2】的輸出結果一致。

【SPSS 輸出 ・2】

固定效果估計[b]

參數	估計	標準錯誤	自由度	t	Sig。	95% 信賴區間	
						下限	上限
截距	132.80000	6.3626514	14.822	20.872	.000	119.22417	146.37583
[組=1]	28.2000000	8.9981480	14.822	3.134	.007	9.0008725	47.3991275
[組=2]	0[a]	0	.	.	.	.	.
[時間=1]	-75.800000	5.9930515	16	-12.648	.000	-88.504702	-63.095298
[時間=2]	-11.000000	5.9930515	16	-1.835	.085	-23.704702	1.7047017
[時間=3]	0[a]	0	.	.	.	.	.
[組=1] * [時間=1]	-26.600000	8.4754548	16	-3.138	.006	-44.567161	-8.6328385
[組=1] * [時間=2]	-12.400000	8.4754548	16	-1.463	.163	-30.367161	5.5671615
[組=1] * [時間=3]	0[a]	0	.	.	.	.	.
[組=2] * [時間=1]	0[a]	0	.	.	.	.	.
[組=2] * [時間=2]	0[a]	0	.	.	.	.	.
[組=2] * [時間=3]	0[a]	0	.	.	.	.	.

← (4)

a. 這個參數多餘，因此設為零。
b. 依變數：測量值.

共變異數參數

估計共變異數參數[a]

參數	估計	標準錯誤	Wald Z	Sig。	95% 信賴區間	
					下限	上限
殘差	89.7916667	31.7461482	2.828	.005	44.9046009	179.54827
受驗者　變異數	112.62500	72.0590131	1.563	.118	32.1384133	394.68005

← (5)

a. 依變數：測量值

【輸出結果的判讀 ・2】

(4) 固定效果的參數的估計是？

固定效果估計[b]

參數	估計	標準錯誤	自由度	t	Sig。	95% 信賴區間	
						下限	上限
截距	132.80000	6.3626514	14.822	20.872	.000	119.22417	146.37583
[組=1]	28.2000000	8.9981480	14.822	3.134	.007	9.0008725	47.3991275
[組=2]	0[a]	0	.	.	.	.	.
[時間=1]	-75.800000	5.9930515	16	-12.648	.000	-88.504702	-63.095298
[時間=2]	-11.000000	5.9930515	16	-1.835	.085	-23.704702	1.7047017
[時間=3]	0[a]	0	.	.	.	.	.
[組=1] * [時間=1]	-26.600000	8.4754548	16	-3.138	.006	-44.567161	-8.6328385
[組=1] * [時間=2]	-12.400000	8.4754548	16	-1.463	.163	-30.367161	5.5671615
[組=1] * [時間=3]	0[a]	0	.	.	.	.	.
[組=2] * [時間=1]	0[a]	0	.	.	.	.	.
[組=2] * [時間=2]	0[a]	0	.	.	.	.	.
[組=2] * [時間=3]	0[a]	0	.	.	.	.	.

a. 這個參數多餘，因此設為零。

b. 依變數：測量值.

這是在 8.2 節的步驟 11 的畫面中所勾選之參數估計值的輸出結果。像這樣，8.2 節的【SPSS 輸出 ・1】之模型與 8.3 節的【SPSS 輸出 ・1】之模型的輸出結果相同。

(5) 共變異數的參數的估計值，除了信賴區間的地方外，幾乎與 8.2 節的【SPSS 輸出 ・3】的輸出結果一致。

第 9 章
混合模型時序性測量數據的分析 (3)

9.1 前言

以下的表 9.1.1 是 5 位受試者的時序性測量數據。
組 1 是受試者 A、B、C、D、E 的測量部位 1 之結果。
組 2 是受試者 A、B、C、D、E 的測量部位 2 之結果。

表 9.1.1 時序性測量數據

組 1

受試者	用藥前	1 小時後	2 小時後
A	44	120	153
B	61	119	148
C	67	157	167
D	60	153	175
E	61	139	162

組 2

受試者	用藥前	1 小時後	2 小時後
A	51	100	110
B	62	109	117
C	56	134	139
D	57	140	161
E	59	126	137

【數據輸入類型】

表 9.1.1 的數據如下輸入。

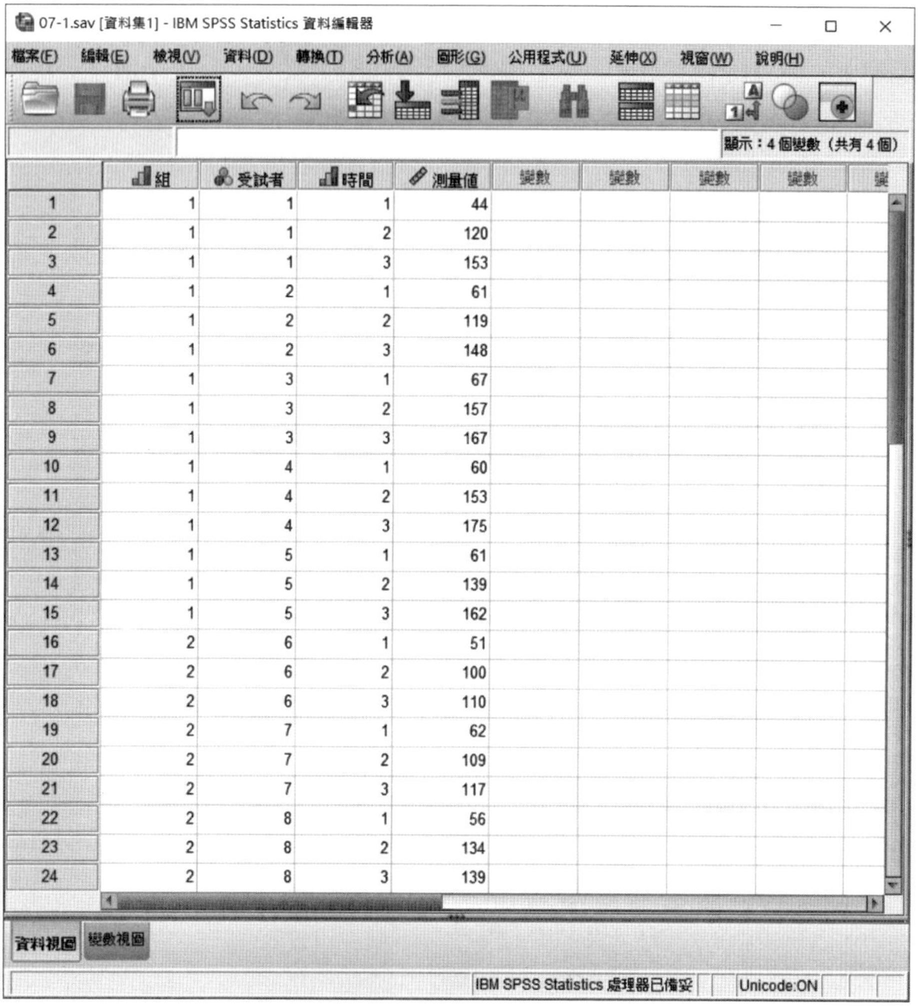
07-1.sav [資料集1] - IBM SPSS Statistics 資料編輯器
檔案(F) 編輯(E) 檢視(V) 資料(D) 轉換(T) 分析(A) 圖形(G) 公用程式(U) 延伸(X) 視窗(W) 說明(H)
顯示：4 個變數（共有 4 個）
資料視圖 變數視圖
IBM SPSS Statistics 處理器已備妥
Unicode:ON

	組	受試者	時間	測量值
1	1	1	1	44
2	1	1	2	120
3	1	1	3	153
4	1	2	1	61
5	1	2	2	119
6	1	2	3	148
7	1	3	1	67
8	1	3	2	157
9	1	3	3	167
10	1	4	1	60
11	1	4	2	153
12	1	4	3	175
13	1	5	1	61
14	1	5	2	139
15	1	5	3	162
16	2	6	1	51
17	2	6	2	100
18	2	6	3	110
19	2	7	1	62
20	2	7	2	109
21	2	7	3	117
22	2	8	1	56
23	2	8	2	134
24	2	8	3	139

- 在 A 先生的測量部位 1 重複測量 3 次。
- 在 A 先生的測量部位 2 重複測量 3 次。

9.2 混合模型時序性測量數據的步驟 (3)

【統計處理的步驟】

步驟 1 從分析 (A) 的清單中選擇混合模型 (X)，接著，點選子清單的線性 (L)。

步驟 2 變成以下畫面時，分別將受試者移到受試者 (S) 之中。

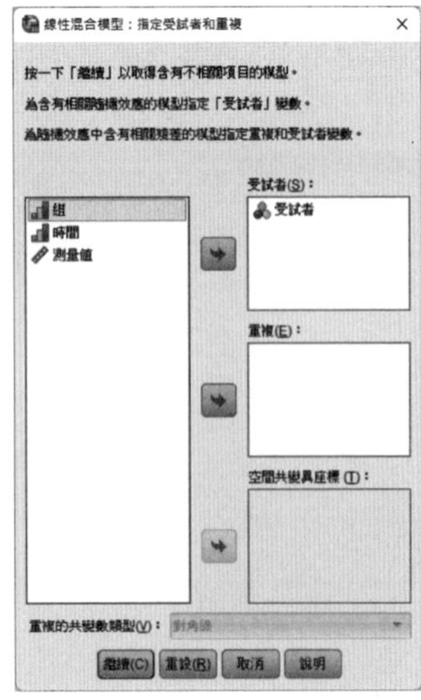

步驟 3　接著，分別將組與時間移到重複 (E) 之中。

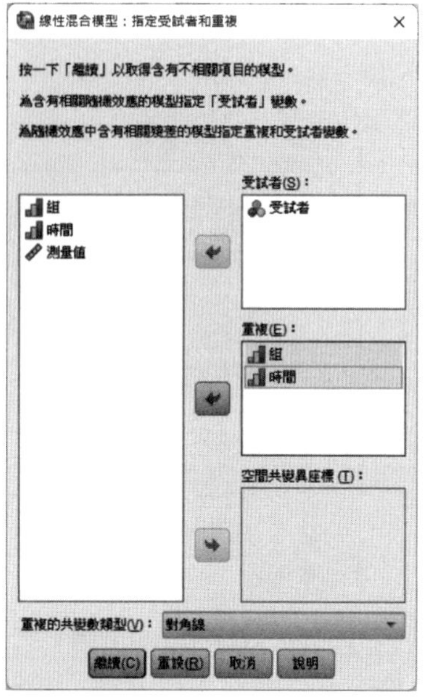

步驟 4　從重複的共變數類型 (V) 的清單中，選擇複合對稱，再按 繼續 (C) 。

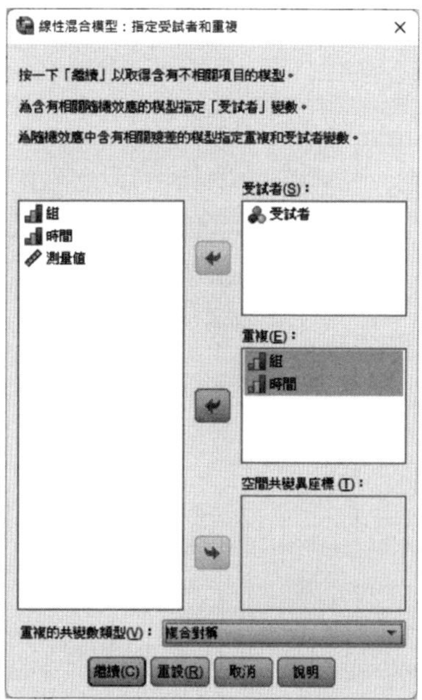

步驟 5　變成以下畫面時，將測量值移到應變數 (D) 之中。

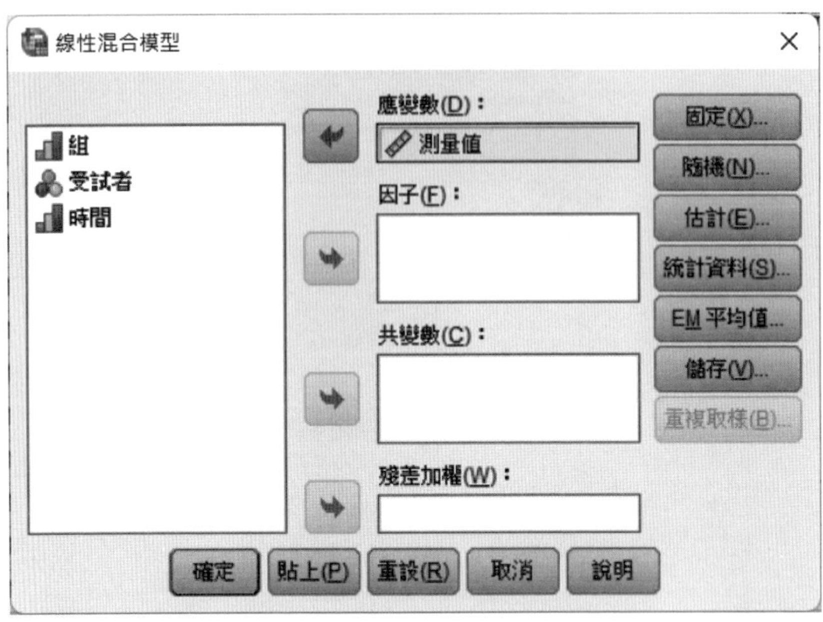

步驟 6　接著，將組、時間移到因子 (F) 之中，接著，按一下 固定 (X)。

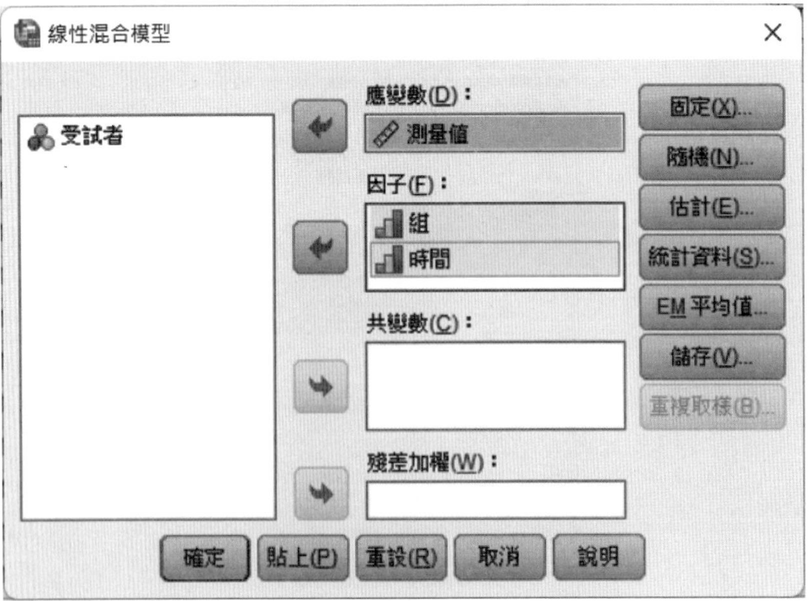

步驟 7　變成固定效果之畫面時，同時按住組與時間，接著，按一下新增 (A)，再按繼續 (C)。

步驟 8　回到以下畫面時，點選統計資料 (S)。

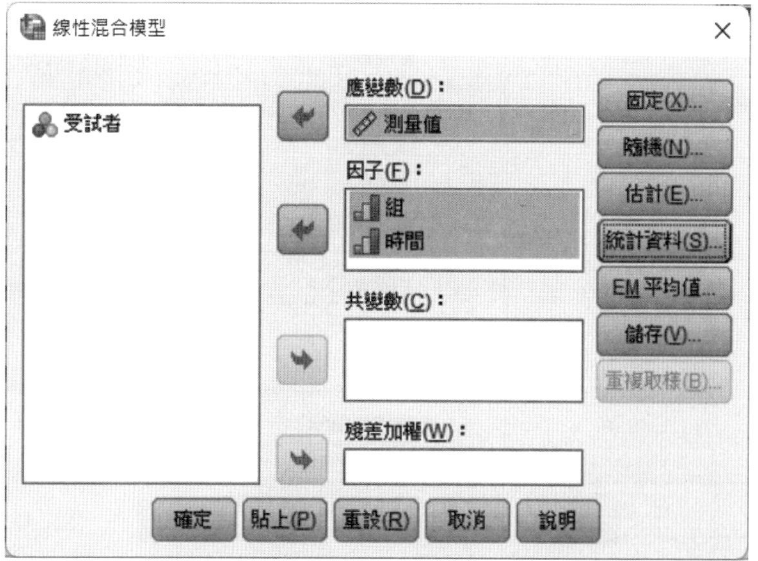

步驟 9 變成統計量的畫面時，如下勾選，再按 繼續 (C)。

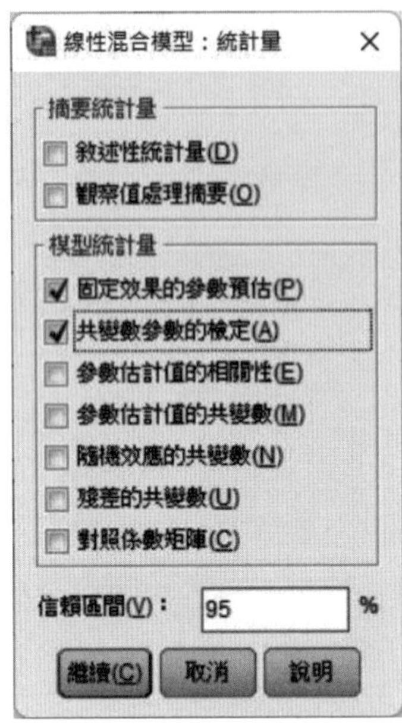

步驟 10 回到以下畫面時，按一下 EM 平均值 (M)。

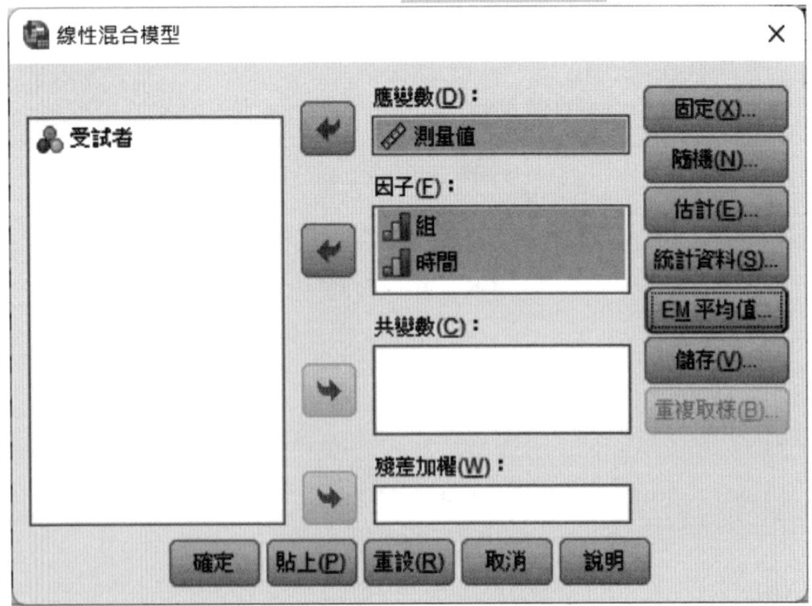

步驟 11　變成 EM 平均值的畫面時，將組與時間移到顯示此項目的平均值 (M) 之中。

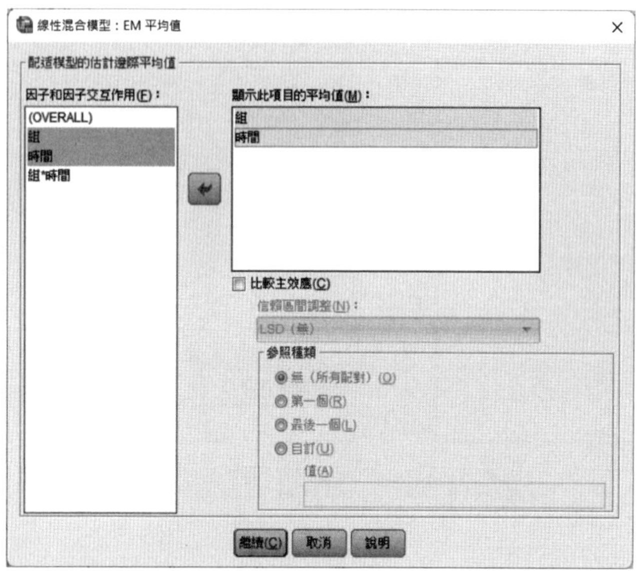

步驟 12　勾選比較主效應 (C)，從信賴區間選擇 Bonferroni，再按一下 繼續 (C)。

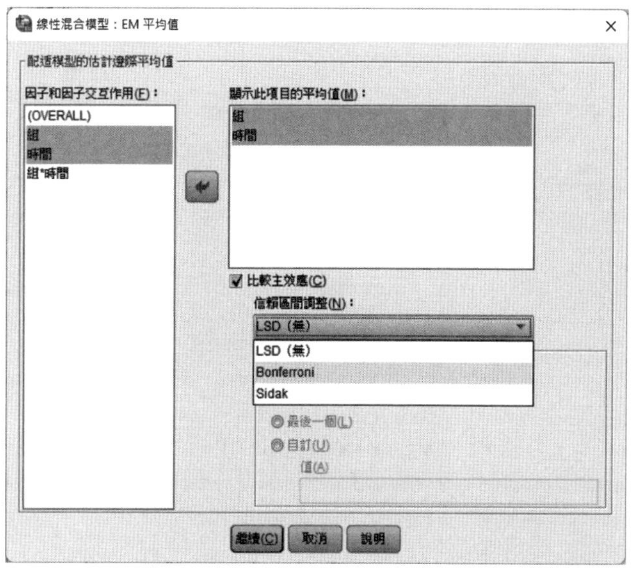

步驟 13 回到以下畫面時，按一下 確定 。

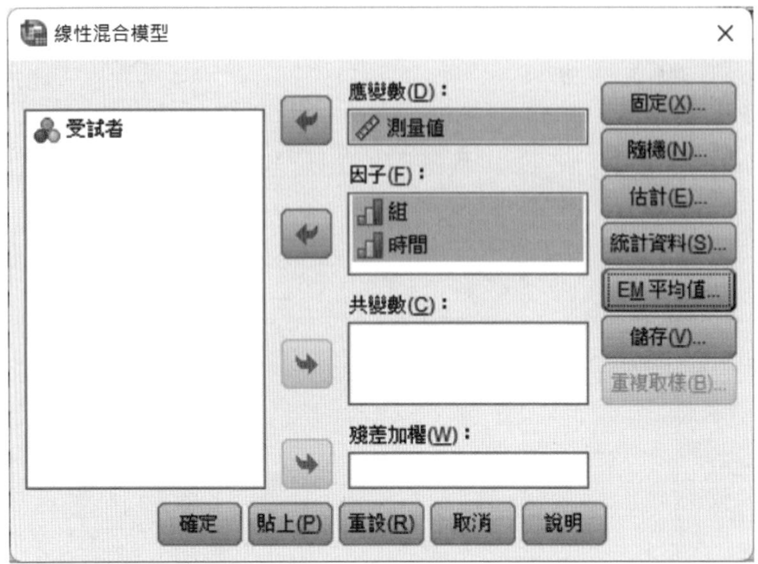

時序性測量數據之情形

對時間而言，將第一個（用藥前）取成基準（參照類別）是一般的做法。

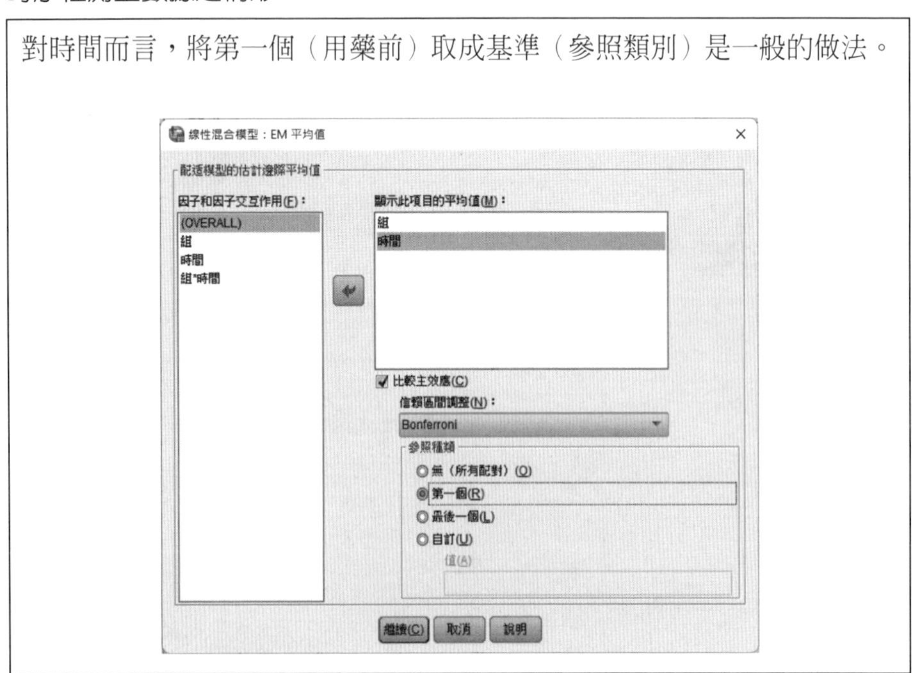

【SPSS 輸出 ・1】

混合模式分析

模式維度[a]

		N 層；層數	共變異數結構	N 參數；參數數目	主題變數	N 主題；主題數目
固定效果	截距	1		1		
	組	2		1		
	時間	3		2		
	組 * 時間	6		2		
重複效果	組 * 時間	6	複合對稱	2	受驗者	5
總計		18		8		

a. 依變數：測量值.

← (1)

資訊條件[a]

-2 限制對數概似值	191.649
Akaike 的訊息條件 (AIC)	195.649
Hurvich 和 Tsai 的條件 (AICC)	196.220
Bozdogan 的條件 (CAIC)	200.005
Schwarz 的貝葉斯條件 (BIC)	198.005

以越小越好的形式顯示資訊條件。

a. 依變數：測量值.

← (2)

【輸出結果的判讀 ・1】

(1) 有關模型構造的輸出

在固定效果的模型中引進

組
時間
組 * 時間

重複測量變成

組 * 時間

重複測量的變異共變異數矩陣（共變異數構造）是

複合對稱。 ←

$$\begin{bmatrix}\sigma^2 & \sigma_1 & \sigma_1\\ \sigma_1 & \sigma^2 & \sigma_1\\ \sigma_1 & \sigma_1 & \sigma^2\end{bmatrix} \text{或} \begin{bmatrix}\sigma^2+\sigma_1 & \sigma_1 & \sigma_1\\ \sigma_1 & \sigma^2+\sigma_1 & \sigma_1\\ \sigma_1 & \sigma_1 & \sigma^2+\sigma_1\end{bmatrix}$$

受試者人數是

5 人。 ←組 1：受試者 A、B、C、D、E
組 2：受試者 A、B、C、D、E

(2) 有關模型適配的資訊量基準

資訊量基準 AIC 是 AIC = 195.649

此資訊量基準無法單獨使用。

對數據適配幾個模型，其中具有最小資訊量基準之模型即爲最適模型。

【SPSS 輸出 ·2】

固定效果

固定效果的類型 III 檢定a

來源	分子自由度	分母自由度	F	Sig。	
截距	1	4.000	450.792	.000	← (4)
組	1	20.000	22.351	.000	← (5)
時間	2	20.000	288.165	.000	
組 *時間	2	20.000	5.713	.011	← (3)

a. 依變數：測量值.

固定效果估計b

參數	估計	標準錯誤	自由度	t	Sig。	95% 信賴區間	
						下限	上限
截距	132.80000	6.3626514	8.266	20.872	.000	118.20952	147.39048
[組=1]	28.2000000	5.5687222	20.000	5.064	.000	16.5838491	39.8161509
[組=2]	0a	0	.	.	.	.	.
[時間=1]	-75.800000	5.5687222	20.000	-13.612	.000	-87.416151	-64.183849
[時間=2]	-11.000000	5.5687222	20.000	-1.975	.062	-22.616151	.6161509
[時間=3]	0a	0	.	.	.	.	.
[組=1] * [時間=1]	-26.600000	7.8753624	20.000	-3.378	.003	-43.027718	-10.172282
[組=1] * [時間=2]	-12.400000	7.8753624	20.000	-1.575	.131	-28.827718	4.0277182
[組=1] * [時間=3]	0a	0	.	.	.	.	.
[組=2] * [時間=1]	0a	0	.	.	.	.	.
[組=2] * [時間=2]	0a	0	.	.	.	.	.
[組=2] * [時間=3]	0a	0	.	.	.	.	.

a. 這個參數多餘，因此設爲零。

b. 依變數：測量值.

共變異數參數

估計共變異數參數[a]

參數		估計	標準錯誤	Wald Z	Sig.	95% 信賴區間 下限	95% 信賴區間 上限
重複測量	CS 對角線偏移量	77.5266667	24.5160846	3.162	.002	41.7135882	144.08696
	CS 共變異數	124.89000	97.5327980	1.280	.200	-66.270771	316.05077

a. 依變數：測量值.

【輸出結果的判讀 ・2】

(3) 交互作用的檢定

　假設 H_0：組與時間之間不存在交互作用。

　顯著機率 0.011 < 顯著水準 0.05，因之 H_0 設被捨棄。

　因此，組與時間之間可以認爲存在交互作用。

　此事，觀察以下圖形就可清楚明白。

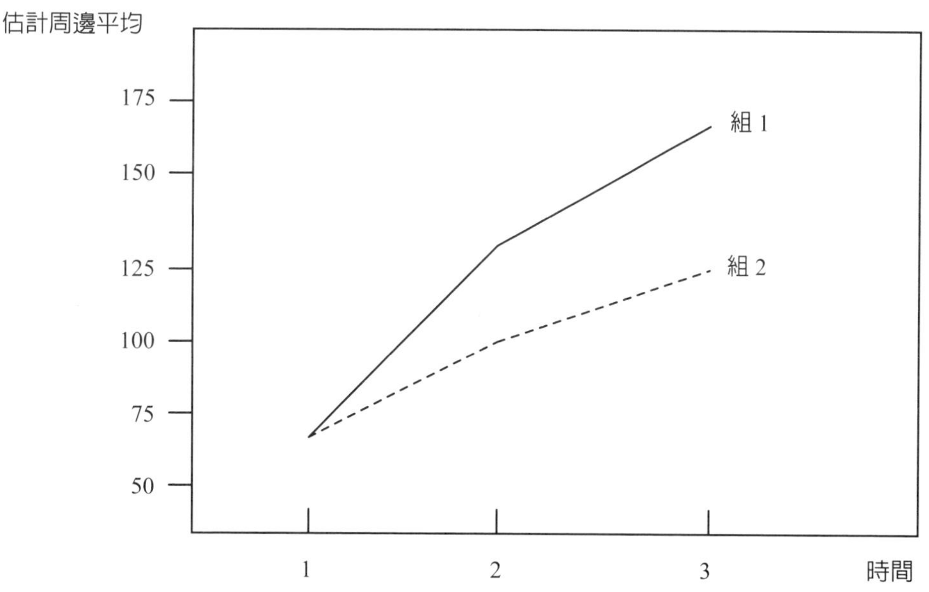

　像這樣，交互作用存在一事表示

「2 個組測量值的變化類型是不同的」。

(4)，(5) 組之間之差的檢定，時間之間之差的檢定交互作用存在時，變化的類型因各組不同，因此這些之差的檢定是不太有意義的。
此時就要按各組進行分析。

【SPSS 輸出 ・3】

估計的邊緣平均數

1. 組

估計值[a]

組	平均數	標準錯誤	自由度	95% 信賴區間	
				下限	上限
組1	119.067	5.491	4.777	104.752	133.381
組2	103.867	5.491	4.777	89.552	118.181

a. 依變數：測量值.

← (6)

成對比較[b]

(I) 組	(J) 組	平均數差異 (I-J)	標準錯誤	自由度	Sig。[a]	差異的 95% 信賴區間[a]	
						下限	上限
組1	組2	15.200*	3.215	20.000	.000	8.493	21.907
組2	組1	-15.200*	3.215	20.000	.000	-21.907	-8.493

根據估計的邊緣平均數而定
*. 平均數差異的顯著水準為 .05。
a. 調整多重比較：Bonferroni。
b. 依變數：測量值.

← (7)

簡單效果的檢定[a]

分子自由度	分母自由度	F	Sig。
1	20.000	22.351	.000

F 檢定組的效果。這個檢定是根據所估計邊緣平均數的線性獨立成對比較而定。
a. 依變數：測量值.

【輸出結果的判讀 ・3】

(6) 在 2 個組之測量值平均的估計值與區間估計

組 1 之測量值平均的估計值

$$119.067 = \frac{44 + 120 + 153 + \cdots\cdots + 61 + 139 + 162}{15}$$

組 1 之測量值平均的區間估計
104.752 ≤ 測量值平均 ≤ 133.381
(7) 利用 Bonferroni 修正的多重比較
有 * 記號的組合是有顯著差。
「組 1 與組 2」。

【SPSS 輸出 ・4】

2. 時間

估計值[a]

時間	平均數	標準錯誤	自由度	95% 信賴區間	
				下限	上限
用藥前	57.800	5.721	5.601	43.556	72.044
一小時後	129.700	5.721	5.601	115.456	143.944
二小時後	146.900	5.721	5.601	132.656	161.144

a. 依變數：測量值.

← (8)

成對比較[b]

(I) 時間	(J) 時間	平均數差異 (I-J)	標準錯誤	自由度	Sig。[a]	差異的 95% 信賴區間[a]	
						下限	上限
用藥前	一小時後	-71.900*	3.938	20.000	.000	-82.188	-61.612
	二小時後	-89.100*	3.938	20.000	.000	-99.388	-78.812
一小時後	用藥前	71.900*	3.938	20.000	.000	61.612	82.188
	二小時後	-17.200*	3.938	20.000	.001	-27.488	-6.912
二小時後	用藥前	89.100*	3.938	20.000	.000	78.812	99.388
	一小時後	17.200*	3.938	20.000	.001	6.912	27.488

根據估計的邊緣平均數而定
*. 平均數差異的顯著水準為 .05。
a. 調整多重比較：Bonferroni。
b. 依變數：測量值.

← (9)

簡單效果的檢定[a]

分子自由度	分母自由度	F	Sig。
2	20.000	288.165	.000

F 檢定時間的效果。這個檢定是根據所估計邊緣平均數的線性獨立成對比較而定。
a. 依變數：測量值.

【輸出結果的判讀 ・4】

(8) 在 3 個時間之中測量值平均的估計值與區間估計

用藥前的測量值平均的估計值

$$57.800 = \frac{44 + 61 + 67 + \cdots\cdots + 56 + 57 + 59}{10}$$

用藥前的測量值平均的區間估計

$43.556 \leq$ 測量值平均 ≤ 72.044

(8) 利用 Bonferroni 修正的多重比較

有 * 記號的組合，是有顯著差異。

- 用藥前與 1 小時後
- 用藥前與 2 小時後
- 1 小時後與 2 小時後

9.3 交互作用不存在時

以下的表 9.3.1 是 6 位受試者的時序性測量數據。
組 1 是受試者 A、B、C、D、E、F 在測量部位 1 的結果。
組 2 是受試者 A、B、C、D、E、F 在測量部位 2 的結果。
組 3 是受試者 A、B、C、D、E、F 在測量部位 3 的結果。

表 9.3.1　交互作用不存在的時序性測量數據

組 1

受試者	用藥前	1 小時後	2 小時後	3 小時後
A	4.24	4.71	4.74	3.58
B	6.10	7.18	9.65	4.71
C	3.78	4.15	4.41	5.45
D	5.10	4.83	4.20	3.92
E	2.27	3.72	2.80	2.50
F	3.44	4.29	4.19	2.97

組 2

受試者	用藥前	1 小時後	2 小時後	3 小時後
A	5.68	6.88	4.29	4.13
B	7.64	9.97	11.80	5.45
C	4.54	6.42	7.62	9.06
D	7.80	9.07	5.58	5.57
E	2.82	4.59	4.12	3.16
F	5.51	5.09	5.92	3.56

組 3

受試者	用藥前	1 小時後	2 小時後	3 小時後
A	4.17	4.85	3.77	2.99
B	6.30	4.42	7.48	4.14
C	4.51	3.87	4.46	6.70
D	6.88	3.37	5.20	5.13
E	2.27	2.99	3.20	1.99
F	3.01	3.80	4.79	3.22

【數據輸入類型】

表 9.3.1 的數據如下輸入。

07-2.sav [資料集1] - IBM SPSS Statistics 資料編輯器

	組	受試者	時間	測量值
1	1	1	1	4.24
2	1	1	2	4.71
3	1	1	3	4.74
4	1	1	4	3.58
5	1	2	1	3.78
6	1	2	2	4.15
7	1	2	3	4.41
8	1	2	4	5.45
9	1	3	1	5.10
10	1	3	2	4.83
11	1	3	3	4.20
12	1	3	4	3.92
13	1	4	1	2.72
14	1	4	2	3.72
15	1	4	3	2.80
16	1	4	4	2.50
17	1	5	1	3.44
18	1	5	2	4.29
19	1	5	3	4.19
20	1	5	4	2.97
21	1	6	1	4.31
22	1	6	2	4.37
23	1	6	3	3.30
24	1	6	4	2.83

【統計處理的步驟】

與 9.2 節的步驟相同。

【SPSS 輸出・1】

混合模式分析

模式維度a

		N 層；層數	共變異數結構	N 參數；參數數目	主題變數	N 主題；主題數目
固定效果	截距	1		1		
	組	3		2		
	時間	4		3		
	組 *時間	12		6		
重複效果	組 *時間	12	複合對稱	2	受驗者	6
總計		32		14		

a. 依變數：測量值.

固定效果

固定效果的類型 III 檢定a

來源	分子自由度	分母自由度	F	Sig。	
截距	1	5.000	81.561	.000	
組	2	55.000	13.601	.000	← (2)
時間	3	55.000	3.623	.019	← (3)
組 *時間	6	55.000	.334	.916	← (1)

a. 依變數：測量值.

【輸出結果的判讀・1】

(1) 交互作用的檢定

假設 H_0：組與時間之間不存在交互作用。

顯著機率 0.916 > 顯著水準 0.05 因之假設 H_0 無法捨棄。

因此，組與時間之間可以認爲沒有交互作用。

此事意謂「3 個組之中測量值的變化相同」。

之後再進入 (2)(3)。

(2) 有關組差的檢定

假設 H_0：3 個組的測量值並無差異。

顯著機率 0.000 < 顯著水準 0.05，因之捨棄假設 H_0。

因此知道 3 個組之間有顯著差異，之後再進行多重比較。

(3) 有關時間之差的檢定

假設 H_0：用藥前、1 小時後、2 小時後、3 小時後的測量值並無差異。

顯著機率 0.019 < 顯著水準 0.05，因之假設 H_0 被捨棄。

因此，用藥前、1 小時後、2 小時後、3 小時後之間有顯著差異。

之後，再進行多重比較。

【SPSS 輸出 ・2】

估計的邊緣平均數

1. 組

估計值[a]

組	平均數	標準錯誤	自由度	95% 信賴區間 下限	95% 信賴區間 上限
組1	4.433	.582	6.309	3.024	5.841
組2	5.970	.582	6.309	4.561	7.378
組3	4.480	.582	6.309	3.072	5.888

a. 依變數：測量值.

← (4)

成對比較[b]

(I) 組	(J) 組	平均數差異 (I-J)	標準錯誤	自由度	Sig。[a]	差異的 95% 信賴區間[a] 下限	差異的 95% 信賴區間[a] 上限
組1	組2	-1.537*	.335	55.000	.000	-2.365	-.709
	組3	-.048	.335	55.000	1.000	-.875	.780
組2	組1	1.537*	.335	55.000	.000	.709	2.365
	組3	1.490*	.335	55.000	.000	.662	2.317
組3	組1	.048	.335	55.000	1.000	-.780	.875
	組2	-1.490*	.335	55.000	.000	-2.317	-.662

根據估計的邊緣平均數而定

*. 平均數差異的顯著水準爲 .05。

a. 調整多重比較：Bonferroni。

b. 依變數：測量值.

← (5)

【輸出結果的判讀・2】

(4) 3 個組的測量值平均的估計值與區間估計
組 1 的測量值平均的估計值
4.433
組 1 的測量值平均的區間估計
3.024 ≤ 側量值平均 ≤ 5.841
(5) 利用 Bonferroni 修正多重比較
有 * 記號的組合有顯著差異。

組 1 與組 2
組 2 與組 3

【SPSS 輸出・3】

2. 時間

估計值[a]

時間	平均數	標準錯誤	自由度	95% 信賴區間 下限	95% 信賴區間 上限
用藥前	4.807	.598	7.013	3.393	6.221
1小時後	5.344	.598	7.013	3.930	6.759
2小時後	5.401	.598	7.013	3.987	6.815
3小時後	4.291	.598	7.013	2.876	5.705

a. 依變數：測量值.

← (6)

成對比較[b]

(I) 時間	(J) 時間	平均數差異 (I-J)	標準錯誤	自由度	Sig。[a]	差異的 95% 信賴區間[a] 下限	差異的 95% 信賴區間[a] 上限
用藥前	1小時後	-.538	.387	55.000	1.000	-1.597	.522
	2小時後	-.594	.387	55.000	.782	-1.654	.465
	3小時後	.516	.387	55.000	1.000	-.543	1.575
1小時後	用藥前	.538	.387	55.000	1.000	-.522	1.597
	2小時後	-.057	.387	55.000	1.000	-1.116	1.003
	3小時後	1.054	.387	55.000	.052	-.005	2.113
2小時後	用藥前	.594	.387	55.000	.782	-.465	1.654
	1小時後	.057	.387	55.000	1.000	-1.003	1.116
	3小時後	1.111*	.387	55.000	.035	.051	2.170
3小時後	用藥前	-.516	.387	55.000	1.000	-1.575	.543
	1小時後	-1.054	.387	55.000	.052	-2.113	.005
	2小時後	-1.111*	.387	55.000	.035	-2.170	-.051

根據估計的邊緣平均數而定

← (7)

【輸出結果的判讀 ・3】

(6) 4 個時間的測量值平均的估計值與區間估計
　用藥前之測量值平均的估計量
　4.807
　用藥前之測量值平均的區間估計
　3.393 ≤ 測量值平均 ≤ 6.221

(7) 利用 Bonferroni 的修正的多重比較
　有 * 記號的組合有顯著差異。
　「2 小時後與 3 小時後」。

【圖形表現】

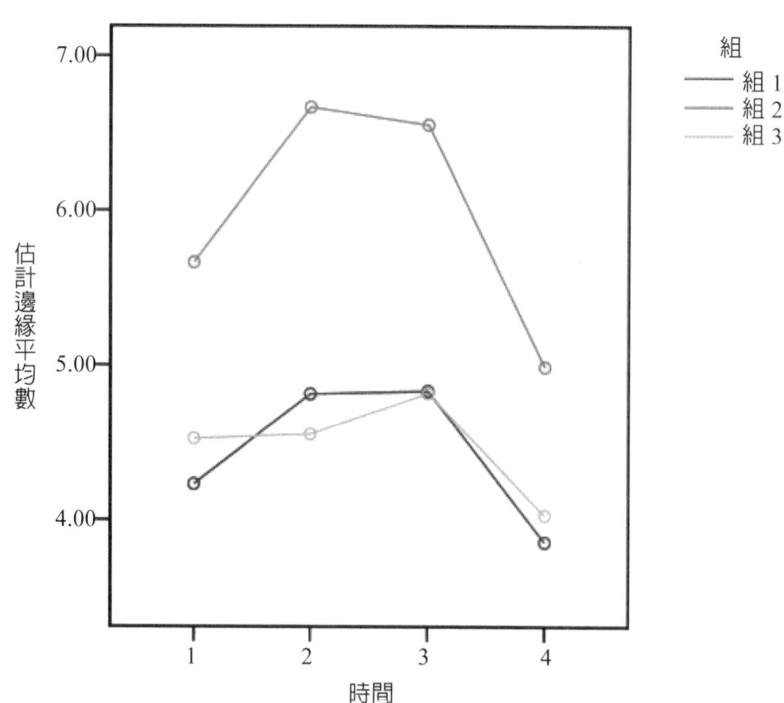

其一：觀察上圖時，3 個組的變化類型看起來似乎相同。

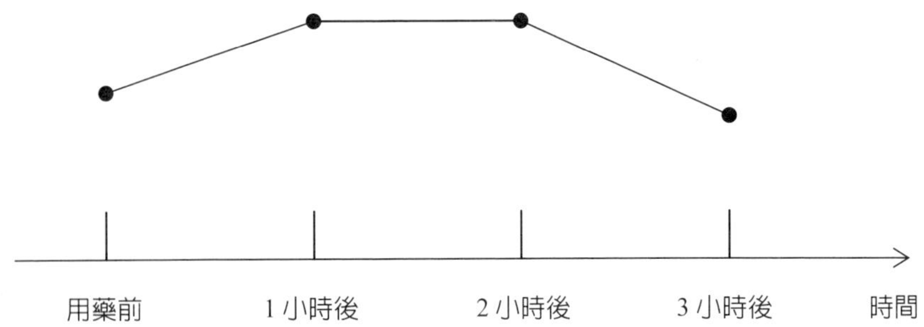

其二：變化的類型相同一事表示「組與時間之間不存在交互作用」

其三：比較 3 個組時，組 1 與組 3 雖無差異，但是組 2 有較高的測量值。此事表示組間有差異。

其四：2 個組的比較

組 1 與組 2 似乎有差異。

組 1 與組 3 似乎有差異。

組 2 與組 3 似乎有差異。

多重比較之果有顯著差異的是

組 1 與組 2

組 2 與組 3。

9.4 將受試者當作隨機效果列入混合模型時

將表 9.1.1 的數據受試者當作隨機效果列入模型看看。
步驟變成如下：

【統計處理的步驟】

步驟 1 與 9.2 節步驟 1 相同。
不進行 9.2 節步驟 2 到步驟 3 的操作。

步驟 2 變成如下畫面時，照原來那樣按一下 繼續 (C) 。

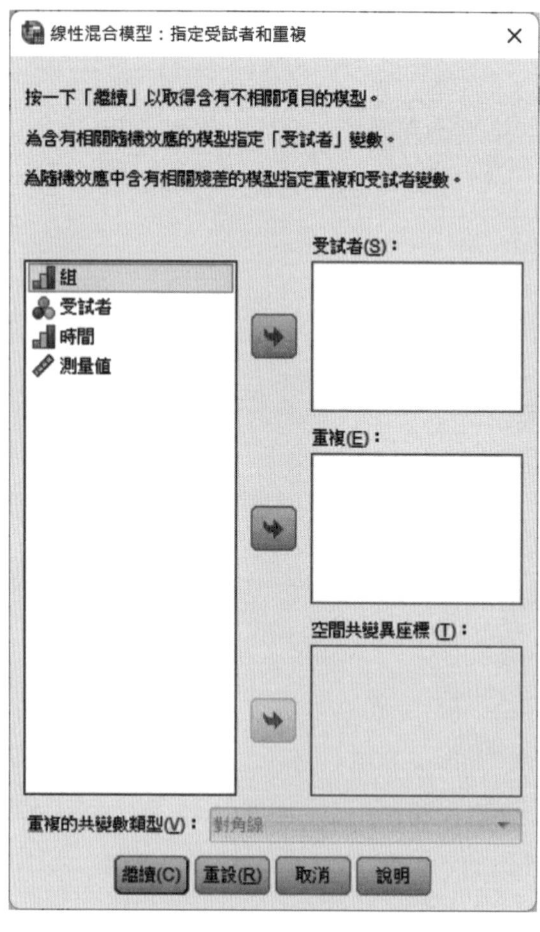

步驟 3　變成以下的畫面時，將測量值移到應變數 (D) 的方框中，將受試者、組、時間移到因子 (F) 的方框中，按一下固定 (X)。

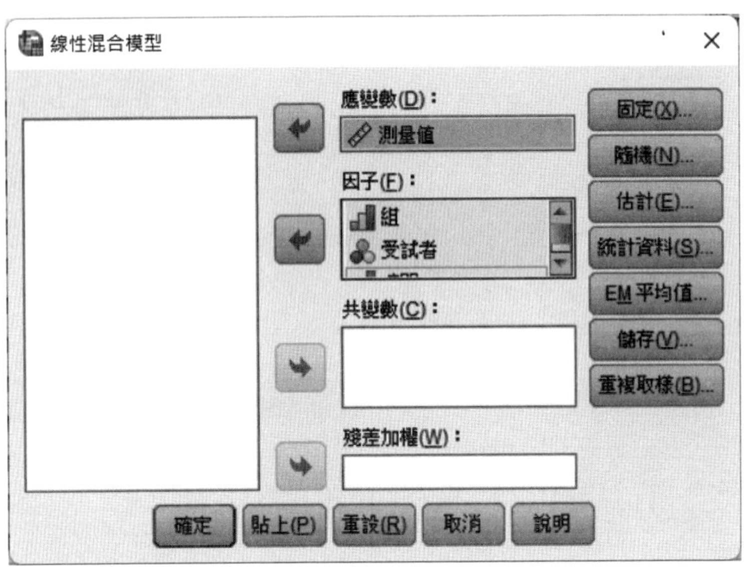

步驟 4　變成固定效果畫面時，將模型 (O) 如下構成。接著按一下 繼續 (C) 。

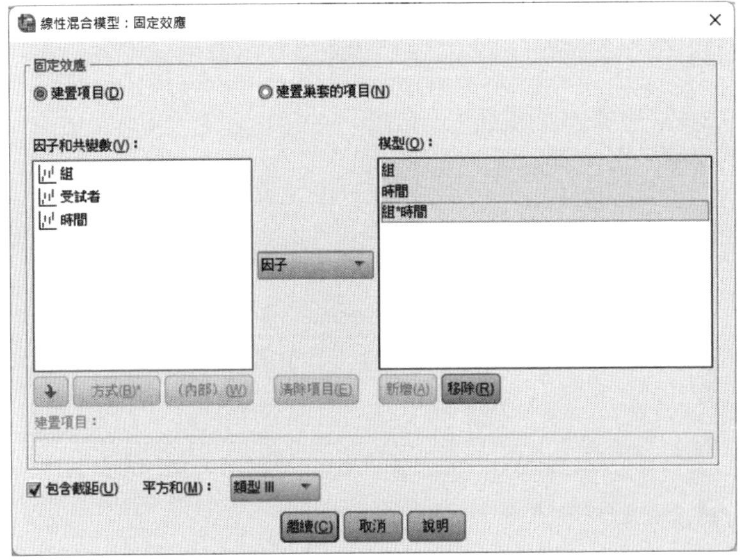

步驟 5 如變成隨機效果的畫面時。將受試者移到模型 (M) 中，然後按 繼續 (C)。

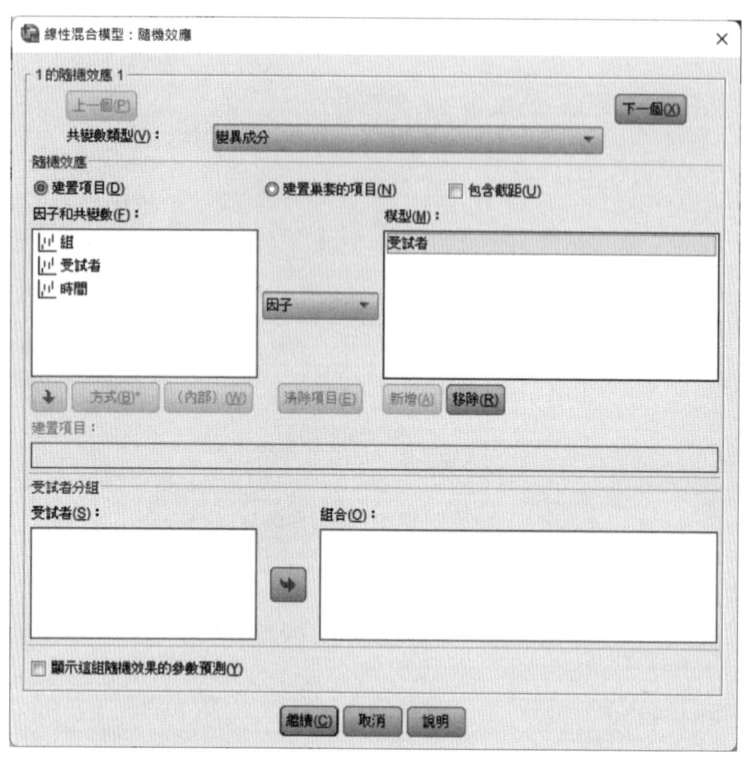

變成 9.2 節的步驟 8 的畫面。

之後的步驟，與步驟 8 到步驟 13 相同。

【SPSS 輸出．1】

混合模式分析

模式維度[b]

		N 層；層數	共變異數結構	N 參數；參數數目
固定效果	截距	1		1
	組	2		1
	時間	3		2
	組 *時間	6		2
隨機效果	受驗者[a]	5	變異數成分	1
殘差				1
總計		17		8

a. 在 11.5 版中，已變更 RANDOM 副命令的語法規則。您的命令語法所產生的結果可能與先前版本產生的結果不同。如果使用的是 SPSS 11 語法，請查看現有語法參考指南以取得詳細資訊。

b. 依變數：測量值.

← (1)

資訊條件[a]

-2 限制對數概似值	191.649
Akaike 的訊息條件 (AIC)	195.649
Hurvich 和 Tsai 的條件 (AICC)	196.220
Bozdogan的條件 (CAIC)	200.005
Schwarz 的貝葉斯條件 (BIC)	198.005

以越小越好的形式顯示資訊條件。

a. 依變數：測量值.

← (2)

固定效果

固定效果的類型 III 檢定[a]

來源	分子自由度	分母自由度	F	Sig。
截距	1	4	450.792	.000
組	1	20.000	22.351	.000
時間	2	20.000	288.165	.000
組 *時間	2	20.000	5.713	.011

a. 依變數：測量值.

← (3)

【輸出結果的判讀 ・1】

(1) 與 9.2 節的【SPSS 輸出 ・1】的輸出結果比較時……
並無重複效果組 * 時間的部分。
在隨機效果的地方，列入受試者。
(2) 資訊量基準與 9.2 節的【SPSS 輸出 ・1】的輸出結果一致。
(3) 有關固定效果的變異數分析表與 9.2 節的【SPSS 輸出 ・2】的輸出結果一致。

【SPSS 輸出 ・2】

固定效果估計[b]

參數	估計	標準錯誤	自由度	t	Sig。	95% 信賴區間	
						下限	上限
截距	132.80000	6.3626514	8.266	20.872	.000	118.20952	147.39048
[組=1]	28.2000000	5.5687222	20.000	5.064	.000	16.5838491	39.8161509
[組=2]	0[a]	0	.	.	.	.	.
[時間=1]	-75.800000	5.5687222	20.000	-13.612	.000	-87.416151	-64.183849
[時間=2]	-11.000000	5.5687222	20.000	-1.975	.062	-22.616151	.6161509
[時間=3]	0[a]	0	.	.	.	.	.
[組=1] * [時間=1]	-26.600000	7.8753624	20.000	-3.378	.003	-43.027718	-10.172282
[組=1] * [時間=2]	-12.400000	7.8753624	20.000	-1.575	.131	-28.827718	4.0277182
[組=1] * [時間=3]	0[a]	0	.	.	.	.	.
[組=2] * [時間=1]	0[a]	0	.	.	.	.	.
[組=2] * [時間=2]	0[a]	0	.	.	.	.	.
[組=2] * [時間=3]	0[a]	0	.	.	.	.	.

a. 這個參數多餘，因此設爲零。
b. 依變數：測量值.

← (4)

共變異數參數

估計共變異數參數[a]

參數		估計	標準錯誤	Wald Z	Sig。	95% 信賴區間	
						下限	上限
殘差		77.5266667	24.5160846	3.162	.002	41.7135882	144.08696
受驗者	變異數	124.89000	97.5327980	1.280	.200	27.0260231	577.12938

a. 依變數：測量值.

← (5)

【輸出結果的判讀 ・2】

(4) 固定效果的參數估計是
與 9.2 節的【SPSS 輸出 ・2】的輸出效果一致。
(5) 共變異數的參數估計值
幾乎與 9.2 節的【SPSS 輸出 ・2】的輸出結果一致。

Note

第 10 章
有遺漏值的時序性測量數據與混合模型

10.1 前言

以下的表 10.1.1 有 6 個地方有遺漏值。

表 10.1.1　有遺漏值的時序性測量數據（9-1）

組 1

受試者	用藥前	1 小時後	2 小時後	3 小時後
A	4.24	4.71	–	3.58
B	3.78	4.15	4.41	5.45
C	5.10	4.83	4.20	3.92
D	2.72	3.72	2.80	2.50
E	3.44	4.29	4.19	2.97
F	4.31	4.37	3.30	2.83

← 此數據的受試者是 18 人

← 組 1 有 1 個遺漏值

組 2

受試者	用藥前	1 小時後	2 小時後	3 小時後
A	5.68	–	4.29	4.13
B	7.64	–	11.80	5.45
C	4.54	6.42	7.62	8.06
D	7.80	8.07	5.58	5.57
E	2.82	4.59	4.12	3.16
F	5.51	5.09	5.92	3.56

← 組 2 有 2 個遺漏值

組 3

受試者	用藥前	1 小時後	2 小時後	3 小時後
A	4.39	4.93	4.22	–
B	5.16	5.59	6.51	–
C	3.94	5.09	6.18	–
D	4.92	5.83	4.91	4.40
E	2.30	3.01	2.69	1.37
F	3.50	3.68	5.02	3.07

← 組 3 有 3 個遺漏值

將此表按以下 2 種方式分析看看。

其一：**一般線性模型 (G) → 重複測量 (R)**

其二：**混合模型 (G) → 線性 (L)**

【數據輸入類型】——重複測量的情形

表 10.1.1 的數據如下輸入：

	組	受驗者	用藥前	一小時後	二小時後	三小時後
1	1	1	4.24	4.71	.	3.58
2	1	2	3.78	4.15	4.41	5.45
3	1	3	5.10	4.83	4.20	3.92
4	1	4	2.72	3.72	2.80	2.50
5	1	5	3.44	4.29	4.19	2.97
6	1	6	4.31	4.37	3.30	2.83
7	2	7	5.68	.	4.29	4.13
8	2	8	7.64	.	11.80	5.45
9	2	9	4.54	6.42	7.62	8.06
10	2	10	7.80	8.07	5.58	5.57
11	2	11	2.82	4.59	4.12	3.16
12	2	12	5.51	5.09	5.92	3.56
13	3	13	4.39	4.93	4.22	.
14	3	14	5.16	5.95	6.51	.
15	3	15	3.94	5.09	6.18	.
16	3	16	4.92	5.83	4.91	4.40
17	3	17	2.30	3.01	2.69	1.37
18	3	18	3.50	3.68	5.02	3.07
19						

【數據輸入類型】——混合模型的情形

表 10.1.1 的數據如下輸入：

09-1-1.sav [資料集1] - IBM SPSS Statistics 資料編輯器

檔案(F) 編輯(E) 檢視(V) 資料(D) 轉換(T) 分析(A) 圖形(G) 公用程式(U) 延伸(X) 視窗(W) 說明(H)

顯示：4 個變數（共有 4 個）

	組	組1	時間	測量值	變數	變數	變數	變數
1	組1	A	用藥前	4.24				
2	組1	A	一小時候	4.71				
3	組1	A	二小時候	.				
4	組1	A	三小時候	3.58				
5	組1	B	用藥前	3.78				
6	組1	B	一小時候	4.15				
7	組1	B	二小時候	4.41				
8	組1	B	三小時候	5.45				
9	組1	C	用藥前	5.10				
10	組1	C	一小時候	4.83				
11	組1	C	二小時候	4.20				
12	組1	C	三小時候	3.92				
13	組1	D	用藥前	2.72				
14	組1	D	一小時候	3.72				
15	組1	D	二小時候	2.80				
16	組1	D	三小時候	2.50				
17	組1	E	用藥前	3.44				
18	組1	E	一小時候	4.29				
19	組1	E	二小時候	4.19				
20	組1	E	三小時候	2.97				
21	組1	F	用藥前	4.31				
22	組1	F	一小時候	4.37				
23	組1	F	二小時候	3.30				
24	組1	F	三小時候	2.83				
25	組2	G	用藥前	5.68				
26	組2	G	一小時候	.				
27	組2	G	二小時候	4.29				
28	組2	G	三小時候	[illegible]				

資料視圖 變數視圖

IBM SPSS Statistics 處理器已備妥 Unicode:OFF

10.2 利用混合模型與重複測量的變異數分析

【一般線性模型 (G) →重複測量 (R) 的輸出 ・1】

一般線性模式

受試者內因子

測量: MEASURE_1

時間	依變數
1	用藥前
2	一小時後
3	二小時後
4	三小時後

受試者間因子

		數值註解	個數
組	1	組1	5
	2	組2	4
	3	組3	3

←重複測量 (1)

- 重複測量（1）

  組 1 的受試者人數 = 5
  組 2 的受試者人數 = 4
  組 3 的受試者人數 = 3

因此，利用重複測量的變異數分析是當有遺漏值時，知受試者人數即在減少。

【混合模型 (X) → 線性 (L) 的輸出 ・1】

混合模式分析

模式維度[a]

		N 層；層數	共變異數結構	N 參數；參數數目	主題變數	N 主題；主題數目
固定效果	截距	1		1		
	組	3		2		
	時間	4		3		
	組 * 時間	12		6		
重複效果	時間	4	複合對稱	2	組 * 受驗者	18
總計		24		14		

a. 依變數：測量值.

←混合 (1)

- 混合 (1)
  有遺漏值的受試者有 6 人，但在混合模型中受試者的人數並未減少。

Tea Break

這是混合模型出色的地方，混合模型即使重複測量不同的受試者也是可以的。

【一般線性模型 (G) → 重複測量 (R) 的輸出 ・2】

受試者內效應項的檢定

測量: MEASURE_1

來源		型 III 平方和	自由度	平均平方和	F 檢定	顯著性
時間	假設為球形	5.918	3	1.973	2.438	.086
	Greenhouse-Geisser	5.918	1.681	3.521	2.438	.127
	Huynh-Feldt值	5.918	2.483	2.384	2.438	.100
	下限	5.918	1.000	5.918	2.438	.153
時間 * 組	假設為球形	1.181	6	.197	.243	.958
	Greenhouse-Geisser	1.181	3.362	.351	.243	.884
	Huynh-Feldt值	1.181	4.965	.238	.243	.938
	下限	1.181	2.000	.591	.243	.789
誤差 (時間)	假設為球形	21.843	27	.809		
	Greenhouse-Geisser	21.843	15.128	1.444		
	Huynh-Feldt值	21.843	22.343	.978		
	下限	21.843	9.000	2.427		

←重複測量 (2)

• 重複測量 (2) 交互作用的檢定
假設 H_0：組與時間之間不存在交互作用
顯著機率 0.958 > 顯著水準 0.05，因之假設 H_0 無法捨棄。
因此可以認為，組與時間之間不存在交互作用。

受試者間效應項的檢定

測量: MEASURE_1
轉換的變數: 均數

來源	型 III 平方和	自由度	平均平方和	F 檢定	顯著性
截距	882.455	1	882.455	172.676	.000
組	31.052	2	15.526	3.038	.098
誤差	45.994	9	5.110		

←重複測量 (3)

• 重複測量 (3) 組間之差的檢定
假設 H_0：組間無差異
顯著機率 0.098 > 顯著水準 0.05，因之假設 H_0 無法捨棄。
因此，組間不能說有差異。

【混合模型 (X) → 線性 (L) 的輸出 ‧2】

固定效果

固定效果的類型 III 檢定[a]

來源	分子自由度	分母自由度	F	Sig。
截距	1	15.078	262.560	.000
組	2	15.070	4.364	.032
時間	3	39.495	3.864	.016
組 *時間	6	39.405	.494	.809

a. 依變數：測量值.

←混合 (3)
←混合 (2)

• 混合 (2) 交互作用之檢定
假設 H_0：組與時間之間不存在交互作用
顯著機率 0.809 > 顯著水準 0.05，因之假設 H_0 無法捨棄。
因此可以認為「組與時間之間不存在交互作用」。
• 混合 (3) 組間之差的檢定
假設 H_0：組間無差異

顯著機率 0.032 < 顯著水準 0.05，因之假設 H_0 被捨棄。
因此組間有差異。

Tea Break

重複測量 (3) 中，雖然顯著差未出現，但混合 (3) 中卻出現顯著差。這是混合模型出色的地方。

【一般線性模型 (G) → 重複測量 (R) 的輸出 ・3】

估計的邊際平均數

1. 組

估計值

測量: MEASURE_1

組	平均數	標準誤	95% 信賴區間	
			下限	上限
組1	3.864	.505	2.720	5.008
組2	5.527	.565	4.248	6.805
組3	3.755	.653	2.279	5.231

←重複測量 (4)

成對的比較

測量: MEASURE_1

(I) 組	(J) 組	平均數差異 (I-J)	標準誤	顯著性[a]	差異的 95% 信賴區間[a]	
					下限	上限
組1	組2	-1.663	.758	.168	-3.887	.561
	組3	.109	.825	1.000	-2.312	2.530
組2	組1	1.663	.758	.168	-.561	3.887
	組3	1.772	.863	.211	-.760	4.304
組3	組1	-.109	.825	1.000	-2.530	2.312
	組2	-1.772	.863	.211	-4.304	.760

以可估計的邊際平均數為基礎

a. 多重比較調整：Bonferroni。

←重複測量 (5)

- 重複測量 (4)
  組 2 的平均 = 5.527
- 重複測量 (5) 利用 Bonferroni 修正的多重比較
  有 * 記號的組合，表示有顯著差，而圖中未出現有顯著差。

【混合模型 (X) → 線性 (L) 的輸出 ・3】

估計的邊緣平均數

1. 組

估計值[a]

組	平均數	標準錯誤	自由度	95% 信賴區間 下限	95% 信賴區間 上限
1	3.909	.498	14.525	2.845	4.972
2	5.887	.502	14.977	4.818	6.956
3	4.307	.508	15.738	3.228	5.386

a. 依變數：測量值.

←混合 (4)

成對比較[b]

(I) 組	(J) 組	平均數差異 (I-J)	標準錯誤	自由度	Sig。[a]	差異的 95% 信賴區間[a] 下限	差異的 95% 信賴區間[a] 上限
1	2	-1.978*	.707	14.751	.041	-3.885	-.071
	3	-.398	.711	15.128	1.000	-2.312	1.516
2	1	1.978*	.707	14.751	.041	.071	3.885
	3	1.580	.714	15.356	.127	-.338	3.498
3	1	.398	.711	15.128	1.000	-1.516	2.312
	2	-1.580	.714	15.356	.127	-3.498	.338

根據估計的邊緣平均數而定

*. 平均數差異的顯著水準為 .05。

a. 調整多重比較：Bonferroni。

b. 依變數：測量值.

←混合 (5)

- 混合 (4)
  組 2 的平均 = 5.887
- 混合 (5) 利用 Bonferroni 修正的多重比較。
  有 * 記號的組合，表示有顯著差。
  「組 1 與組 2」

10.3 除去有遺漏值的受試者以混合模型分析時

從表 10.1.1 的數據去除有遺漏值的受試者看看。

表 10.3.1　去除有遺漏值的時序性測量數據（9-2）

組 1

受試者	用藥前	1 小時後	2 小時後	3 小時後
B	3.78	4.15	4.41	5.45
C	5.10	4.83	4.20	3.92
D	2.72	3.72	2.80	2.50
E	3.44	4.29	4.19	2.97
F	4.31	4.37	3.30	2.83

組 2

受試者	用藥前	1 小時後	2 小時後	3 小時後
C	4.54	6.42	7.62	8.06
D	7.80	8.07	5.58	5.57
E	2.82	4.59	4.12	3.16
F	5.51	5.09	5.92	3.56

組 3

受試者	用藥前	1 小時後	2 小時後	3 小時後
D	4.92	5.83	4.91	4.40
E	2.30	3.01	2.69	1.37
F	3.50	3.68	5.02	3.07

- 因將有遺漏值的人從數據去除因之
  18 – 6 = 12
  亦即此數據的受訪者是 12 人。

【數據輸入類型】

	組	受驗者	時間	測量值
1	1	2	1	3.78
2	1	2	2	4.15
3	1	2	3	4.41
4	1	2	4	5.45
5	1	3	1	5.10
6	1	3	2	4.83
7	1	3	3	4.20
8	1	3	4	3.92
9	1	4	1	2.72
10	1	4	2	3.72
11	1	4	3	2.80
12	1	4	4	2.50
13	1	5	1	3.44
14	1	5	2	4.29
15	1	5	3	4.19
16	1	5	4	2.97
17	1	6	1	4.31
18	1	6	2	4.37
19	1	6	3	3.30
20	1	6	4	2.83
21	2	9	1	4.54
22	2	9	2	6.42
23	2	9	3	7.62
24	2	9	4	8.06
25	2	10	1	7.80
26	2	10	2	8.07
27	2	10	3	5.58
28	2	10	4	5.57
29	2	11	1	2.82
30	2	11	2	4.59

← 除去組 1 受試者 A

除去組 2 受試者 A、B

	組	受驗者	時間	測量值
24	2	9	4	8.06
25	2	10	1	7.80
26	2	10	2	8.07
27	2	10	3	5.58
28	2	10	4	5.57
29	2	11	1	2.82
30	2	11	2	4.59
31	2	11	3	4.12
32	2	11	4	3.16
33	2	12	1	5.51
34	2	12	2	5.09
35	2	12	3	5.92
36	2	12	4	3.56
37	3	16	1	4.92
38	3	16	2	5.83
39	3	16	3	4.91
40	3	16	4	4.40
41	3	17	1	2.30
42	3	17	2	3.01
43	3	17	3	2.69
44	3	17	4	1.73
45	3	18	1	3.50
46	3	18	2	3.68
47	3	18	3	5.02
48	3	18	4	3.07
49				

除去組 3 受試者 A、B、C

【混合模型 (X) → 線性 (L) 的輸出 ・1】

混合模式分析

模式維度ª

		N層；層數	共變異數結構	N參數；參數數目	主題變數	N主題；主題數目
固定效果	截距	1		1		
	組	3		2		
	時間	4		3		
	組 *時間	12		6		
重複效果	時間	4	複合對稱	2	組 *受驗者	12
總計		24		14		

a. 依變數：測量值.

←混合 (1)

固定效果

固定效果的類型 III 檢定ª

來源	分子自由度	分母自由度	F	Sig。
截距	1	9.000	172.676	.000
組	2	9.000	3.038	.098
時間	3	27	2.438	.086
組 *時間	6	27	.243	.958

a. 依變數：測量值.

←混合 (3)（組）

←混合 (2)（組 *時間）

- 混合 (1)
  受訪者的人數 12，與 10.2 節【一般線性模型 (G) → 重複測量 (R) 的輸出 ・1】的重複測量 (1) 一致。
- 混合 (2)(3)
  顯著機率 0.958，與 10.2 節【一般線性模型 (G) → 重複測量 (R) 的輸出 ・2】的重複測量 (2) 一致。
  顯著機率 0.098，與 10.2 節【一般線性模型 (G) → 重複測量 (R) 的輸出 ・2】的重複測量 (3) 一致。

【混合模型 (X) → 線性 (L) 的輸出 ・2】

估計的邊緣平均數

1. 組

估計值[a]

組	平均數	標準錯誤	自由度	95% 信賴區間	
				下限	上限
1	3.864	.505	9.000	2.720	5.008
2	5.527	.565	9.000	4.248	6.805
3	3.755	.653	9.000	2.279	5.231

a. 依變數：測量值.

←混合 (4)

成對比較[b]

(I) 組	(J) 組	平均數差異 (I-J)	標準錯誤	自由度	Sig。[a]	差異的 95% 信賴區間[a]	
						下限	上限
1	2	-1.663	.758	9.000	.168	-3.887	.561
	3	.109	.825	9.000	1.000	-2.312	2.530
2	1	1.663	.758	9.000	.168	-.561	3.887
	3	1.772	.863	9.000	.211	-.760	4.304
3	1	-.109	.825	9.000	1.000	-2.530	2.312
	2	-1.772	.863	9.000	.211	-4.304	.760

根據估計的邊緣平均數而定
a. 調整多重比較：Bonferroni。
b. 依變數：測量值.

←混合 (5)

- 混合 (4)
  與 10.2 節【一般線性模型 (G) → 重複測量 (R) 的輸出 ・3】的重複測量 (4) 一致。
  與 10.2 節【一般線性模型 (G) → 重複測量 (R) 的輸出 ・3】的重複測量 (5) 一致。

去除有遺漏值的受訪者已混合模型分析時，與重複測量的結果一致。

■ 由以上的輸出數據可以想到的事情

將有遺漏值的受試者從數據去除，以混合模型分析時，它的結果是與利用重複測量的變異數分析結果一致。

此事反過來想時，可以推測出「利用重複測量的變異數分析，即使有 1 個遺漏值時，仍可將有該遺漏值的受試者從分析中去除」不是嗎？

■ 爲了說明此推測

因此，如表 10.3.2，有遺漏值的受試者，再當作有遺漏值。

此推測如果正確時，

表 10.1.1 的數據與 10.3.2 的數據

利用重複測量的變異數分析的結果應該完全一致。

表 10.3.2　有甚多遺漏值的時序性測量數據（9-3）

組 1

受試者	用藥前	1 小時後	2 小時後	3 小時後
A	4.24	4.71	－	3.58
B	3.78	4.15	4.41	5.45
C	5.10	4.83	4.20	3.92
D	2.72	3.72	2.80	2.50
E	3.44	4.29	4.19	2.97
F	4.31	4.37	3.30	2.83

組 2

受試者	用藥前	1 小時後	2 小時後	3 小時後
A	5.68	－	4.29	4.13
B	7.64	－	11.80	5.45
C	4.54	6.42	7.62	8.06
D	7.80	8.07	5.58	5.57
E	2.82	4.59	4.12	3.16
F	5.51	5.09	5.92	3.56

組 3

受試者	用藥前	1 小時後	2 小時後	3 小時後
A	4.39	4.93	4.22	–
B	5.16	5.59	6.51	–
C	3.94	5.09	6.18	–
D	4.92	5.83	4.91	4.40
E	2.30	3.01	2.69	1.37
F	3.50	3.68	5.02	3.07

【一般線性模型 (G) → 重複測量 (R) 的輸出 ・1】

一般線性模式

受試者內因子

測量: MEASURE_1

時間	依變數
1	用藥前
2	一小時後
3	二小時後
4	三小時後

受試者間因子

		數值註解	個數
組	1	組1	5
	2	組2	4
	3	組3	3

受試者內效應項的檢定

測量: MEASURE_1

來源		型 III 平方和	自由度	平均平方和	F 檢定	顯著性
時間	假設爲球形	5.918	3	1.973	2.438	.086
	Greenhouse-Geisser	5.918	1.681	3.521	2.438	.127
	Huynh-Feldt值	5.918	2.483	2.384	2.438	.100
	下限	5.918	1.000	5.918	2.438	.153
時間 * 組	假設爲球形	1.181	6	.197	.243	.958
	Greenhouse-Geisser	1.181	3.362	.351	.243	.884
	Huynh-Feldt值	1.181	4.965	.238	.243	.938
	下限	1.181	2.000	.591	.243	.789
誤差 (時間)	假設爲球形	21.843	27	.809		
	Greenhouse-Geisser	21.843	15.128	1.444		
	Huynh-Feldt值	21.843	22.343	.978		
	下限	21.843	9.000	2.427		

【一般線性模型 (G) → 重複測量 (R) 的輸出 ・2】

受試者間效應項的檢定

測量: MEASURE_1
轉換的變數: 均數

來源	型 III 平方和	自由度	平均平方和	F 檢定	顯著性
截距	882.455	1	882.455	172.676	.000
組	31.052	2	15.526	3.038	.098
誤差	45.994	9	5.110		

估計的邊際平均數

1. 組

估計值

測量: MEASURE_1

組	平均數	標準誤	95% 信賴區間	
			下限	上限
組1	3.864	.505	2.720	5.008
組2	5.527	.565	4.248	6.805
組3	3.755	.653	2.279	5.231

成對的比較

測量: MEASURE_1

(I) 組	(J) 組	平均數差異 (I-J)	標準誤	顯著性[a]	差異的 95% 信賴區間[a] 下限	上限
組1	組2	-1.663	.758	.168	-3.887	.561
	組3	.109	.825	1.000	-2.312	2.530
組2	組1	1.663	.758	.168	-.561	3.887
	組3	1.772	.863	.211	-.760	4.304
組3	組1	-.109	.825	1.000	-2.530	2.312
	組2	-1.772	.863	.211	-4.304	.760

以可估計的邊際平均數為基礎

a. 多重比較調整：Bonferroni。

換言之，可以確認「利用重複測量的變異數分析」即「出現一個遺漏值時，將有該遺漏值的受試者從分析去除」一事。

■ 混合模型的情形

即使有遺漏值，仍然未將有遺漏值的受試者從分析去除。

因此，表 10.1.1 的數據與表 10.3.2 的數據的混合模型之結果不一致。

最後試確認此事看看。

【混合模型 (X) → 線性 (L) 的輸出 ・3】

模式維度[a]

		N 層；層數	共變異數結構	N 參數；參數數目	主題變數	N 主題；主題數目
固定效果	截距	1		1		
	組	3		2		
	時間	4		3		
	組 * 時間	12		6		
重複效果	時間	4	複合對稱	2	組 * 受驗者	18
總計		24		14		

a. 依變數：測量值.

←混合 (4)

固定效果

固定效果的類型 III 檢定[a]

來源	分子自由度	分母自由度	F	Sig。
截距	1	14.411	252.978	.000
組	2	14.358	4.702	.027
時間	3	35.680	3.215	.034
組 *時間	6	35.613	.405	.871

a. 依變數 ： 測量值.

←混合 (6)

←混合 (5)

- 混合 (5) 與 10.2 節【混合模型 (X) → 線性 (L) 的輸出 ・2】比較看看。
- 混合 (6) 與 10.2 節【混合模型 (X) → 線性 (L) 的輸出 ・2】比較看看。

【混合模型 (X) → 線性 (L) 的輸出 ・3】

估計的邊緣平均數

1. 組

估計值[a]

組	平均數	標準錯誤	自由度	95% 信賴區間 下限	95% 信賴區間 上限
1	3.909	.491	13.196	2.850	4.967
2	5.883	.500	14.072	4.812	6.955
3	4.117	.523	15.955	3.007	5.226

a. 依變數 ： 測量值.

←混合 (6)

成對比較[b]

(I) 組	(J) 組	平均數差異 (I-J)	標準錯誤	自由度	Sig。[a]	差異的 95% 信賴區間[a] 下限	差異的 95% 信賴區間[a] 上限
1	2	-1.975*	.701	13.633	.042	-3.886	-.064
	3	-.208	.717	14.579	1.000	-2.148	1.731
2	1	1.975*	.701	13.633	.042	.064	3.886
	3	1.766	.724	15.018	.083	-.183	3.716
3	1	.208	.717	14.579	1.000	-1.731	2.148
	2	-1.766	.724	15.018	.083	-3.716	.183

根據估計的邊緣平均數而定

*. 平均數差異的顯著水準為 .05。

a. 調整多重比較：Bonferroni。

b. 依變數 ： 測量值.

←混合 (7)

- 混合 (6) 與 10.2 節【混合模型 (X) → 線性 (L) 的輸出 ・3】比較看看。
- 混合 (7) 與 10.2 節【混合模型 (X) → 線性 (L) 的輸出 ・3】比較看看。

Note

第 11 章
有共變量的數據與混合模型

11.1 前言

表 11.1.1 是有共變量的數據。

表 11.1.1 有共變量的數據

組 1

受試者	測量值	共變量 1	共變量 2
A	65.7	3.27	69.7
B	67.8	3.06	69.7
C	70.3	4.22	71.3
D	72.0	4.10	77.6
E	74.3	5.26	81.0
F	76.2	6.18	78.7

組 2

受試者	測量值	共變量 1	共變量 2
G	115.7	3.27	69.7
H	117.8	3.06	69.7
I	120.3	4.22	71.3
J	122.0	4.10	77.6
K	124.3	5.26	81.0
L	126.2	6.18	78.7

■ 各組考慮迴歸係數時

針對表 11.1.1 的 2 個組，分別考慮如下的模型。

組 1

$$測量值\ y = \beta_{01} + \beta_{11} \times 共變量\ 1 + \beta_{21} \times 共變量\ 2 + \varepsilon$$

組 2

$$測量值\ y = \beta_{02} + \beta_{12} \times 共變量\ 1 + \beta_{22} \times 共變量\ 2 + \varepsilon$$

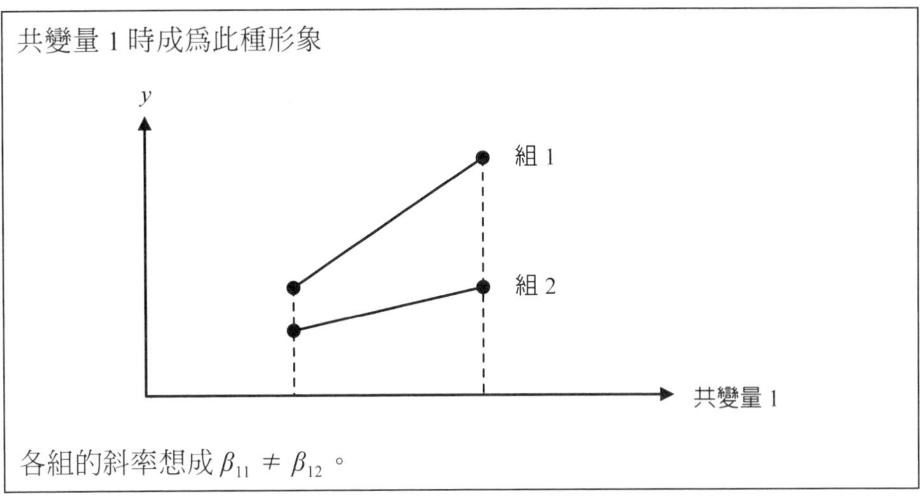

■ 考慮共同的迴歸係數時

針對表 11.1.1 的 2 組，考慮如下的模型。

組 1

$$測量值\ y = \beta_{01} + \beta_1 \times 共變量\ 1 + \beta_2 \times 共變量\ 2 + \varepsilon$$

組 2

$$測量值\ y = \beta_{02} + \beta_1 \times 共變量\ 1 + \beta_2 \times 共變量\ 2 + \varepsilon$$

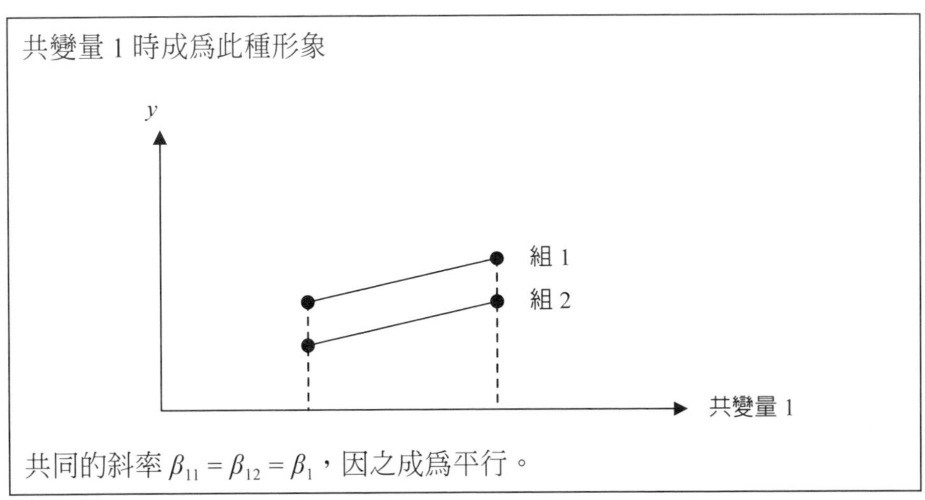

【數據輸入類型】

表 11.1.1 的數據如下輸入。

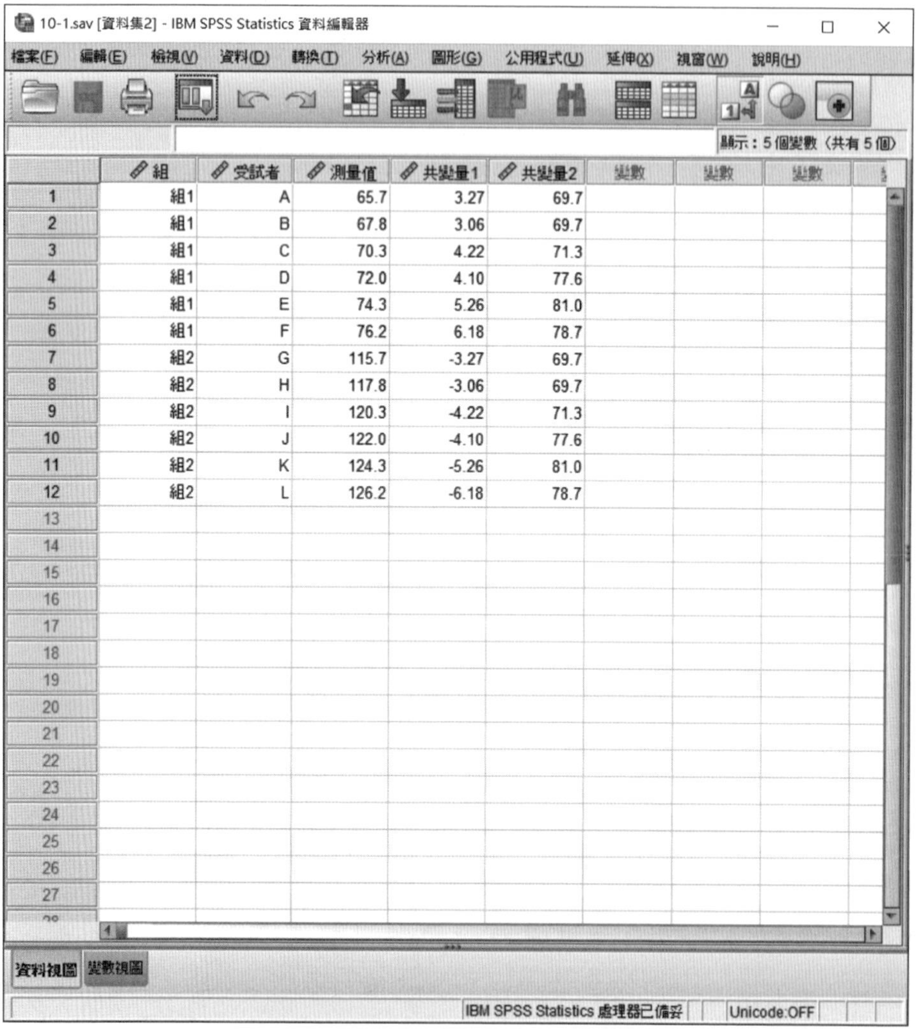

10-1.sav [資料集2] - IBM SPSS Statistics 資料編輯器

檔案(F) 編輯(E) 檢視(V) 資料(D) 轉換(T) 分析(A) 圖形(G) 公用程式(U) 延伸(X) 視窗(W) 說明(H)

顯示：5 個變數（共有 5 個）

	組	受試者	測量值	共變量1	共變量2	變數	變數	變數
1	組1	A	65.7	3.27	69.7			
2	組1	B	67.8	3.06	69.7			
3	組1	C	70.3	4.22	71.3			
4	組1	D	72.0	4.10	77.6			
5	組1	E	74.3	5.26	81.0			
6	組1	F	76.2	6.18	78.7			
7	組2	G	115.7	-3.27	69.7			
8	組2	H	117.8	-3.06	69.7			
9	組2	I	120.3	-4.22	71.3			
10	組2	J	122.0	-4.10	77.6			
11	組2	K	124.3	-5.26	81.0			
12	組2	L	126.2	-6.18	78.7			

資料視圖 變數視圖

IBM SPSS Statistics 處理器已備妥 Unicode:OFF

11.2 有共變量的數據的進行步驟 (1)

【統計處理的步驟】

步驟 1　從分析 (A) 的清單中選擇混合模型 (X)，接著點選子清單的線性 (L)。

步驟 2　變成以下畫面時，點選 繼續 (C) 。

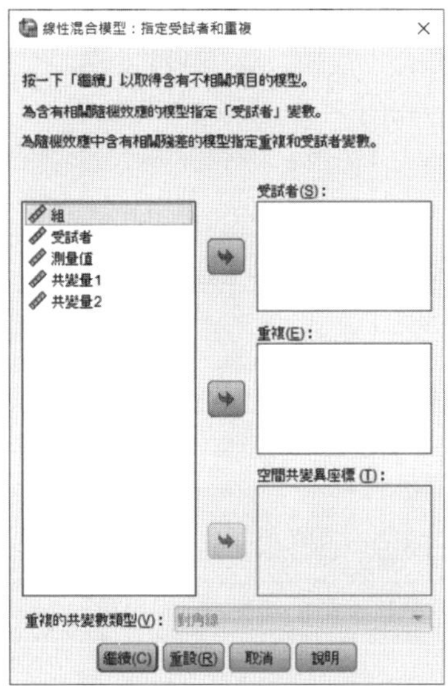

步驟 3 變成以下畫面時，點選測量值，移到應變數 (D) 之中，接著，再點選組移到因子 (F) 之中。

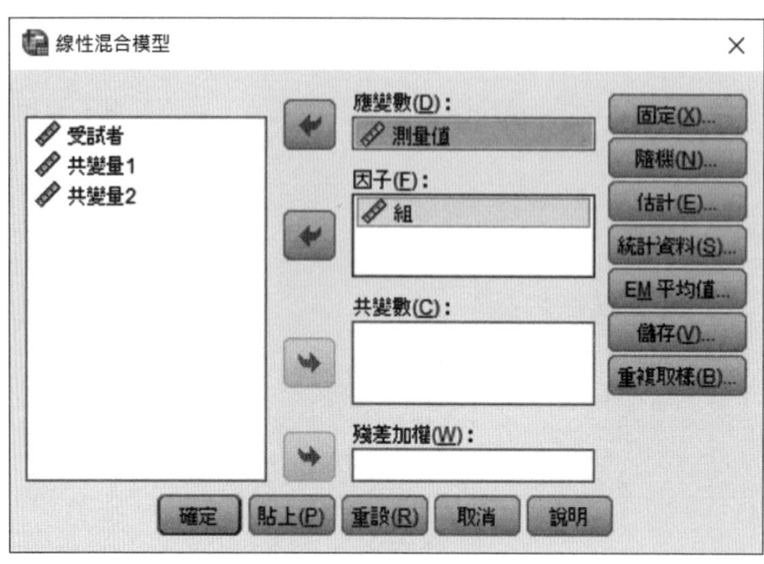

步驟 4 將共變量 1、共變量 2 分別移到共變數 (C) 中，點選畫面右方的固定 (X)。

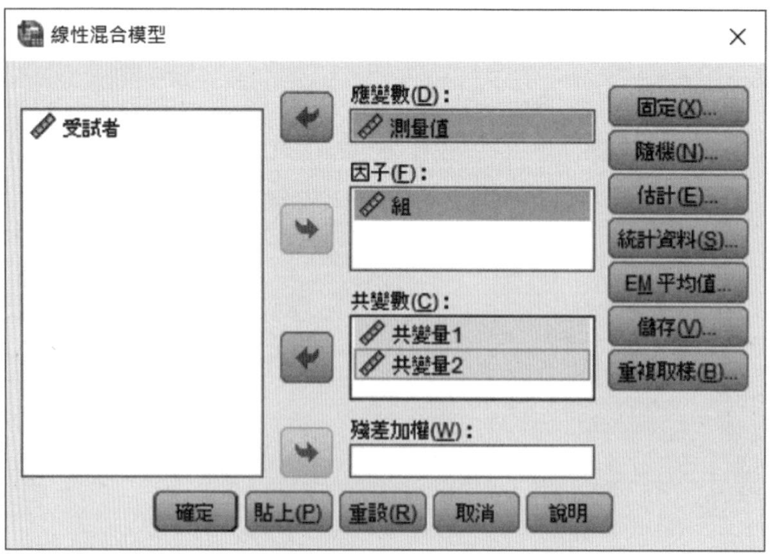

步驟 5　變成固定效果的畫面時，將模型(O)之中如下構成，再按 繼續(C)。

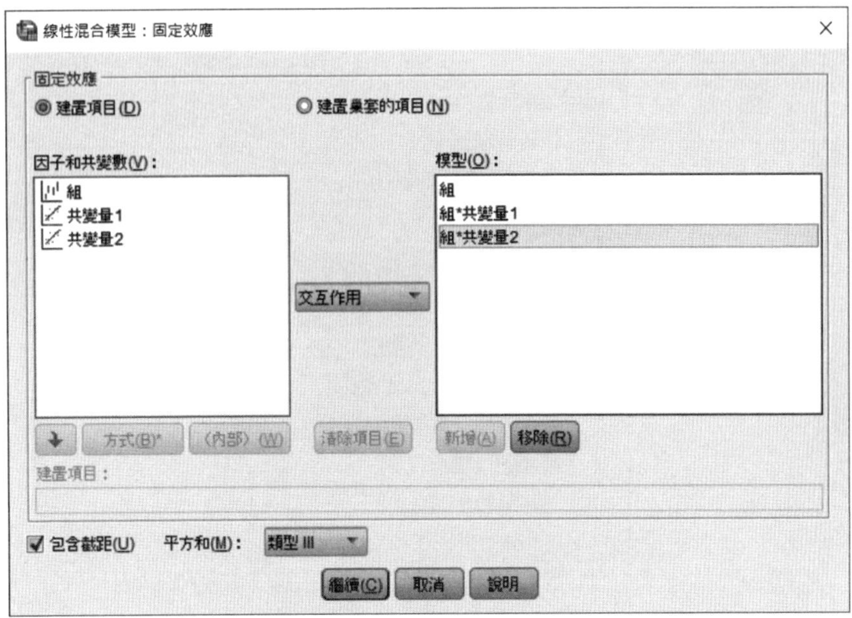

步驟 6　回到以下畫面時，點選統計資料 (S)。

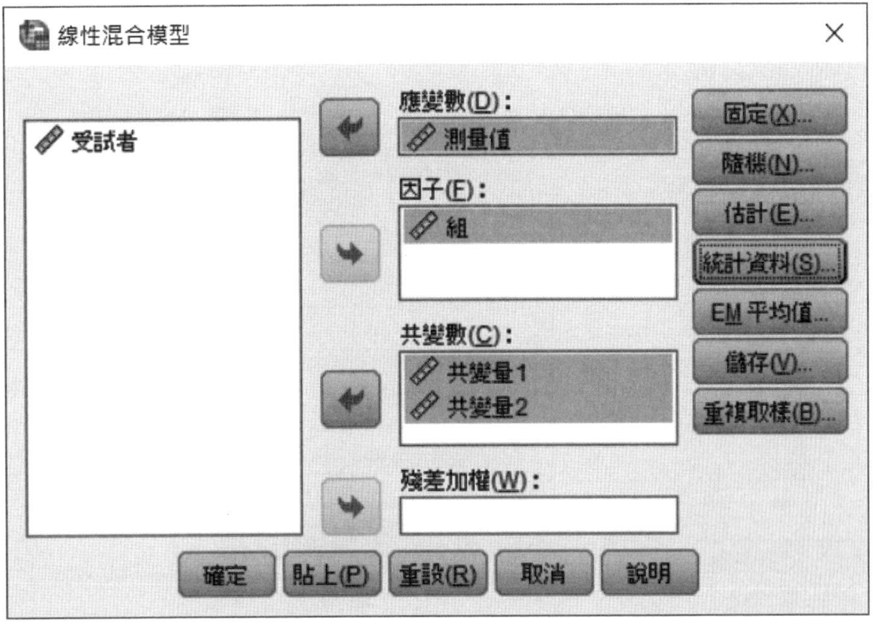

步驟 7　變成統計量的畫面時，如下勾選，再按 繼續 (C)。

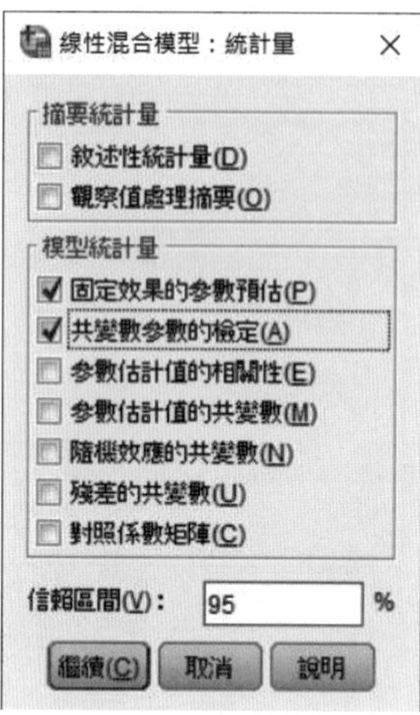

步驟 8　回到以下畫面時，點選 儲存 (V)。

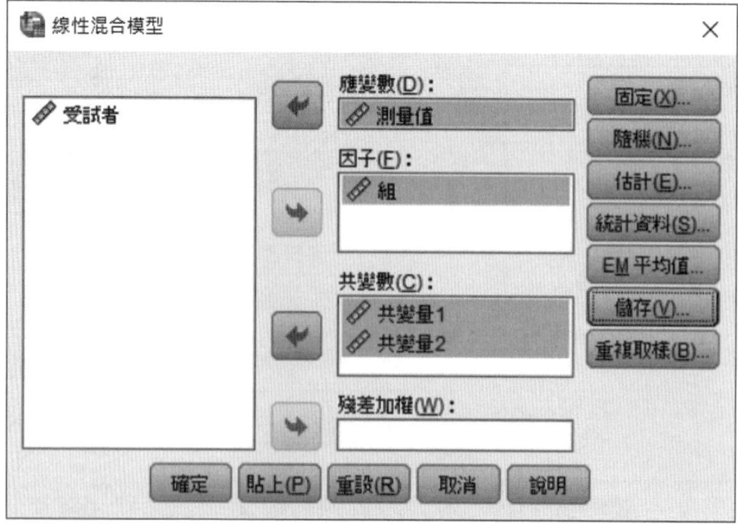

步驟 9　變成儲存的畫面時，如下勾選，按 繼續 (C) 。

步驟 10　回到以下畫面時，按一下 確定 。

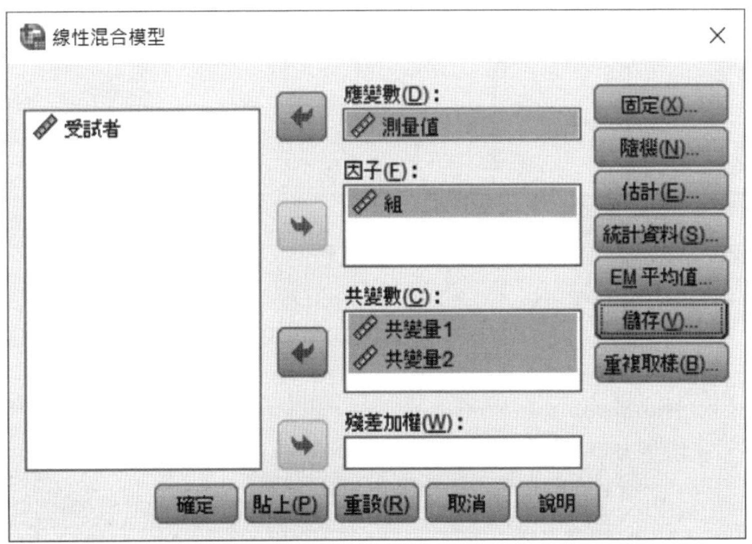

Tea Break

在步驟 5 的地方，將模型的構成，如下做成時：

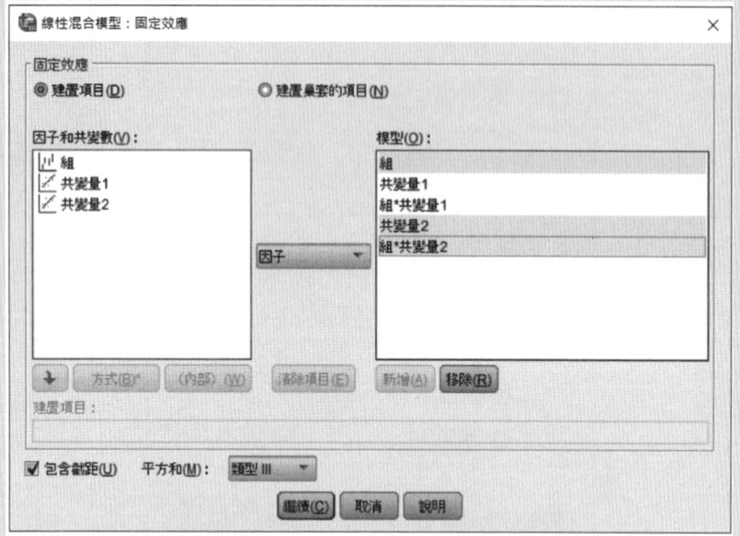

可以檢定組間的迴歸係數之差。

固定效果的類型 III 檢定a

來源	分子自由度	分母自由度	F	Sig。	
截距	1	6.000	61.827	.000	
組	1	6.000	9.349	.022	
共變量1	1	6.000	.000	1.000	
共變量1(組)	1	6	13.323	.011	←(A)
共變量2	1	6.000	5.075	.065	
共變量2(組)	1	6.000	.000	1.000	←(B)

a. 依變數：測量值.

(A) 假設 H_0：$\beta_{11}=\beta_{12}$

顯著機率 0.011 < 顯著水準 0.05，因之假設 H_0 被捨棄。

因此，共變量 1 的 2 個迴歸係數不同。

(B) 假設 H_0：$\beta_{21}=\beta_{22}$

顯著機率 1.00 > 顯著水準 0.05，因之假設 H_0 無法捨棄。

因此，共變量 2 的 2 個迴歸係數可以認為相同。

【SPSS 輸出 · 1】

混合模式分析

模式維度a

		N 層；層數	N 參數；參數數目
固定效果	截距	1	1
	組	2	1
	共變量 1(組)	2	2
	共變量 2(組)	2	2
殘差			1
總計		7	7

a. 依變數：測量值.

← (1)

資訊條件a

-2 限制對數概似值	34.204
Akaike 的訊息條件 (AIC)	36.204
Hurvich 和 Tsai 的條件 (AICC)	37.204
Bozdogan 的條件 (CAIC)	36.996
Schwarz 的貝葉斯條件 (BIC)	35.996

以越小越好的形式顯示資訊條件。
a. 依變數：測量值.

← (2)

固定效果

固定效果的類型 III 檢定a

來源	分子自由度	分母自由度	F	Sig。
截距	1	6.000	61.827	.000
組	1	6.000	9.349	.022
共變量 1(組)	2	6.000	6.661	.030
共變量 2(組)	2	6	2.537	.159

a. 依變數：測量值.

← (3)

【輸出結果的判讀・1】

(1) 共變量時，對應交互作用之部分

組 * 共變量 1
組 * 共變量 2

即爲

共變量 1（組）
共變量 2（組）

(2) 有關適配模型之資訊量基準
資訊基準量小的模型是較好的模型。

(3) 組間之差的檢定
假設 H_0：組間無差異
顯著機率 0.022 < 顯著水準 0.05，因之假設 H_0 被捨棄。
因此，組內有差異。

【SPSS 輸出・2】

固定效果估計[b]

參數	估計	標準錯誤	自由度	t	Sig。	95% 信賴區間 下限	95% 信賴區間 上限
截距	89.2904251	11.5630686	6.000	7.722	.000	60.9966155	117.58423
[組=1]	-50.000000	16.3526484	6.000	-3.058	.022	-90.013489	-9.9865107
[組=2]	0[a]	0	.	.	.	.	.
共變量1([組=1])	2.0768168	.8046738	6.000	2.581	.042	.1078509	4.0457826
共變量1([組=2])	-2.0768168	.8046738	6.000	-2.581	.042	-4.0457826	-.1078509
共變量2([組=1])	.3044047	.1910999	6.000	1.593	.162	-.1632000	.7720093
共變量2([組=2])	.3044047	.1910999	6	1.593	.162	-.1632000	.7720093

← (4)

a. 這個參數多餘，因此設爲零。
b. 依變數：測量值.

共變異數參數

估計共變異數參數[a]

參數	估計	標準錯誤	Wald Z	Sig。	95% 信賴區間 下限	95% 信賴區間 上限
殘差	1.4653389	.8460138	1.732	.083	.4726032	4.5433849

a. 依變數：測量值.

	組	受驗者	測量值	共變量1	共變量2	FXPRED_1	PRED_1
1	1	1	65.7	3.27	69.7	67.3	67.3
2	1	2	67.8	3.06	69.7	66.9	66.9
3	1	3	70.3	4.22	71.3	69.8	69.8
4	1	4	72.0	4.10	77.6	71.4	71.4
5	1	5	74.3	5.26	81.0	74.9	74.9
6	1	6	76.2	6.18	78.7	76.1	76.1
7	2	7	115.7	-3.27	69.7	117.3	117.3
8	2	8	117.8	-3.06	69.7	116.9	116.9
9	2	9	120.3	-4.22	71.3	119.8	119.8
10	2	10	122.0	-4.10	77.6	121.4	121.4
11	2	11	124.3	-5.26	81.0	124.9	124.9
12	2	12	126.2	-6.18	78.7	126.1	126.1
13							

← (5)

【輸出結果的判讀 ・2】

(4)組 1 的截距

–50.0000 + 89.2904251 = 39.2904251

組 2 的截距

0 + 89.2904251 = 89.2904251

共變量 1　【組 1】= 2.0768168
共變量 1　【組 2】= –2.0768168
共變量 2　【組 1】= 0.3044047
共變量 2　【組 2】= 0.3044047
（各組的迴歸係數）

因此，

組 1 的情形

測量值 = 2.0768168× 共變量 1 + 0.3044047× 共變量 2 + 39.2904251

組 2 的情形

測量值 = –2.0768168× 共變量 1 + 0.3044047× 共變量 2 + 89.2904251

(5)是預測值

11.3 有共變量的數據的進行步驟 (2)

【統計處理步驟】

與 11.2 節的步驟 1 到步驟 4 相同。

步驟 5 變成固定效果的畫面時，將模型 (O) 之中如下構成。
接著，按 繼續 (C)。

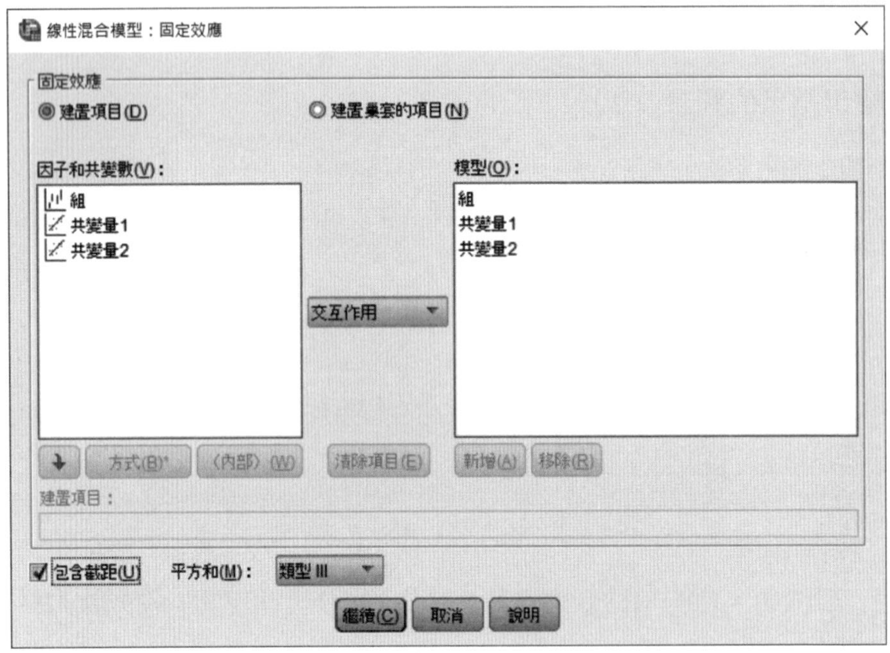

之後的步驟與 11. 2 節的步驟 6 到步驟 10 相同。

使用組 1 的共變量 1，共變量 2 進行複迴歸分析時……

係數[a]

模式		未標準化係數 B之估計值	未標準化係數 標準誤	標準化係數 Beta 分配	t	顯著性
1	(常數)	39.290	11.563		3.398	.043
	共變量1	2.077	.805	.627	2.581	.082
	共變量2	.304	.191	.387	1.593	.209

a. 依變數：測量值

此複迴歸式即為

$$測量值 = 2.077 \times 共變量 1 + 0.304 \times 共變量 2 + 39.290$$

試與 11.2 節【輸出結果的判讀 ・2】的式子比較看看。
只使用組 1 的數據的共變量 2，進行單迴歸分析時……

係數[a]

模式		未標準化係數 B之估計值	未標準化係數 標準誤	標準化係數 Beta 分配	t	顯著性
1	(常數)	17.938	12.555		1.429	.226
	共變量2	.711	.168	.904	4.238	.013

a. 依變數：測量值

此單迴歸式成為

$$測量值 = 0.711 \times 共變量 2 + 17.938$$

試與 11.3 節【輸出結果的判讀 ・2】的式子比較看看。

【SPSS 輸出 ・1】

混合模式分析

模式維度a

		N 層；層數	N 參數；參數數目
固定效果	截距	1	1
	組	2	1
	共變量1	1	1
	共變量2	1	1
殘差			1
總計		5	5

a. 依變數：測量值.

← (1)

資訊條件a

-2 限制對數概似值	44.576
Akaike 的訊息條件 (AIC)	46.576
Hurvich 和 Tsai 的條件 (AICC)	47.243
Bozdogan的條件 (CAIC)	47.655
Schwarz 的貝葉斯條件 (BIC)	46.655

以越小越好的形式顯示資訊條件。
a. 依變數：測量值.

← (2)

固定效果

固定效果的類型 III 檢定a

來源	分子自由度	分母自由度	F	Sig.
截距	1	8	23.393	.001
組	1	8	124.592	.000
共變量1	1	8	.000	1.000
共變量2	1	8	35.927	.000

a. 依變數：測量值.

← (3)

【輸出結果的判讀 ・1】

(1) 沒有交互作用的部分
因此考慮
「2 個組中共同的迴歸係數」。
(2) 有關模型適配良否的資訊基準。
(3) 組間之差 H_0 檢定
假設 H_0：組間無差異
顯著機率 0.000 < 顯著水準 0.05，因此假設 H_0 被否定。
因此，得知組間有差異。

【SPSS 輸出 ・2】

固定效果估計[b]

參數	估計	標準錯誤	自由度	t	Sig。	95% 信賴區間	
						下限	上限
截距	67.9379457	9.1557580	8	7.420	.000	46.8247299	89.0511615
[組=1]	-50.000000	4.4794444	8	-11.162	.000	-60.329617	-39.670383
[組=2]	0[a]	0	.	.	.	.	.
共變量1	-9.849E-14	.4997046	8	.000	1.000	-1.1523209	1.1523209
共變量2	.7113222	.1186736	8	5.994	.000	.4376604	.9849839

← (4)

a. 這個參數多餘，因此設為零。
b. 依變數：測量值.

共變異數參數

估計共變異數參數[a]

參數	估計	標準錯誤	Wald Z	Sig。	95% 信賴區間	
					下限	上限
殘差	3.5392564	1.7696282	2.000	.046	1.3283461	9.4300240

a. 依變數：測量值.

【輸出結果的判讀 ・2】

(4) 組 1 的截距
–50.00000 + 67.9379457 = 17.9379457
組 2 的截距
0 + 67.9379457 = 67.9379457

共變量 1 = 0.00000 ⎫
共變量 2 = 0.7113222 ⎭ 2 個組共同的迴歸係數

因此，
組 1 時
測量值 = 0.00000× 共變量 1 + 0.7113222× 共變量 2 + 17.9379457
組 2 時
測量值 = 0.00000× 共變量 1 + 0.7113222× 共變量 2 + 67.9379475

Tea Break

計量經濟學中最近經常使用的 PANEL 分析的模型，形成如下：

$$Y = X \cdot \beta + D \cdot \mu + \varepsilon$$

$$D = \begin{bmatrix} \left.\begin{matrix}1\\ \vdots\\ 1\end{matrix}\right\}\text{1 次元} & \begin{matrix}0\\ \vdots\\ 0\end{matrix} & \cdots & \begin{matrix}0\\ \vdots\\ 0\end{matrix} \\ \begin{matrix}0\\ \vdots\\ 0\end{matrix} & \left.\begin{matrix}1\\ \vdots\\ 1\end{matrix}\right\}\text{1 次元} & \cdots & \begin{matrix}0\\ \vdots\\ 0\end{matrix} \\ \begin{matrix}0\\ \vdots\\ 0\end{matrix} & \begin{matrix}0\\ \vdots\\ 0\end{matrix} & \cdots & \begin{matrix}0\\ \vdots\\ 0\end{matrix} \\ \begin{matrix}0\\ \vdots\\ 0\end{matrix} & \begin{matrix}0\\ \vdots\\ 0\end{matrix} & \cdots & \left.\begin{matrix}1\\ \vdots\\ 1\end{matrix}\right\}\text{1 次元} \end{bmatrix}$$

此 Y 的期望值 E(Y) 是

$$E(Y) = X \cdot \beta$$

因此，如使用 SPSS 的混合模型時，好像可以進行 PANEL 分析！？

第 12 章

一般線性模型與實驗計畫法

12.1 前言

一般線性模型（General linear model, multivariate regression model:GLM）是一個統計學上常見的線性模型。這個模型在計量經濟學的應用中十分重要。不要與多元線性迴歸、廣義線性模型或一般線性方法相混淆。

其公式一般寫爲：

$$\mathbf{Y} = \mathbf{XB} + U$$

其中 **Y** 是一個包含反應變數的矩陣，**X** 是一個包含獨立自變數的設計矩陣，**B** 是一個包含多個估計參數的矩陣，**U** 是一個包含誤差和剩餘項的矩陣。通常假設誤差在測量之間是不相關的，並遵循多元常態分布。如果誤差不遵循多元常態分布，則可以使用廣義線性模型來放寬關於 Y 和 U 的假設。

一般線性模型包含許多不同的統計模型：ANOVA、ANCOVA、MANOVA、MANCOVA、普通線性迴歸、t 檢定和 F 檢定。一般線性模型是對多於一個應變數的情況的多元線性迴歸的推廣。如果 Y、B 和 U 是列向量，則上面的矩陣方程式將表示多元線性迴歸。

12.2 何謂 GLM ？

GLM 是 General linear model 的簡稱，稱爲一般線性模型。
回想單因子的變異數分析的模型時，即爲

$$x_{ij} = \mu + \alpha_i + \varepsilon_{ij}$$

x_{ij}：測量值；α_i：主效果；ε_{ij}：誤差；$\mu + \alpha_i$：水準 A_i 的母平均

2 因子的變異數分析模型應該是

$$x_{ijk} = u + \alpha_i + \beta_j + (\alpha\beta)_{ij} + \varepsilon_{ijk}$$

x_{ijk}：測量值；α_i：水準 A_i 的主效果；β_j：水準 B_i 的主效果；$(\alpha\beta)_{ij}$：交互作用；ε_{ijk}：誤差

像這樣，變異數分析的模型可以用 1 次式的形式來表現。

1 次式的模型 = 線性模型

話說，單迴歸分析與複迴歸分析也存在線性模型。
單迴歸分析的模型

$$Y_i = \beta_0 + \beta_1 x_{1i} + \varepsilon_i$$

Y_i：從屬變數（目的變量）；β_0：定數；x_{1i}：獨立變數（說明變量）

複迴歸分析的模型

$$Y_i = \beta_1 x_{1i} + \beta_2 x_{2i} + \beta_0 + \varepsilon_i$$

Y_i：從屬變數（目的變量）；x_{1i}：獨立變數（說明變量）；x_{2i}：獨立變數（說明變數）；β_0：定數；ε_i：誤差

如比較此 4 個數學模型時，可以發覺出幾乎形成相同的形式。
因此，將這些加以整理，稱爲

「一般線性模型」

在 SPSS 的統計對話框中，迴歸分析中所使用的

應變數 (D)

此種單句之出現，是因爲變異數分析的測量值剛好對應迴歸分析的依變數的部分！

注意：所謂線性模型的線性（= 1 次式）是說測量值或應變數是以「參數的線性結合」來表示。因此，$Y = \beta_0 + \beta_1 x + \beta_2 x^2 + \varepsilon$ 雖是非線性迴歸，卻是線性模型的一種。

註：從屬變數也稱爲依變數（因變數或應變數），獨立變數也稱爲自變數。

12.3 亂塊法

假定必須進行以下的實驗：

表 12.3.1　1 元配置的變異數分析的數據

水準 A_1	x_{11}　x_{12}　x_{13}　x_{14}
水準 A_2	x_{21}　x_{22}　x_{23}　x_{24}
水準 A_3	x_{31}　x_{32}　x_{33}　x_{34}
水準 A_4	x_{41}　x_{42}　x_{43}　x_{44}

但是，如果 1 日只進行 4 次的實驗時，此種時候，將每 1 日當作 1 個集區（Block），如以下那樣進行的實驗，稱爲亂塊法或隨機集區法（Randomized blocks design）。

表 12.3.2　亂塊法的例子

集區 B_1（第 1 日）	集區 B_2（第 2 日）	集區 B_3（第 3 日）	集區 B_4（第 4 日）
A1 ↓ A3 ↓ A4 ↓ A2	A3 ↓ A2 ↓ A1 ↓ A4	A3 ↓ A4 ↓ A2 ↓ A1	A2 ↓ A4 ↓ A3 ↓ A1

↑　↑　↑　↑

A_1 在各集區中出現 1 次

亦即，各集區中各水準 A_i（$i = 1, \cdots, 4$）隨機出現 1 次

此實驗的結果，得出如下的測量值。

表 12.2.3　利用亂塊法的測量值

集區 B_1（第 1 日）	集區 B_2（第 2 日）	集區 B_3（第 3 日）	集區 B_4（第 4 日）
$A_1 = 8.3$	$A_3 = 8.1$	$A_3 = 7.2$	$A_2 = 8.2$
$A_3 = 7.3$	$A_2 = 8.3$	$A_4 = 7.8$	$A_4 = 6.0$
$A_4 = 5.1$	$A_1 = 8.8$	$A_2 = 9.2$	$A_3 = 7.0$
$A_2 = 7.1$	$A_4 = 5.9$	$A_1 = 8.8$	$A_1 = 8.3$

對於此數據，SPSS 的數據輸入類型，如下所示。

【數據輸入類型】

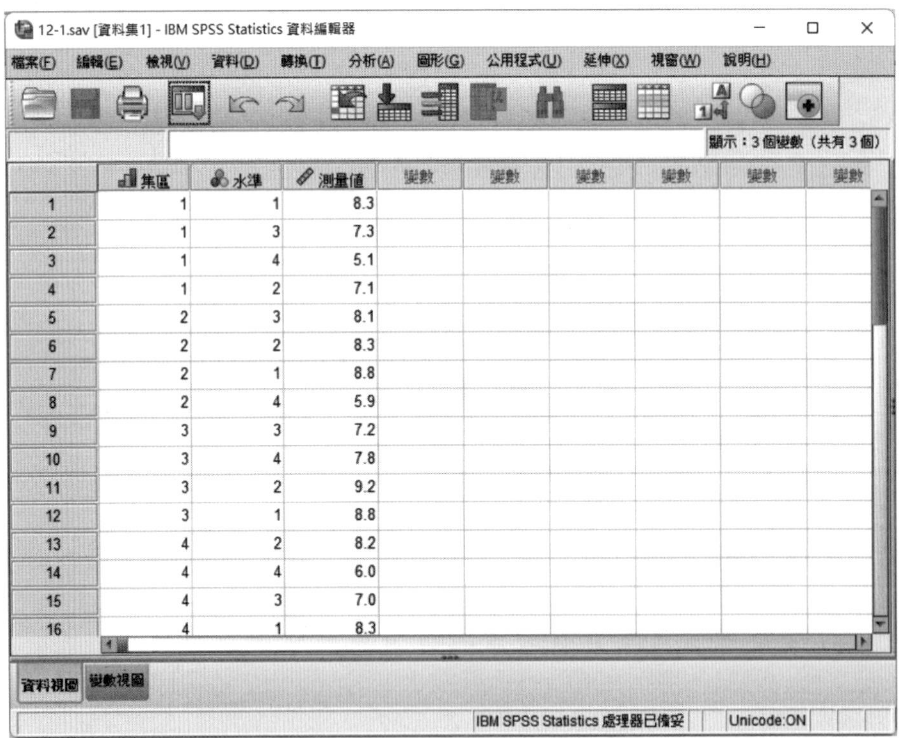

	集區	水準	測量值
1	1	1	8.3
2	1	3	7.3
3	1	4	5.1
4	1	2	7.1
5	2	3	8.1
6	2	2	8.3
7	2	1	8.8
8	2	4	5.9
9	3	3	7.2
10	3	4	7.8
11	3	2	9.2
12	3	1	8.8
13	4	2	8.2
14	4	4	6.0
15	4	3	7.0
16	4	1	8.3

	集區	水準	測量值
1	第1日	A1	8.3
2	第1日	A3	7.3
3	第1日	A4	5.1
4	第1日	A2	7.1
5	第2日	A3	8.1
6	第2日	A2	8.3
7	第2日	A1	8.8
8	第2日	A4	5.9
9	第3日	A3	7.2
10	第3日	A4	7.8
11	第3日	A2	9.2
12	第3日	A1	8.8
13	第4日	A2	8.2
14	第4日	A4	6.0
15	第4日	A3	7.0
16	第4日	A1	8.3

【統計處理的步驟】

步驟 1　點選分析 (A)，從一般線性模型 (G) 的清單之中，選擇單變異數 (U)。

註：SPSS 將單變量稱為單變異數，有些不恰當。

12-1.sav [資料集1] - IBM SPSS Statistics 資料編輯器

檔案(F) 編輯(E) 檢視(V) 資料(D) 轉換(T) 分析(A) 圖形(G) 公用程式(U) 延伸(X) 視窗(W) 說明(H)

報告(P)
敘述統計(E)
貝氏統計資料(B)
表格(B)
比較平均數法(M)
一般線性模型(G)
概化線性模型(Z)
混合模型(X)
相關(C)
迴歸(R)
對數線性(O)
神經網路(W)
分類(F)
維度縮減(D)
比例(A)
無母數檢定(N)
預測(T)
存活(S)
複選題(U)

單變異數(U)...
多變異數(M)...
重複測量(R)...
變異成份(V)...

顯示：3 個變數（共有 3 個）

	集區	水準
1	第1日	A1
2	第1日	A3
3	第1日	A4
4	第1日	A2
5	第2日	A3
6	第2日	A2
7	第2日	A1
8	第2日	A4
9	第3日	A3
10	第3日	A4
11	第3日	A2
12	第3日	A1
13	第4日	A2
14	第4日	A4
15	第4日	A3
16	第4日	A1

步驟 2 一面以滑鼠點選，如下將測量值移到應變數 (D) 的方框之中，將水準與集區移到固定因子 (F) 的方框之中。

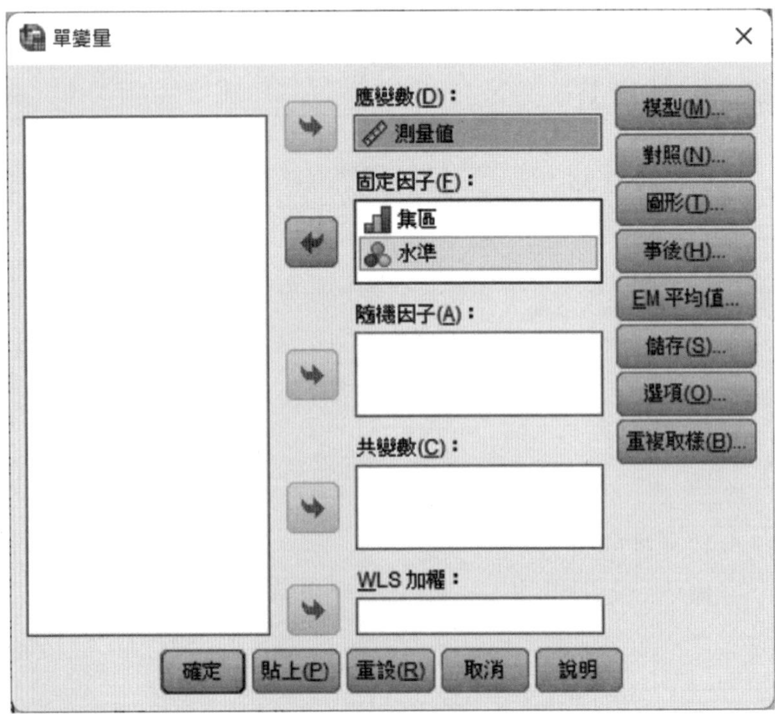

步驟 3　其次，點選模型 (M)，選擇建置項目 (B)。因此，點選集區，按一下 ➡，點選水準，按一下 ➡。

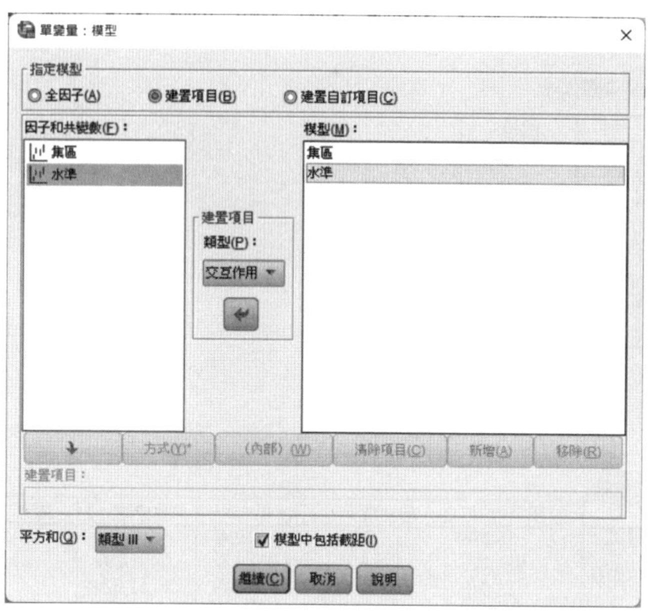

步驟 4　按一下 繼續，回到原來的畫面，之後按 確定。

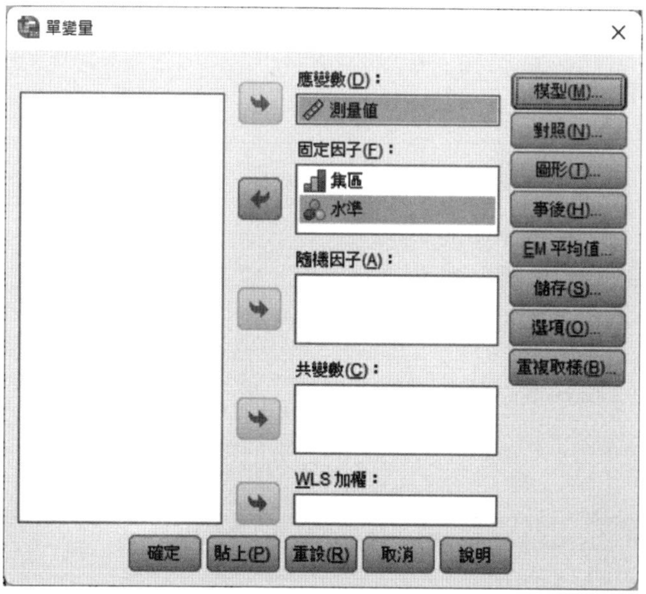

【SPSS 輸出】

變異數的單變量分析

受試者間因子

		個數
集區	1	4
	2	4
	3	4
	4	4
水準	1	4
	2	4
	3	4
	4	4

受試者間效應項的檢定

依變數: 測量值

來源	型 III 平方和	自由度	平均平方和	F 檢定	顯著性	
校正後的模式	16.750[a]	6	2.792	7.461	.004	
截距	921.122	1	921.122	2461.797	.000	
水準	13.048	3	4.349	11.624	.002	← (2)
集區	3.703	3	1.234	3.298	.072	← (1)
誤差	3.367	9	.374			
總和	941.240	16				
校正後的總數	20.118	15				

a. R 平方 = .833 (調過後的 R 平方 = .721)

【輸出結果的判讀】

(1) 關於集區之差的檢定

在亂塊法的情形中，此集區之差的檢定可以忽略。

(2) 水準間之差的檢定，亦即檢定

「假設 H_0：4 個水準 A_1、A_2、A_3、A_4 之間沒有差異」

由於顯著機率 = 0.002 < 顯著水準 α = 0.05

因之假設 H_0 被捨棄。

因此，知 4 個水準之間有差異。

12.4 拉丁方格

所謂拉丁方格是指如下的表。

表 12.4.1　4 ×4 拉丁方格

	集區 B_1 的順位	集區 B_2 的順位	集區 B_3 的順位	集區 B_4 的順位
水準 A_1	1	2	3	4
水準 A_2	2	1	4	3
水準 A_3	3	4	2	1
水準 A_4	4	3	1	2

不管在哪一水準均不出現相同的順位

換言之，從縱向來看或從橫向來看，{1, 2, 3, 4} 的數字均很整齊的列入。因此，拉丁方格可以想成是更精密的亂塊法。

以另一種看法來說，對於 3 個因子 A、因子 B、因子 C，它們的水準假定

$$\begin{cases} \text{因子 A} \cdots\cdots \text{水準 } A_1 \text{、水準 } A_2 \text{、水準 } A_3 \text{、水準 } A_4 \\ \text{因子 B} \cdots\cdots \text{水準 } B_1 \text{、水準 } B_2 \text{、水準 } B_3 \text{、水準 } B_4 \\ \text{因子 C} \cdots\cdots \text{水準 } C_1 \text{、水準 } C_2 \text{、水準 } C_3 \text{、水準 } C_4 \end{cases}$$

此時，如對所有的組合進行實驗時，需要

$$4 \times 4 \times 4 = 64$$

64 次的實驗次數，但是如果以下表來進行時，只要 16 次的實驗即可完成。

表 12.4.2　4×4 拉丁方格

因子 A ＼ 因子 B	B_1	B_2	B_3	B_4
A_1	C_1	C_2	C_3	C_4
A_2	C_2	C_1	C_4	C_3
A_3	C_3	C_4	C_2	C_1
A_4	C_4	C_3	C_1	C_2

← 亦即，在條件 A_2、B_4、C_3 之下的實驗

話說，依據此拉丁方格進行實驗之後，得出如下的測量值。

表 12.4.3　利用拉丁方格的測量值

	B_1	B_2	B_3	B_4
A_1	C_1 10.8	C_2 9.8	C_3 21.3	C_4 13.0
A_2	C_2 9.4	C_1 8.4	C_4 15.0	C_3 14.0
A_3	C_3 19.2	C_4 19.1	C_2 13.5	C_1 16.4
A_4	C_4 14.1	C_3 19.1	C_1 15.8	C_2 15.2

對於此數據，SPSS 的數據輸入形式如下。

【數據輸入類型】

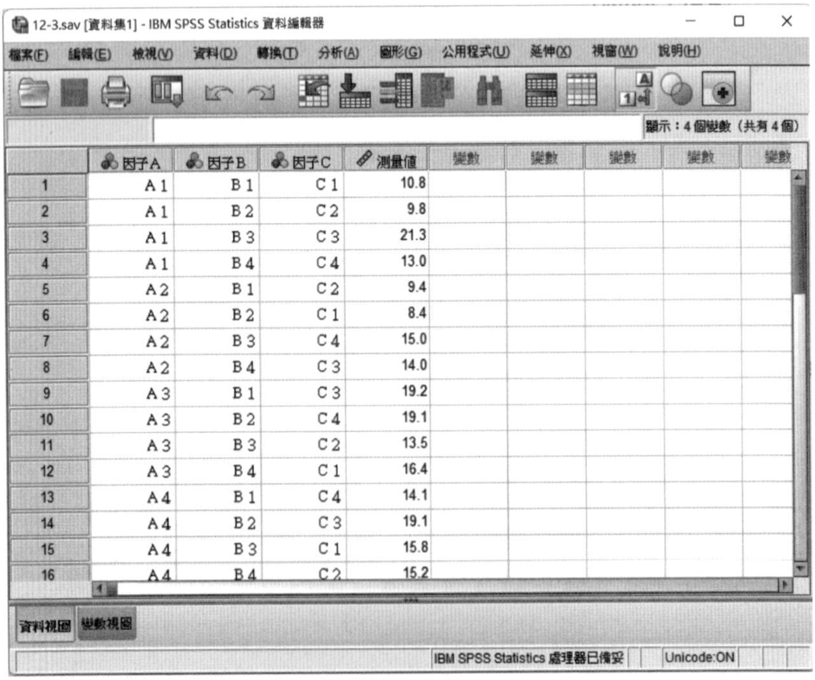

12-3.sav [資料集1] - IBM SPSS Statistics 資料編輯器

檔案(F)　編輯(E)　檢視(V)　資料(D)　轉換(T)　分析(A)　圖形(G)　公用程式(U)　延伸(X)　視窗(W)　說明(H)

顯示：4 個變數（共有 4 個）

	因子A	因子B	因子C	測量值	變數	變數	變數	變數	變數
1	A 1	B 1	C 1	10.8					
2	A 1	B 2	C 2	9.8					
3	A 1	B 3	C 3	21.3					
4	A 1	B 4	C 4	13.0					
5	A 2	B 1	C 2	9.4					
6	A 2	B 2	C 1	8.4					
7	A 2	B 3	C 4	15.0					
8	A 2	B 4	C 3	14.0					
9	A 3	B 1	C 3	19.2					
10	A 3	B 2	C 4	19.1					
11	A 3	B 3	C 2	13.5					
12	A 3	B 4	C 1	16.4					
13	A 4	B 1	C 4	14.1					
14	A 4	B 2	C 3	19.1					
15	A 4	B 3	C 1	15.8					
16	A 4	B 4	C 2	15.2					

資料視圖　變數視圖

IBM SPSS Statistics 處理器已備妥　Unicode:ON

【統計處理的步驟】

步驟 1　點選分析 (A)，從一般線性模型 (G) 的清單之中，選擇單變異數 (U)。

步驟 2　因此一面以滑鼠點選，一面將測量值移到應變數 (D)，將因子 A、因子 B、因子 C 移到固定因子 (F)。

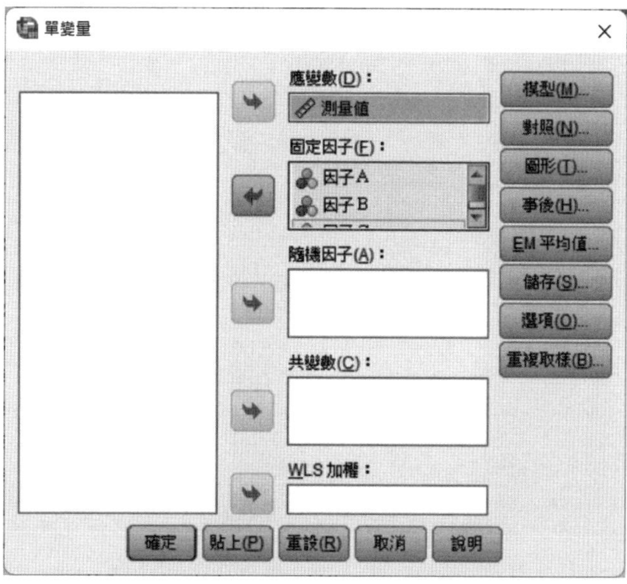

步驟 3 接著按一下模型 (M)，畫面改變時，以滑鼠點選建置項目 (B)。

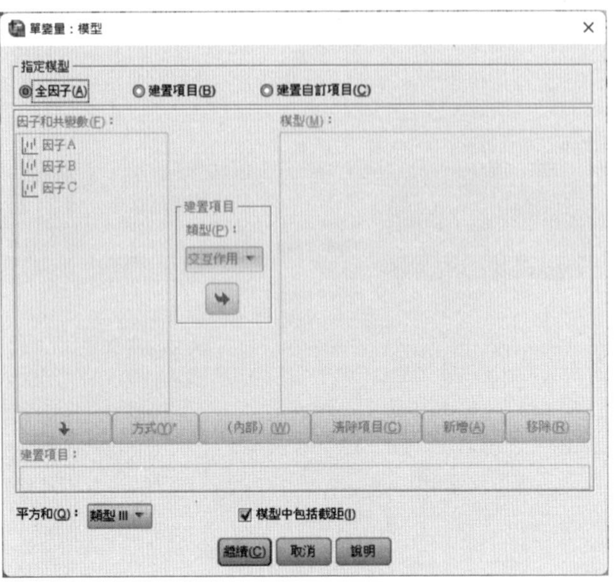

步驟 4 畫面的文字變黑，點選因子 A(F) 變顏色之後，按一下建置項目下方的 。

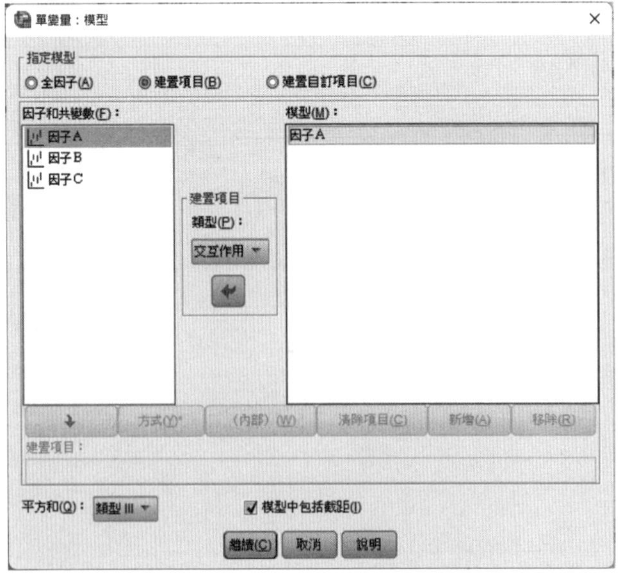

步驟 5　以同樣點選因子 B(F)，按一下 [箭頭按鈕] 。

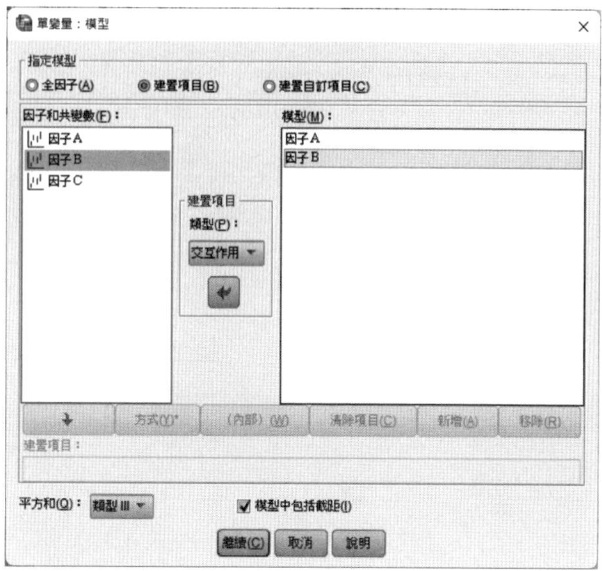

步驟 6　最後點選因子 C(F)，按一下 [箭頭按鈕] 。

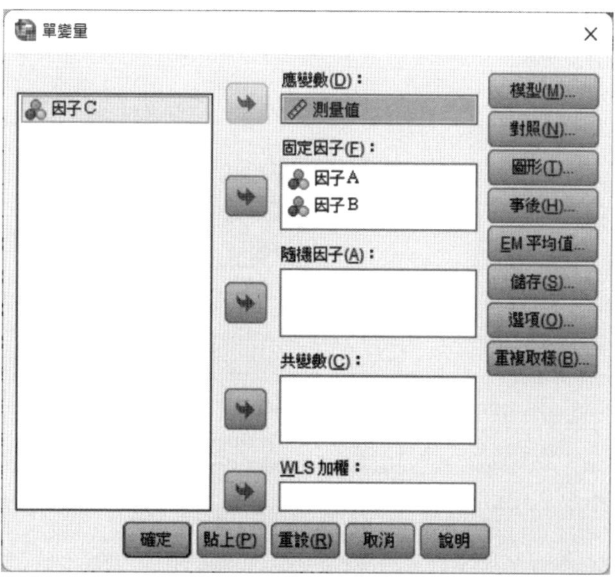

步驟 7　畫面變成如下時，以滑鼠按一下 繼續 (C)。

步驟 8　回到以下的畫面時，按一下 確定 鈕即告結束。

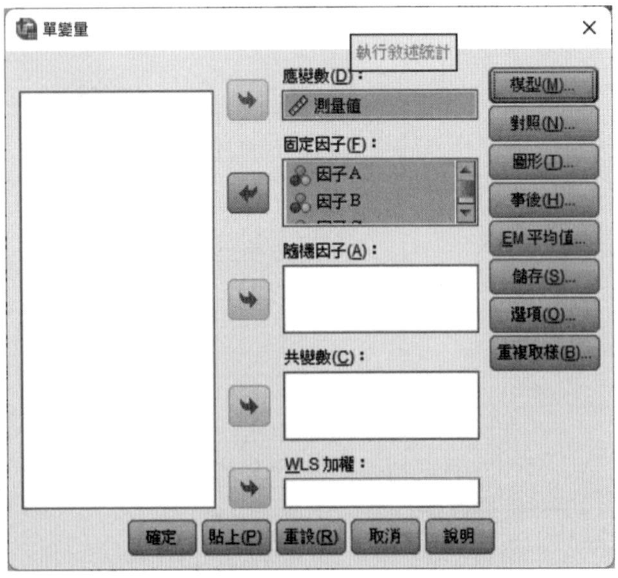

【SPSS 輸出】——拉丁方格

變異數的單變量分析

受試者間因子

		個數
因子A	1	4
	2	4
	3	4
	4	4
因子B	1	4
	2	4
	3	4
	4	4
因子C	1	4
	2	4
	3	4
	4	4

受試者間效應項的檢定

依變數: 測量值

來源	型 III 平方和	自由度	平均平方和	F 檢定	顯著性	
校正後的模式	188.581[a]	9	20.953	4.123	.049	
截距	3425.176	1	3425.176	673.943	.000	
因子A	69.107	3	23.036	4.533	.055	←(1)
因子B	19.957	3	6.652	1.309	.355	←(2)
因子C	99.517	3	33.172	6.527	.026	←(3)
誤差	30.494	6	5.082			
總和	3644.250	16				
校正後的總數	219.074	15				

a. R 平方 = .861 (調過後的 R 平方 = .652)

【輸出結果的判讀】

(1)針對因子 A 進行差的檢定。

「假設 H_0：A_1、A_2、A_3、A_4 之間沒有差異」

依據

顯著機率 = 0.055 > 顯著水準 $\alpha = 0.05$

因之，假設 H_0 無法捨棄。

因此，4 個水準之間不能說有差異。

(2) 針對因子 B 進行差的檢定。

「假設 H_0：B_1、B_2、B_3、B_4 之間沒有差異」

由於

顯著機率 = 0.355 > 顯著水準 $\alpha = 0.05$

因之，假設 H_0 無法捨棄。

亦即，不知道 4 個水準之間是否有差異。

(3) 針對因子 C 進行差的檢定。

「假設 H_0：C_1、C_2、C_3、C_4 之間沒有差異」

由於

顯著機率 = 0.026 < 顯著水準 $\alpha = 0.05$

因之，假設 H_0 被捨棄。

因此知 4 個水準 C_1、C_2、C_3、C_4 之間有差異。

12.5 直交表

所謂直交表，簡言之是爲了減少實驗次數所想出來的非常好的實驗方法。譬如，4 個因子 A、B、C、D 分別被分成 2 個水準

$$\begin{cases} \text{因子 A……水準 } A_1\text{、水準 } A_2 \\ \text{因子 B……水準 } B_1\text{、水準 } B_2 \\ \text{因子 C……水準 } C_1\text{、水準 } C_2 \\ \text{因子 D……水準 } D_1\text{、水準 } D_2 \end{cases}$$

所有組合的實驗次數

$$2 \times 2 \times 2 \times 2 = 16$$

如以上那樣，至少需要 16 次。但是，如果只在下表有○記號的地方進行實驗時，只要 8 次就可以完成實驗。這眞是了不起！

表 12.5.1　4 元配置的數據

因子 C	因子 D	D_1		D_2	
	因子 B / 因子 A	B_1	B_2	B_1	B_2
C_1	A_1	X_{1111}	X_{1211}	X_{1112}	X_{1212}
	A_2	X_{2111}	X_{2211}	X_{2112}	X_{2212}
C_2	A_1	X_{1121}	X_{1211}	X_{1122}	X_{1222}
	A_2	X_{2121}	X_{2221}	X_{2122}	X_{2222}

全部 16 次的實驗

← ○記號是沒有偏差的

↑ ○記號是表 12.5.2 的實驗組合

註：直交（Orthogonal）SPSS 稱爲正交。

亦即，如下的表稱爲直交表。

表 12.5.2　直交表例

號碼	因子 A	因子 B	因子 C	因子 D	測量值
1	A_1	B_1	C_1	D_1	X_{1111}
2	A_1	B_1	C_2	D_2	X_{1122}
3	A_1	B_2	C_1	D_2	X_{1212}
4	A_1	B_2	C_2	D_1	X_{1221}
5	A_2	B_1	C_1	D_2	X_{2112}
6	A_2	B_1	C_2	D_1	X_{2121}
7	A_2	B_2	C_1	D_1	X_{2211}
8	A_2	B_2	C_2	D_2	X_{2222}

為什麼取直交表的名稱呢？

表 12.5.3　$L_4(2^3)$ 直交表

號碼＼例	(1)	(2)	(3)
1	1	1	1
2	1	2	2
3	2	1	2
4	2	2	1

←將 2 換成 –1 時

$$\begin{bmatrix}1\\1\\2\\2\end{bmatrix}\begin{bmatrix}1\\2\\1\\2\end{bmatrix}\begin{bmatrix}1\\2\\2\\1\end{bmatrix} \text{變成} \begin{bmatrix}1\\1\\-1\\-1\end{bmatrix}\begin{bmatrix}1\\-1\\1\\-1\end{bmatrix}\begin{bmatrix}1\\-1\\-1\\1\end{bmatrix}$$

這 3 個向量由於相互直交，所以被稱為直交表。

話說，使用直交表進行實驗之後，得出如下的測量值。

表 13.4.4　直交表的測量值

號碼	條件 A	條件 B	條件 C	條件 D	測量值
1	A_1	B_1	C_1	D_1	$X_{1111} = 19.5$
2	A_1	B_1	C_2	D_2	$X_{1122} = 4.8$
3	A_1	B_2	C_1	D_2	$X_{1212} = 16.1$
4	A_1	B_2	C_2	D_1	$X_{1221} = 12.5$
5	A_2	B_1	C_1	D_2	$X_{2112} = 1.9$
6	A_2	B_1	C_2	D_1	$X_{2121} = 2.4$
7	A_2	B_2	C_1	D_1	$X_{2211} = 11.2$
8	A_2	B_2	C_2	D_2	$X_{2222} = 4.0$

對此數據，SPSS 的數據輸入類型如下：

【數據輸入類型】

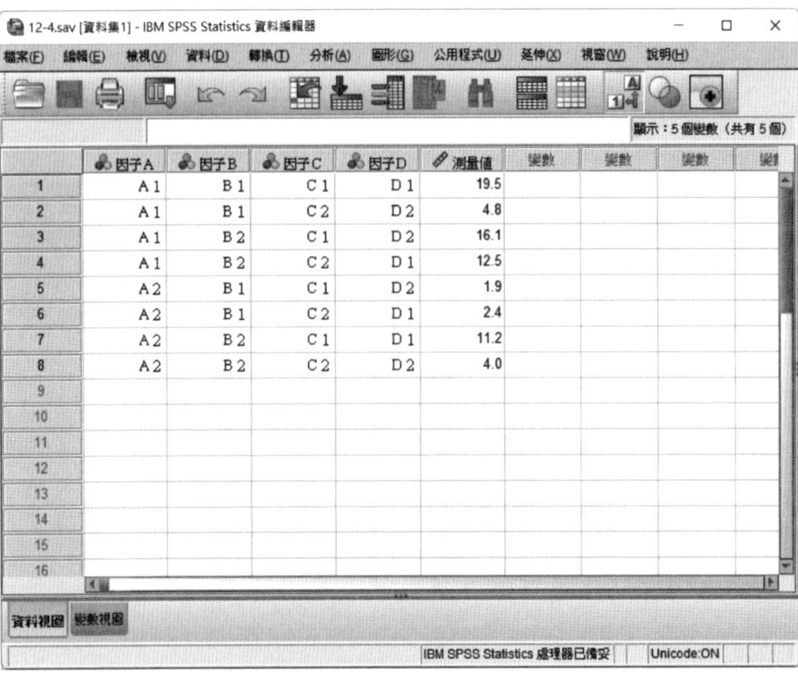

	因子A	因子B	因子C	因子D	測量值
1	A1	B1	C1	D1	19.5
2	A1	B1	C2	D2	4.8
3	A1	B2	C1	D2	16.1
4	A1	B2	C2	D1	12.5
5	A2	B1	C1	D2	1.9
6	A2	B1	C2	D1	2.4
7	A2	B2	C1	D1	11.2
8	A2	B2	C2	D2	4.0

	因子A	因子B	因子C	因子D	測量值
1	1	1	1	1	19.5
2	1	1	2	2	4.8
3	1	2	1	2	16.1
4	1	2	2	1	12.5
5	2	1	1	2	1.9
6	2	1	2	1	2.4
7	2	2	1	1	11.2
8	2	2	2	2	4.0

【統計處理的步驟】

步驟 1 點選分析 (A)，從一般線性模型 (G) 的清單之中，選擇單變異數 (U)。然後……

步驟 2 一面按滑鼠一面將測量值移到應變數 (D) 的方框之中，因子 A、因子 B、因子 C 移到固定因子 (F) 的方框中。因此……

步驟 3　點選測量值變成藍色之後，按一下應變數 (D) 的左方的 ➡。

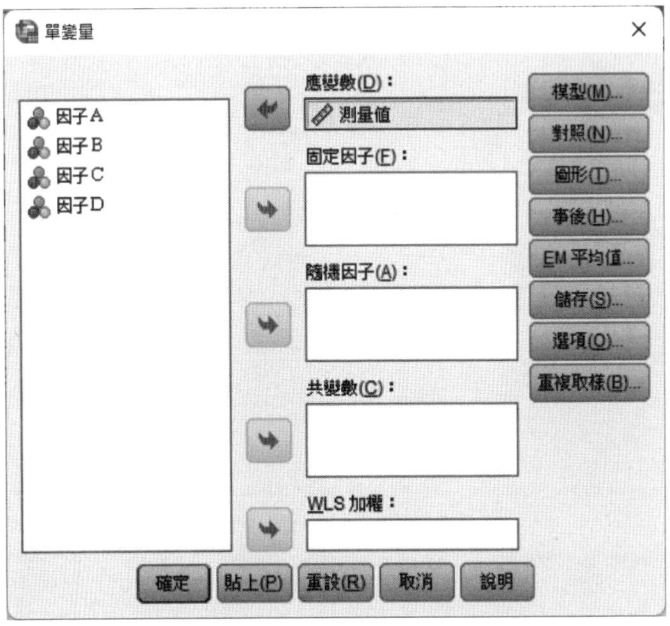

步驟 4 再點選因子 A，按住將滑鼠往下移時，即可將因子 B、因子 C、因子 D 一併變顏色。因此，按一下固定因子 (F) 左邊的 ➡。其次，建立模型。點選畫面右上的模型 (M)。

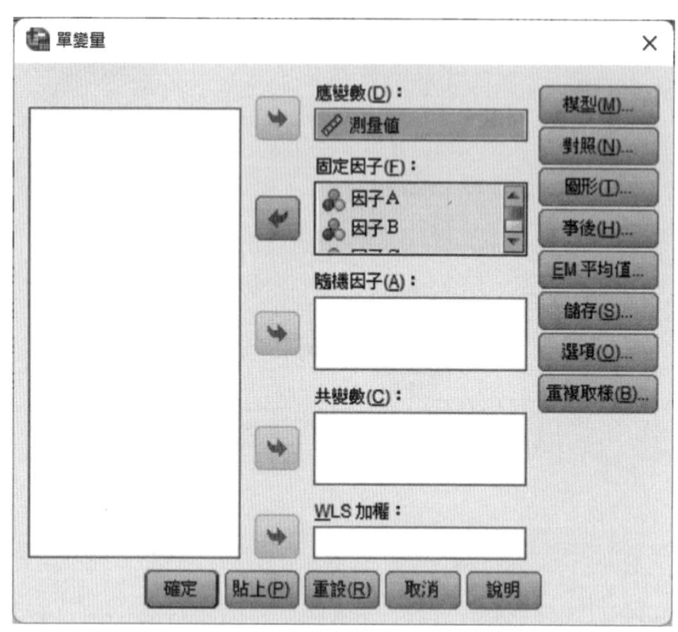

步驟 5 按一下建置項目 (B)，從因子和共變數 (F) 的方框之中依序點選因子，再按一下 ➡。如果出現如右方的模型時，按 繼續 (C)。

步驟 5' 模型的做法有許多！以下的模型是列舉因子 A 與因子 B 的交互作用。

步驟 5'' 依研究內容，如下圖那樣也許需要列舉因子 A 與因子 B 的交互作用，因子 B 與因子 D 的交互作用。

步驟 6 模型的建立結束時，點選 繼續 。於是回到以下的畫面。之後，按 確定 。

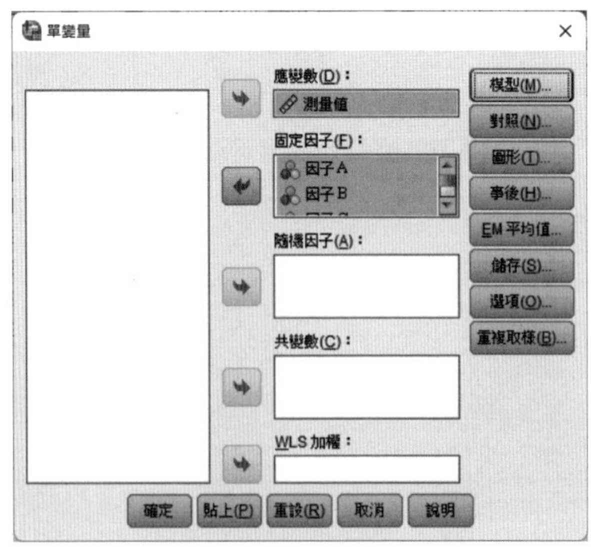

【SPSS 輸出】——直交表

變異數的單變量分析

受試者間因子

		個數
因子A	1	4
	2	4
因子B	1	4
	2	4
因子C	1	4
	2	4
因子D	1	4
	2	4

受試者間效應項的檢定

依變數: 測量值

來源	型 III 平方和	自由度	平均平方和	F 檢定	顯著性	
校正後的模式	290.630[a]	4	72.657	9.193	.049	
截距	655.220	1	655.220	82.904	.003	
因子A	139.445	1	139.445	17.644	.025	← (1)
因子B	28.880	1	28.880	3.654	.152	← (2)
因子C	78.125	1	78.125	9.885	.052	← (3)
因子D	44.180	1	44.180	5.590	.099	← (4)
誤差	23.710	3	7.903			
總和	969.560	8				
校正後的總數	314.340	7				

a. R 平方 = .925 (調過後的 R 平方 = .824)

【輸出結果的判讀】

(1) 關於因子 A 的檢定，檢定

「假設 H_0：水準 A_1、A_2 之間沒有差異」

顯著機率 = 0.025 比顯著水準 $\alpha = 0.05$ 小，因之假設 H_0 被捨棄。

由於水準 A_1 與水準 A_2 之間有差異，因之知因子 A 對此實驗會有效發揮作用的。

(2) 關於因子 B 的檢定，檢定

「假設 H_0：水準 B_1、B_2 之間沒有差異」

顯著機率 = 0.152 比顯著水準 $\alpha = 0.05$ 大，因之假設 H_0 無法被捨棄。

亦即，因子 B 對此實驗並未有效發揮作用。

(3) 關於因子 C 的檢定，檢定

「假設 H_0：水準 C_1、C_2 之間沒有差異」

顯著機率 = 0.052，如與顯著水準 $\alpha = 0.05$ 比較時……

假設 H_0 無法捨棄，此事說明因子 C 在實驗中未能發揮作用。

(4) 關於因子 D 的檢定，檢定

「假設 H_0：水準 D_1、D_2 之間沒有差異」

顯著機率 = 0.099 比顯著水準 $\alpha = 0.05$ 大。

因此，假設 H_0 不能捨棄。此事說明因子 D 在此實驗中，並未有效發揮作用。

第 13 章
階層線性模型

13.1 簡介

在醫護研究的領域中，階層性的資料結構相當常見。例如在醫院收集的病患資料，有一些是用來描述病患特徵的變數，如性別、年齡等；另外，有一些變數則在表現醫院的特性，如醫院層級別：醫學中心、區域醫院、地區醫院。此時，用傳統的迴歸模式來分析，會忽略了群體層級的影響（組內相關），而造成誤差的變異被低估。所以，較爲適當的方法爲使用多層次分析（Multilevel analysis）——也就是目前廣被使用的階層線性模式（Hierarchical linear model: HLM）。

在階層結構的資料中，主要的特徵爲具有個體層級以及群體層級，例如上述的例子中，病患即爲個體層級，而不同的醫院即爲群體層級。或病患即爲個體層級，而不同的醫師即爲群體層級，亦即個體是鑲套（Nested）在群體之下。此外，在重複測量設計中，針對每一受試者（Subject）在不同時間點測量感興趣的反應變項（Response），亦可視爲階層化的資料，在這種情形下，個體層級爲不同的重複測量，而群體層級爲不同的受試者（Subject）。階層線性模式分析上的想法即爲將第一層各分層的迴歸係數（Coefficient）當成是第二層反應變數（Response），這樣的方式即爲斜率結果變項（Slope as outcome）分析。在執行分析的軟體上，目前大多以 HLM 軟體或 SPSS 來進行階層線性模式的分析，以下以 SPSS 來說明。

13.2 範例

【數據輸入類型】

在資料格式上 HLM 軟體與 SPSS 的要求有些不同，有使用過 HLM 軟體的人大都知道，必須將不同階層的資料建置在不同的檔案裡，但在 SPSS 中只要集中在同一個數據檔即可，但第二階層的變項需先進行聚集（Aggregation）才行。

此處所使用的資料是虛構的。本研究假定是針對台中地區 45 所地區醫院，以醫師爲對象實施問卷調查，每所醫院抽取 3 至 6 位不等的醫師，總共收得了 200 位醫師的資料，問卷中是以量表針對「醫師治療能力」、「院長領導能力」與「醫院滿意度」等變項進行收集，研究目的是想調查「醫師治療能力」與「院長領導能力」對「醫院滿意度」的影響情形。

由於 200 位醫師隸屬在 45 所醫院底下，因此第一階層爲醫師層次，第二階層則爲醫院層次，在我們收集的變項中，「醫師治療能力」與「醫院滿意度」屬於第一階層變項，而「院長領導能力」屬於第二階層變項。模型圖如下：

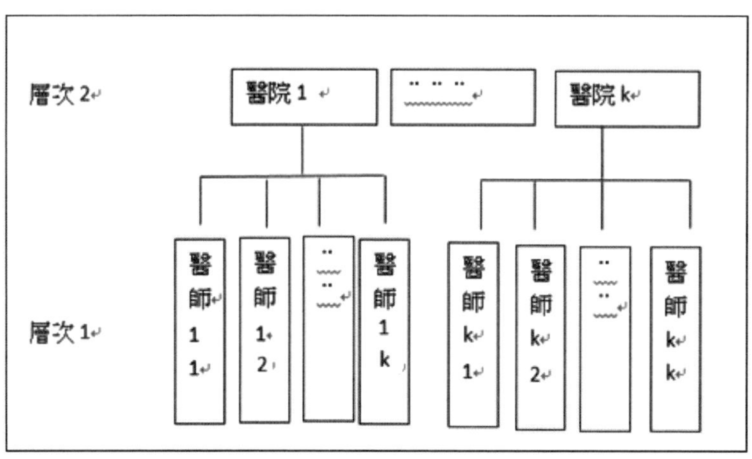

數據模型建構如下：

Level 1:

$$Y_{ij} = \beta_{0j} + \beta_{1j}X_{ij} + r_{ij}$$

Level 2:

$$\beta_{0j} = r_{00} + r_{01}W_j + u_{0j}$$

$$\beta_{1j} = r_{10} + r_{11}W_j + u_{1j}$$

鍵入資料時，必須先建立一個欄位作爲第二階層的群體編號（ex：醫院代碼），這樣資料才有辦法判別哪些個體是來自於哪一個群體，譬如說前 5 位醫師來自第一所醫院。由於「醫師治療能力」與「醫院滿意度」屬於第一階層變項，因此每一位醫師都會有自己的分數；雖然「院長領導能力」屬於第二階層變項，但資料收集時我們先收到的是原始分數，所以在鍵入時仍先輸入每位醫師所回答的「院長領導能力」，但因爲「院長領導能力」屬於第二階層變項，每一所醫院只能有一位「院長領導能力」，因此我們必須將資料轉變成像是「平均院長領導能力」，同一所醫院的分數需要一樣，此做法我們稱之爲聚集，譬如說將第一所學校 5 位醫師對院長領導能力予以平均得出爲 5.75 分。像這樣，第二階層所投入的變項需要加以聚集才行。

以下是輸入到 SPSS 的原始資料。

	醫院代碼	醫師編碼	醫師治療能力	院長領導能力	醫院滿意度
1	1	11	4.83	3.40	4.43
2	1	12	5.67	4.45	5.00
3	1	13	6.00	5.50	5.57
4	1	14	6.33	4.56	6.00
5	1	15	7.00	6.70	6.57
6	2	21	5.17	4.50	4.86
7	2	22	5.50	6.65	5.71
8	2	23	6.00	5.50	6.00
9	2	24	6.33	6.00	6.43
10	2	25	7.00	5.50	7.00
11	3	31	5.67	5.50	6.00
12	3	32	6.17	5.55	6.14
13	3	33	6.50	5.60	6.43
14	3	34	7.00	5.50	6.57
15	4	41	4.83	3.45	4.14
16	4	42	5.83	4.56	5.00
17	4	43	6.00	5.54	5.29
18	4	44	6.33	5.50	5.86
19	5	51	4.83	6.00	4.43
20	5	52	5.67	6.00	5.00
21	5	53	6.00	5.50	5.57
22	5	54	6.33	5.25	6.00
23	5	55	6.50	6.50	6.57

【統計處理的步驟】

步驟 1　開啓 SPSS 後從資料中點選聚集 (A)。

步驟 2 將醫院代碼移入分段變數 (B) 中，將院長領導能力移入變數摘要 (S) 中。出現院長領導能力 _mean。於儲存處點選新增聚集變數至作用中資料集。按 確定 。

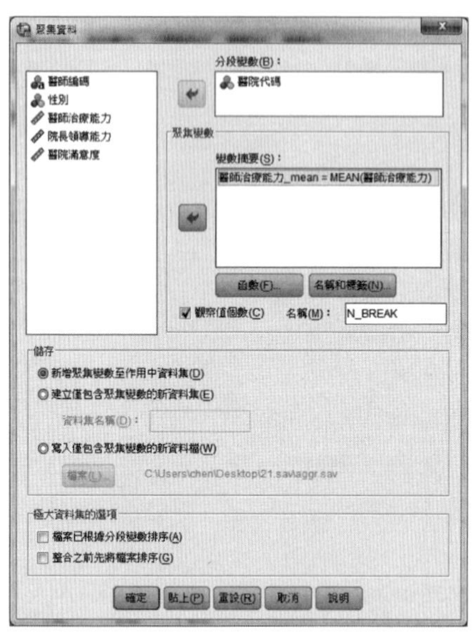

得出如下輸出結果。

	醫院代碼	醫師編碼	性別	醫師治療能力	院長領導能力	醫院滿意度	院長領導能力_mean	var	var	var	var	var	var
1	1	11	1	4.83	4.75	4.43	5.75						
2	1	12	1	5.67	5.25	5.00	5.75						
3	1	13	0	6.00	6.00	5.57	5.75						
4	1	14	0	6.33	6.25	6.00	5.75						
5	1	15	0	7.00	6.50	6.57	5.75						
6	2	21	0	5.17	6.00	4.86	6.80						
7	2	22	1	5.50	7.00	5.71	6.80						
8	2	23	0	6.00	7.00	6.00	6.80						
9	2	24	0	6.33	7.00	6.43	6.80						
10	2	25	1	7.00	7.00	7.00	6.80						
11	3	31	1	5.67	6.25	6.00	6.63						
12	3	32	0	6.17	6.25	6.14	6.63						
13	3	33	0	6.50	7.00	6.43	6.63						
14	3	34	0	7.00	7.00	6.57	6.63						
15	4	41	1	4.83	5.00	4.14	5.75						
16	4	42	1	5.83	5.50	5.00	5.75						
17	4	43	1	6.00	6.00	5.29	5.75						
18	4	44	1	6.33	6.50	5.86	5.75						
19	5	51	0	4.83	4.75	4.43	5.75						
20	5	52	1	5.67	5.25	5.00	5.75						
21	5	53	1	6.00	6.00	5.57	5.75						
22	5	54	0	6.33	6.25	6.00	5.75						
23	5	55	0	7.00	6.50	6.57	5.75						

步驟 3　回到變數檢視中，將變數院長領導能力 _mean 改名爲平均院長領導能力。

*21.sav [資料集1] - IBM SPSS Statistics Data Editor

	名稱	類型	寬度	小數	標籤	數值	遺漏	直欄	對齊	測量	角色
1	醫院代碼	數值型	8	0		無	無	8	右	名義(N)	輸入
2	醫師編碼	字串	8	0		無	無	8	左	名義(N)	輸入
3	性別	數值型	8	0		{0, 男}...	無	8	右	名義(N)	輸入
4	醫師治療能力	數值型	8	2		無	無	8	右	尺度	輸入
5	院長領導能力	數值型	8	2		無	無	8	右	尺度	輸入
6	醫院滿意度	數值型	8	2		無	無	8	右	尺度	輸入
7	平均院長領導能力	數值型	8	2		無	無	25	右	尺度	輸入

資料視圖　變數視圖

IBM SPSS Statistics 處理器已就緒　Unicode:ON

點一下資料檢視出現如下結果，顯示已更名。

*21.sav [資料集1] - IBM SPSS Statistics Data Editor

顯示：7 個變數（共有 7 個）

	醫院代碼	醫師編碼	性別	醫師治療能力	院長領導能力	醫院滿意度	平均院長領導能力	var	var	var	var	var	var	var
1	1	11	1	4.83	4.75	4.43	5.75							
2	1	12	1	5.67	5.25	5.00	5.75							
3	1	13	0	6.00	6.00	5.57	5.75							
4	1	14	0	6.33	6.25	6.00	5.75							
5	1	15	0	7.00	6.50	6.57	5.75							
6	2	21	0	5.17	6.00	4.86	6.80							
7	2	22	1	5.50	7.00	5.71	6.80							
8	2	23	0	6.00	7.00	6.00	6.80							
9	2	24	0	6.33	7.00	6.43	6.80							
10	2	25	1	7.00	7.00	7.00	6.80							
11	3	31	1	5.67	6.25	6.00	6.63							
12	3	32	0	6.17	6.25	6.14	6.63							
13	3	33	0	6.50	7.00	6.43	6.63							
14	3	34	0	7.00	7.00	6.57	6.63							
15	4	41	1	4.83	5.00	4.14	5.75							
16	4	42	1	5.83	5.50	5.00	5.75							
17	4	43	1	6.00	6.00	5.29	5.75							
18	4	44	1	6.33	6.50	5.86	5.75							
19	5	51	0	4.83	4.75	4.43	5.75							
20	5	52	1	5.67	5.25	5.00	5.75							
21	5	53	1	6.00	6.00	5.57	5.75							
22	5	54	0	6.33	6.25	6.00	5.75							
23	5	55	0	7.00	6.50	6.57	5.75							

資料視圖　變數視圖

步驟 4　從分析 (A) 中選擇混合模型 (X)，在從中選擇線性 (L)。

步驟 5　將醫院代碼移入受試者 (S) 方框中。

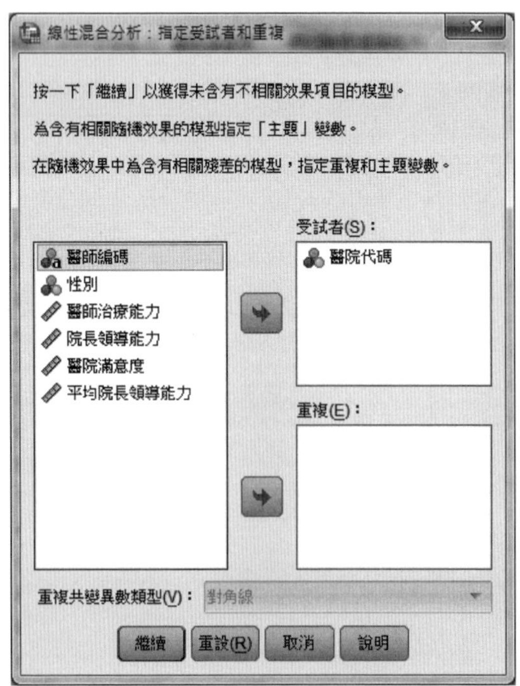

步驟 6　將醫師治療能力、平均院長領導能力移入共變量 (C) 中。

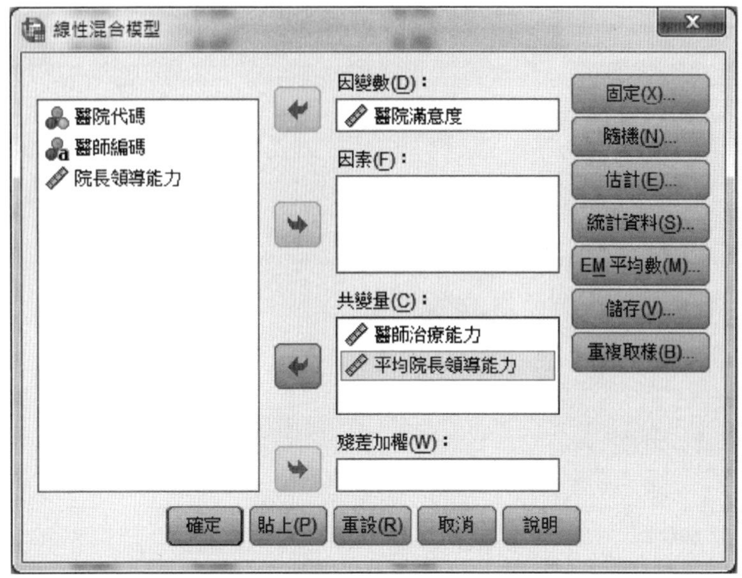

註：選入變項，先將依變項丟入因變數（Dependent），接著將解釋變項丟入因素（Factor）與共變量（Covariate），若您研究中的解釋變項爲類別變項，就必須丟到因素 (F) 欄位，若解釋變項爲連續變項，就必須丟到共變量欄位（例子中爲連續變項）。

步驟 7 按一下固定 (X) 後，選擇建置項目 (D)，框選兩者後按新增。模型中出現有交互作用項。按 繼續 ，回到前畫面。

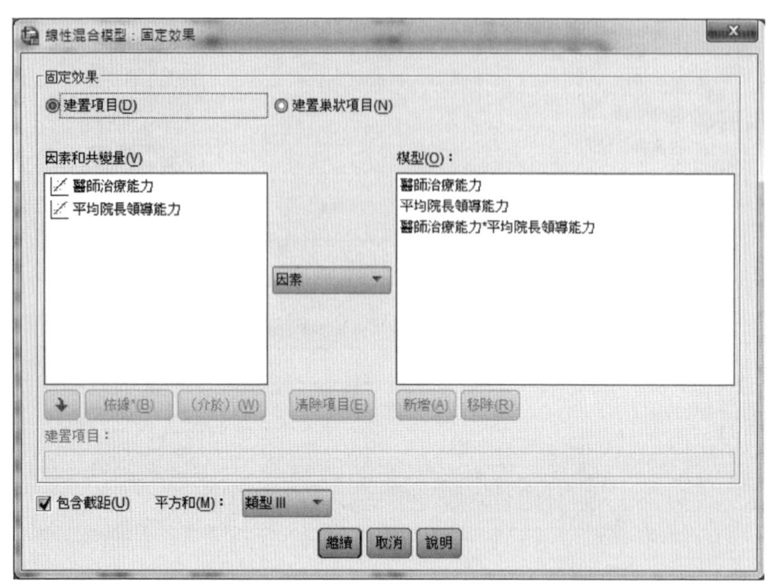

註：若想以 SPSS 軟體進行 HLM 分析時，需先將第一階層與第二階層的模式予以結合起來，在模式進行選擇變數時，若您將變項同時框選，並按「新增」時，模式它會自動幫您建立交互作用項，因此若您有自己特定想要討論的模式，則必須搭配下方的「Main Effects」與「Interaction」來選擇模式。

另外，需注意的地方是要將左下角的「Include Intercept」打勾（預設已經勾選），因爲大部分的模式都還是會設定截距項的部分，此處相當於在 HLM 中的 β_0。

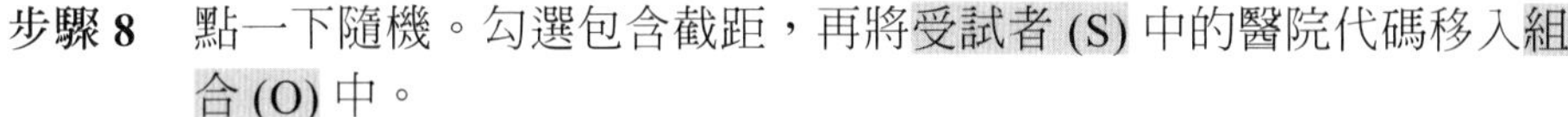

步驟 8　點一下隨機。勾選包含截距，再將受試者 (S) 中的醫院代碼移入組合 (O) 中。

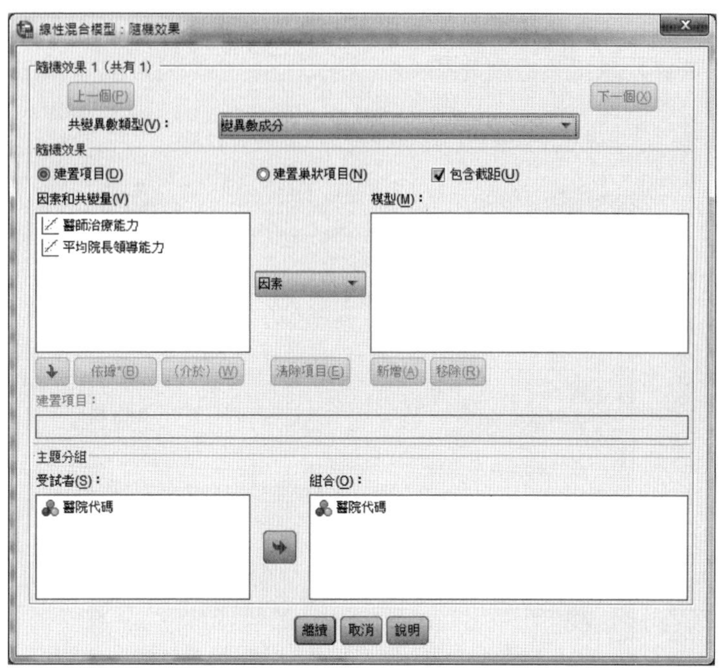

註：隨機效果的部分則要小心，共變異數型態直接用「Variance Components」（預設），一般在進行分析的時候，大部分都會開放估計截距項的隨機效果，這是認爲每所醫院的醫院滿意度是不相等的，當然您也可以假設沒有隨機效果項的存在，不過這樣就會失去使用 HLM 來進行分析的強項，因此我們必須勾選右上角的「Include Intercept」（預設是未勾選的），接著將左下方的醫院代碼（第一階層與第二階層的連結變數）丟到右邊的組合（Combinations）中，這樣軟體才知道要依據哪個變項作爲階層連結。

若在第二階層加入解釋變項來進行預測時，若想加入估計斜率項的隨機效果，則需要把該斜率項的解釋變項丟到右邊的模型 (M) 中（如平均院長領導能力，此稱爲脈絡變項），此時所對應斜率項的隨機效果就會加入估計，值得注意的地方是丟到右邊模型 (M) 裡的變項爲第二階層的變項。

於數據模型中，u_0 是代表每所醫院的醫院滿意度是不相同的，u_1 則是代表每所醫院中醫師治療能力影響醫院滿意度是不相同的，當然，如果此斜率項與斜率項沒有開放加入，也是忽略了 HLM 的強項，但如果研究樣本並沒有很多，或者模式比較複雜時，有可能會因爲開放太多隨機效果進行估計因而導致跑不出結果，或執行的時間太長，此時就必須考慮犧牲掉隨機效果項了，一般來說都是先犧牲斜率項的隨機效果，但仍會先保留截距項的隨機效果。

步驟 9 點一下估計。照預設。按 繼續 。

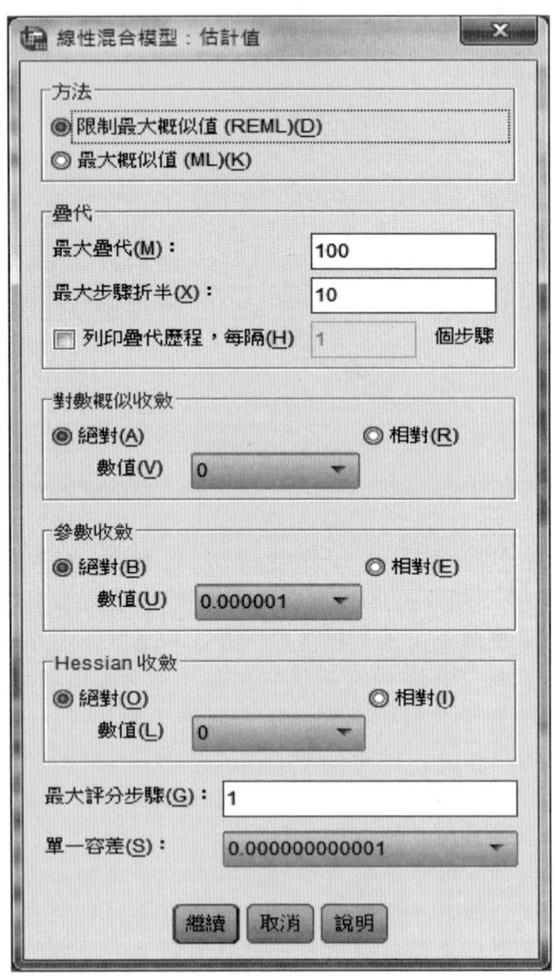

步驟 10 點一下統計資料，設定所需統計量，此處選擇參數估計值 (P)、共變異數參數的檢定 (A)。

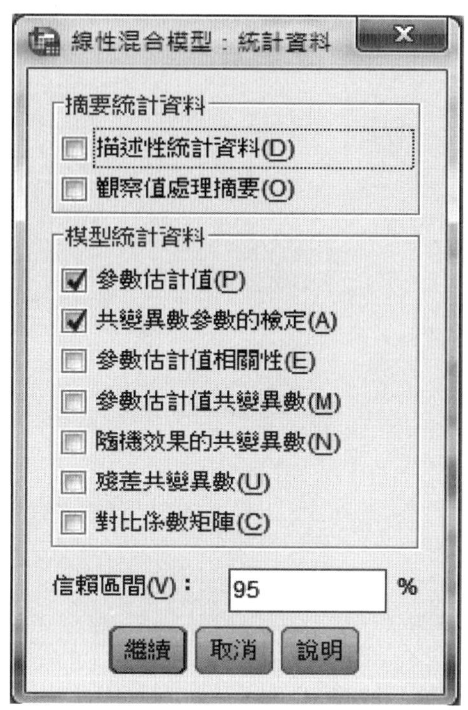

註：可依照需求選擇自己想要得到的統計量，一般最少應該選擇「參數估計值」與「共變異參數的檢定」，這樣才能得到所有項目的參數估計值，以及誤差項與隨機效果的檢定結果。

步驟 11 點一下 EM 平均值，此處不選定。按繼續。

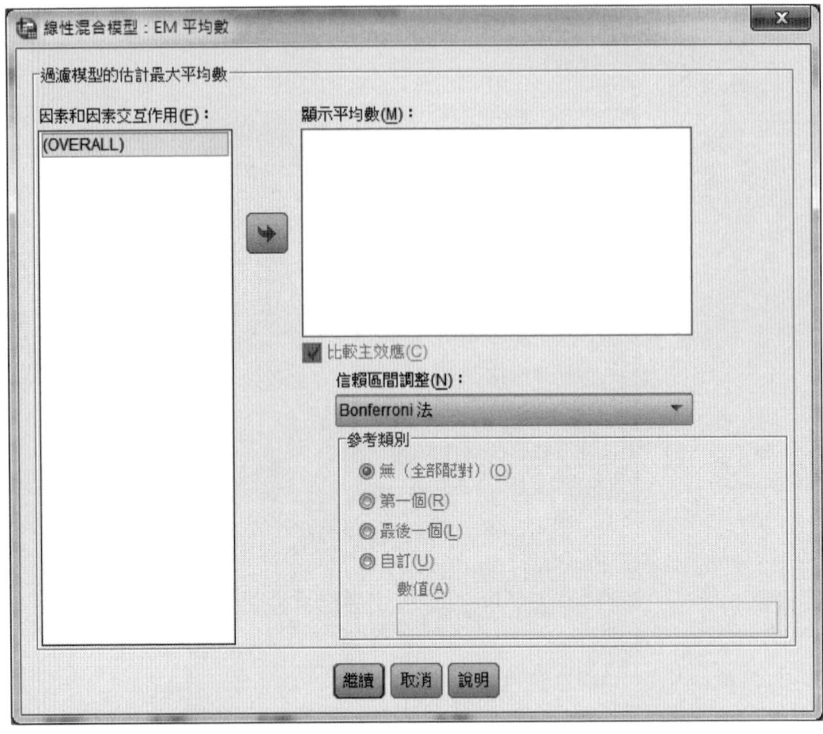

步驟 12　回到原畫面後，按確定。

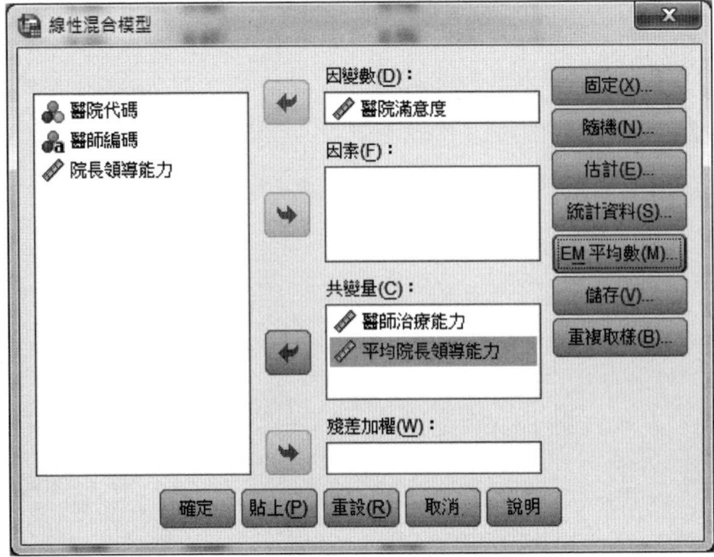

【SPSS 輸出】

由於開放斜率項的隨機效果後，部分參數估計不出來，因此僅保留截距項的隨機效果重新執行分析，並以此結果來說明。

在固定效果方面，HLM 軟體會跑出兩種結果，上面的結果是以一般的標準誤進行檢定，而下方則是利用強韌（Robust）標準誤進行檢定，一般研究者都是以強韌標準誤爲結果；但 SPSS 僅提供一般的標準誤檢定，這部分是比較可惜的。

在輸出的判讀部分，對初學使用者來說，HLM 必須搭配參數符號，因此有時候可能會比較混淆不清，但 SPSS 軟體則是可以直接由變項去判別其估計效果。輸出的判讀與一般迴歸的方式一樣，先去檢定變項是否有達顯著水準，接著去看其估計值的正負，最後敘述統計結果。以醫師治療能力爲例，治療能力達顯著水準，且迴歸係數 2.037 爲正值，表示當醫師的治療能力越良好，其醫院滿意度會越高。此外，醫師治療能力與平均院長領導能力並無交互作用。

在隨機效果方面，SPSS 軟體與 HLM 軟體估計出來的結果仍有些差異，不過因爲 HLM 軟體的隨機效果有符號表示，因此會比較清楚的知道是哪一項隨機效果，但 SPSS 軟體另外還會提供各隨機效果的顯著性，以了解各階層是否還有其他預測變項可以考量進來，譬如說隨機效果 r 與 u_0 的變異數分別爲 1.45885 與 0.49078 皆達顯著水準（$p < .05$），表示第一階層與第二階層仍有其他解釋變項可以考量以供解讀說明。

平均院長領導能力是脈絡變項，通常是放在第二階層中，例中隨機效果中只有截距項並未列入此脈絡變項，但如果可求出它的隨機效果時仍要列入，此時式子即可寫成如下：

Level 1:

$$\text{醫院滿意度} = \beta_{0j} + \beta_{1j} \cdot \text{醫師治療能力} + r_{1j}$$

Level 2:

$$\beta_{0j} = r_{00} + r_{01} \cdot \text{平均院長領導能力} + u_{0j}$$

$$\beta_{1j} = r_{10} + r_{11} \cdot \text{平均院長領導能力}$$

將 Level 2 的式子代入 Level 1 的式子中即得如下的混合模式。

$$\text{醫院滿意度} = r_{00} + r_{10} \cdot \text{醫師治療能力} + r_{01} \cdot \text{平均院長領導能力} + r_{11} \cdot (\text{醫師治療能力} * \text{平均院長領導能力}) + u_{0j} + r_{ij}$$

以式子表示時即爲

醫院滿意度 = –7.249 + 1.21824．醫師治療能力 + 1.21824．平均院長領導能力 – 0.18073．醫師治療能力 * 平均院長領導能力 + u_{0j} + r_{ij}

r_{00}、r_{01}、r_{10}、r_{11} 爲固定效果。r_{ij}、u_{0j} 爲隨機效果。此模式的離異係數（Deviance）爲 233.278，值越小越好，表示模式越佳。範例中第一層的誤差項變異數爲 0.049078，值甚小。第二層誤差項的誤差項變異數 SPSS 並未顯示。

Mixed Model Analysis

Model Dimension[a]

		Number of Levels	Covariance Structure	Number of Parameters	Subject Variables
Fixed Effects	Intercept	1		1	
	醫師治療能力	1		1	
	平均院長領導能力	1		1	
	醫師治療能力 * 平均院長領導能力	1		1	
Random Effects	Intercept[b]	1	Variance Components	1	醫院代碼
Residual				1	
Total		5		6	

a. Dependent Variable: 醫院滿意度.

b. As of version 11.5, the syntax rules for the RANDOM subcommand have changed. Your command syntax may yield results that differ from those produced by prior versions. If you are using version 11 syntax, please consult the current syntax reference guide for more information.

Information Criteria[a]

-2 Restricted Log Likelihood	233.279
Akaike's Information Criterion (AIC)	237.279
Hurvich and Tsai's Criterion (AICC)	237.341
Bozdogan's Criterion (CAIC)	245.835
Schwarz's Bayesian Criterion (BIC)	243.835

The information criteria are displayed in smaller-is-better form.

a. Dependent Variable: 醫院滿意度.

Fixed Effects

Type III Tests of Fixed Effects[a]

Source	Numerator df	Denominator df	F	Sig.
Intercept	1	172.412	3.468	.064
醫師治療能力	1	166.032	9.781	.002
平均院長領導能力	1	173.240	3.068	.082
醫師治療能力 * 平均院長領導能力	1	166.986	2.418	.122

a. Dependent Variable: 醫院滿意度.

Estimates of Fixed Effects[a]

Parameter	Estimate	Std. Error	df	t	Sig.	95% Confidence Interval	
						Lower Bound	Upper Bound
Intercept	-7.249600	3.892766	172.412	-1.862	.064	-14.933216	.434015
醫師治療能力	2.037894	.651599	166.032	3.128	.002	.751406	3.324382
平均院長領導能力	1.218244	.695510	173.240	1.752	.082	-.154520	2.591009
醫師治療能力 * 平均院長領導能力	-.180731	.116216	166.986	-1.555	.122	-.410173	.048712

a. Dependent Variable: 醫院滿意度.

Covariance Parameters

Estimates of Covariance Parameters[a]

Parameter		Estimate	Std. Error	Wald Z	Sig.	95% Confidence Interval	
						Lower Bound	Upper Bound
Residual		.145885	.016695	8.738	.000	.116574	.182566
Intercept [subject = 醫院代碼]	Variance	.049078	.018363	2.673	.008	.023572	.102182

a. Dependent Variable: 醫院滿意度.

Note

第 14 章
廣義線性模型與廣義估計方程式

14.1 簡介
14.2 解析例
14.3 廣義估計方程式

14.1 簡介

一般我們在進行統計分析的時候，我們常常需要假設資料服從某一機率分配的要求，其中最常見的假設就是要求資料服從常態分配，這是由於絕大部分的分析方法都建立在常態分配的前提下。多半的統計方法只能著眼於平均值與解釋變數之間關係的探討，這些假設條件是一般所謂的線性模型的基本要求。

線性模型在統計上是一項相當重要的分析方法，然而它所需要的這些條件多半會造成資料分析的不便，因此是否能放寬這些假設以便我們能夠有更大的彈性來分析資料即成爲一種新的研究思考方向，也因此發展出所謂的廣義線性模型。

在一般線性模型的建立過程中常常需要滿足某些假設的條件，其中最重要的假設就是它要求反應變數必須服從常態分配，這對我們在處理類別資料上造成甚大的不便，因此在類別資料上，經常所觀察到的反應變數不是服從二項分配就是服從波瓦松分配，因此在理論上我們無法利用一般線性迴歸模型來分析這類別資料，於是勢必要發展出條件更爲寬鬆的統計方法，好讓我們可以處理非常態類型的資料，廣義線性模型也就應運而生。

然而廣義線性模型仍然還是有一些不盡合理的假設，其中較受爭議就是它也需要假設資料間具有相互獨立的關係。基於此統計學家又思考是不是可以透過加入某種變項的方法使得整個模型可以描述出資料間的相關性，因而發展出廣義線性混合模型。所謂廣義線性混合模型就是在一般的廣義線性模型中加入隨機效應項，就是藉著這個隨機效應項，這樣模型就可以描述資料間的相關性，這是近年來廣受討論的主題。

廣義線性模型的結構可以分成三個部分：

1. 隨機成分
2. 系統成分
3. 連結函數

隨機成分所指的就是反應變數，我們經常假設所觀察到的反應變數值爲一組從某一機率分配中所觀察到的數據，而且彼此之間互相獨立。

系統成分則是解釋變數之間的一個函數結構。對於一個模型我們所感興趣的是反應變數的平均值與解釋變數之間所存在的關係，因而我們需要一個函數來描述兩者的關係，這個函數就是連結函數（將機率或平均變形爲參數的線性組合之函數稱爲連結函數）。

依據需求的連結函數之不同，我們可以得到不同的模型，對於二項分配的資料，我們常會考慮 logit、probit 等連結函數，因而有所謂的 logit、probit

模型。對於服從波瓦松分配的資料，我們常會考慮 log 連結函數，因而衍生出 loglinear 模型。廣義線性模型比一般的線性模型多了兩個優點。

1. 反應變數不需要服從常態分配
2. 有了連結函數，我們不再是只能探討平均數本身和解釋變數之間的關係，藉由連結函數我們可以進一步建立平均數的函數與解釋變數之間的關係模型。

通常一般線性模型（GLM; General linear model）的因變數（也稱應變數）是連續變數，但 McCullagn and Nelder（1989）在其著作中提出以廣義線性模型（GedLM; Generalized linear model）來擴充一般線性模型對於依變數的限制。在 GedLM 中是透過「機率分配（Probability distribution）」與「連結函數（Link function）」將因變數尺度擴充至連續、類別、順序、計數（count）等尺度型態。以連續因變數來說，則可選擇「常態分配（Normal distribution）」與「對等連結函數（Identity link function）」（假設因變數的期望值爲 μ，則對等連結函數爲 $g(\mu) = \mu$，也就是連結前與後的值並無改變），以二元依變數來說，則可選擇「二項分配（Binomial distribution）」與「羅吉斯連結函數（Log / Logit Link function）」，以計數依變數來說，則可選擇「波瓦松分配（Poisson distribution）」與「對數連結函數（Log Link function）」等等。因此可知 GedLM 是將 GLM 因變數擴充至各種尺度上的應用。

註：一般線性模型與廣義線性模型之比較

一般線性模型（General linear model）	廣義線性模型（Generalized linear model）
1. 基於常態分配的估計 因變數 Y 服從常態分配 2. 變異數分析、t 檢定、迴歸分析都在此範疇 3. 全部能以 $E(Y) = X\beta$ 表示 Y 的平均可將參數以線性組合表示	1. 包含常態分配在內，假定各種分配都行 各種分配 = 其他像是 Gamma 或二項或波瓦松→稱為指數分配族 3. 與連結函數結合 →為了模式估計、為了變換因變數而使用 經函數變形時即可將參數以線性組合表示 4. 上述的分配與連結函數的組合可任意改變為其優點 5. 大致上組合是固定的 常態分配時可用對等（Identity）連結 Gamma 分配時可用 log 連結 Poisson 分配時也可用 log 連結 二項 logistic 時分配為二項連結函數為 logit 二項 probit 時分配為二項連結函數為 probit

註 2：數據種類

數據種類	範圍	分配
連續型	$-\infty \sim \infty$	常態，t 分配
	0～∞（不含 0）	對數常態、Gamma 分配
	0～1	Beta 分配
離散型	0 or 1	二項分配
	0, 1, 2, ⋯, ∞	波瓦松分配、負二項分配

註 3：連結函數

分配	連結函數
常態	Identity 函數：$\mu = \alpha_0 + \alpha_1 x_1 + \alpha_2 x_2 + \cdots +$
二項	logit 函數：$\text{logit}(p) = \log\left(\frac{p}{1-p}\right) = \alpha_0 + \alpha_1 x_1 + \alpha_2 x_2 + \cdots +$
波瓦松、負二項	log 函數：$\log(\lambda) = \alpha_0 + \alpha_1 x_1 + \alpha_2 x_2 + \cdots +$

14.2 解析例

表 14.2.1 的資料是觀察某新藥有無服用以及患者發病後在 1 年之內的生存或死亡。就此資料，擬使用 Logistic 迴歸分析調查新藥服用的有無，以及在 1 年以內生存與死亡的關係，想知道此藥有無延長壽命的效果。

表 14.2.1　資料

		1 年以内的生死		計
		生存（0）	死亡（1）	
新藥服用	無（0）	7	13	20
	有（1）	13	6	19
計		20	19	39

【數據輸入類型】

以「變數檢視」顯示如下：

*18-1-1.sav [資料集1] - IBM SPSS Statistics Data Editor

檔案(F)　編輯(E)　檢視(V)　資料(D)　轉換(T)　分析(A)　直效行銷　統計圖(G)　公用程式(U)　視窗(W)　說明(H)

	名稱	類型	寬度	小數	標籤	數值	遺漏	直欄	對齊
1	性別	數值型	8	0		{1, 男}...	無	8	右
2	年齡	數值型	8	0		無	無	8	右
3	Hb	數值型	8	2		無	無	8	右
4	WBC	數值型	8	2		無	無	8	右
5	新藥服用	數值型	8	0		無	無	8	右
6	生死	數值型	8	0		無	無	8	右
7									
8									
9									
10									
11									
12									
13									
14									

資料視圖　變數視圖

以「資料檢視」顯示如下：

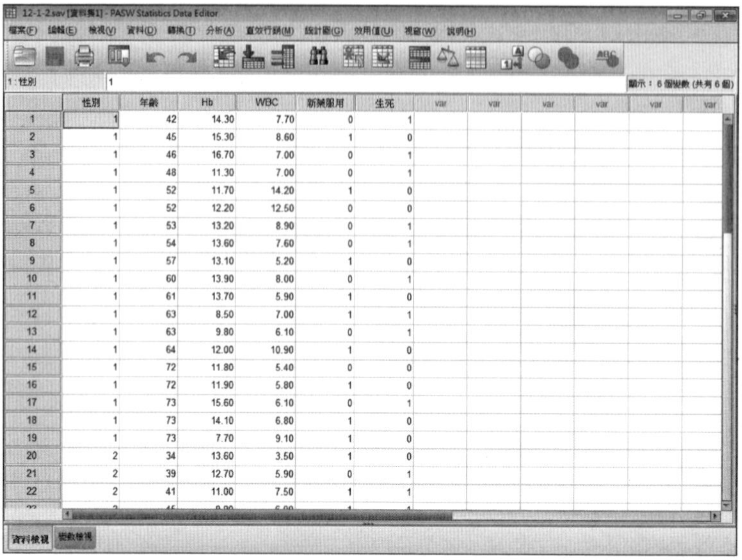

	性別	年齡	Hb	WBC	新藥服用	生死
1	1	42	14.30	7.70	0	1
2	1	45	15.30	8.60	1	0
3	1	46	16.70	7.00	0	1
4	1	48	11.30	7.00	0	1
5	1	52	11.70	14.20	1	0
6	1	52	12.20	12.50	0	0
7	1	53	13.20	8.90	0	1
8	1	54	13.60	7.60	0	1
9	1	57	13.10	5.20	1	0
10	1	60	13.90	8.00	0	1
11	1	61	13.70	5.90	1	0
12	1	63	8.50	7.00	1	1
13	1	63	9.80	6.10	0	1
14	1	64	12.00	10.90	1	0
15	1	72	11.80	5.40	0	0
16	1	72	11.90	5.80	1	0
17	1	73	15.60	6.10	0	1
18	1	73	14.10	6.80	1	0
19	1	73	7.70	9.10	1	0
20	2	34	13.60	3.50	1	0
21	2	39	12.70	5.90	0	1
22	2	41	11.00	7.50	1	1

【統計處理的步驟】

步驟 1　從分析 (A) 中選擇廣義線性模型 (G)。（22 版已將概化改稱廣義線性模型）。

步驟 2　因變數爲二值型，爲二項分配，模型類型選擇二元 Logistic(B)。

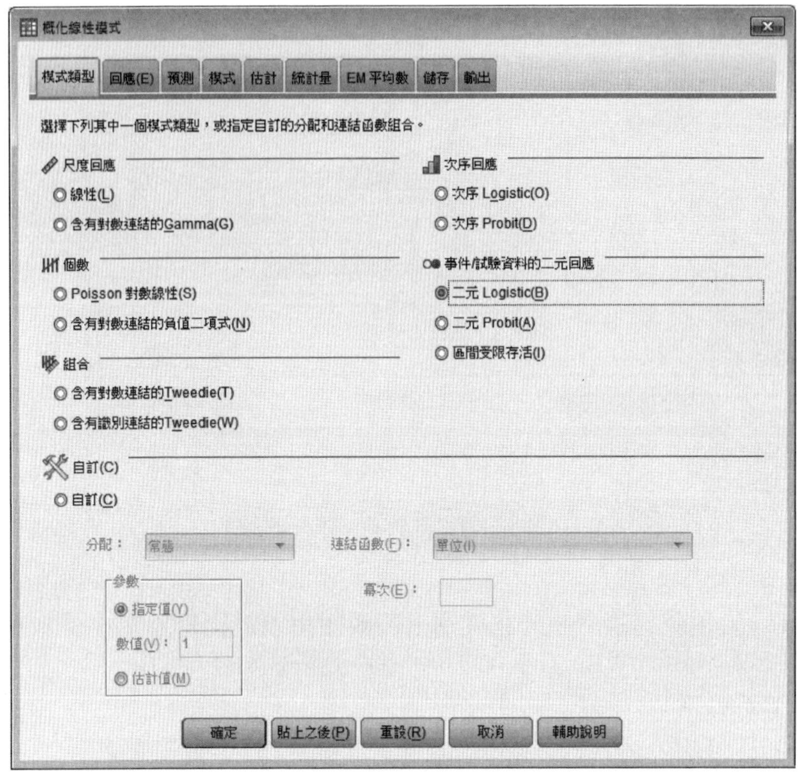

註：1. 模型類型的選擇參本章 Q&A。

2. 尺度回應選擇線性，即爲常態分配、連結函數爲 Identity。此時在估計的選項中，參數估計法即可選擇最大概似法。

步驟 3　於回應視窗中將生死的二項變項引進依變數 (D) 中。

步驟 4 於預測的視窗中，將性別、新藥服用引進因子 (F) 方框中，將年齡、Hb、WBc 當作共變量引進共變量 (C) 的方框中。

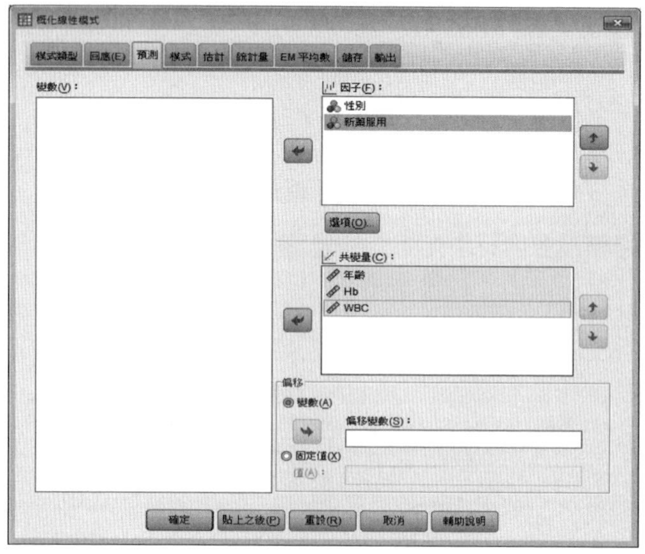

步驟 5　於模式 (M) 的方框中將以下因子與共變量引進模型中。

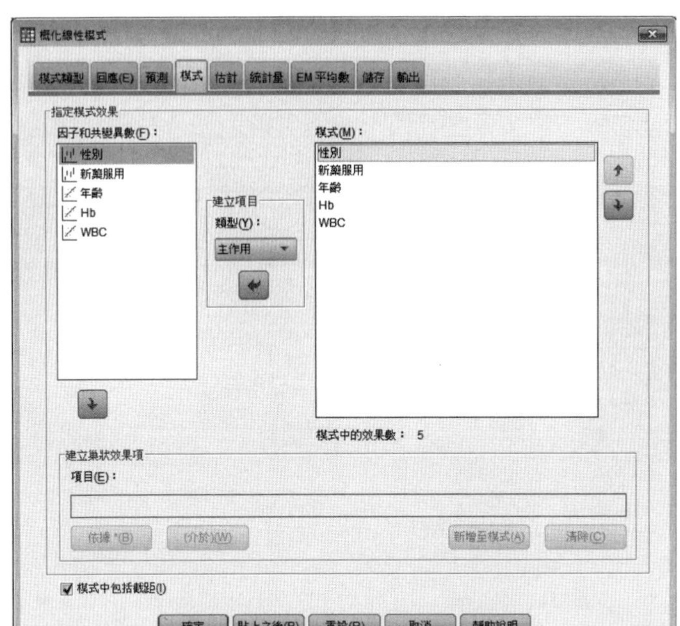

註：您可以建立巢狀或非巢狀的項目。

【指定非巢狀項目】

1. 在功能表上，選擇：分析 > 一般性線性模型 > 一般性線性模型。
2. 在「預測值」標籤中，選取因素和共變量，並按一下「模型」。
3. 選取一個或多個因素或共變量，或因素和共變量的組合。
4. 從「類型」下拉清單選擇建立項目的方法，並將其加入模式中。
5. 請重複這些程序，直到模式中有您想要的所有效應項爲止。

【指定巢狀項目】

通常巢狀項目在建立因素或共變量效果項的模式時非常有用，但因素或共變量的值不可以與其他因素層級交互作用。例如，連鎖雜貨店可能會追蹤他們客户在數個商店位置的消費習慣。因爲每個客户通常只在其中一個地點消費，因此您可以説客户效果項是巢狀於商店位置效果項內。

1. 在功能表上，選擇：分析 > 一般性線性模型 > 一般性線性模型。
2. 在「預測值」標籤中，選取因素和共變量，並按一下「模型」。
3. 選取巢狀於其他因素中的因素或共變量，並按一下移動按鈕。
4. 按一下「巢狀」。

5. 選取前一個因素或共變量巢狀於其中的因素，並按一下移動按鈕。
6. 按一下「新增至模型」。
7. 您可以隨意包含交互作用項，或新增多層巢狀結構至巢狀項目。

步驟 6 於估計的視窗中，如預設（即參數估計方法選擇混合（Hybrid），尺度參數方法選擇固定值，共變異數矩陣選擇模式估計式 (O)）。

註：這個群組中的控制項可用來指定估計方法，並爲參數估計提供初始值。

- 參數估計。您可以選取參數預估方法。在 Newton-Raphson、Fisher 分數或混合方法（會在切換至 Newton-Raphson 方法前，先執行 Fisher 分數疊代）之間選擇。如果在混合方法的費雪（Fisher）評分階段期間，尚未到達 Fisher 疊代的最大數量就已達到收斂，則演算法會繼續進行 Newton-Raphson 方法。
- 尺度參數方法。您可以選取尺度參數估計方法。最大概似會以模型效果共同預估尺度參數；請注意，如果回應具有負二項式、Poisson、二項式或多項式分配，則此選項無效。離差和 Pearson 卡方選項會從那些統計量的值預估尺度參數。或者，您可以爲尺度參數指定固定值。

- 初始值。此程序會自動計算參數的初始值。或者，您可以爲參數預估指定起始值。
- 共變異數矩陣。以模式爲基礎的估計值是赫氏（Hessian）矩陣廣義反向的負數。穩健（也稱爲 Huber/White/sandwich）估計值是「修正」過後以模式爲基礎的估計值，可提供一致的共變異數估計值，即使變異數規格和連結函數不正確時也是如此。

步驟 7　於統計量的視窗中，卡方統計量選 Wald，分析類型選型Ⅲ。

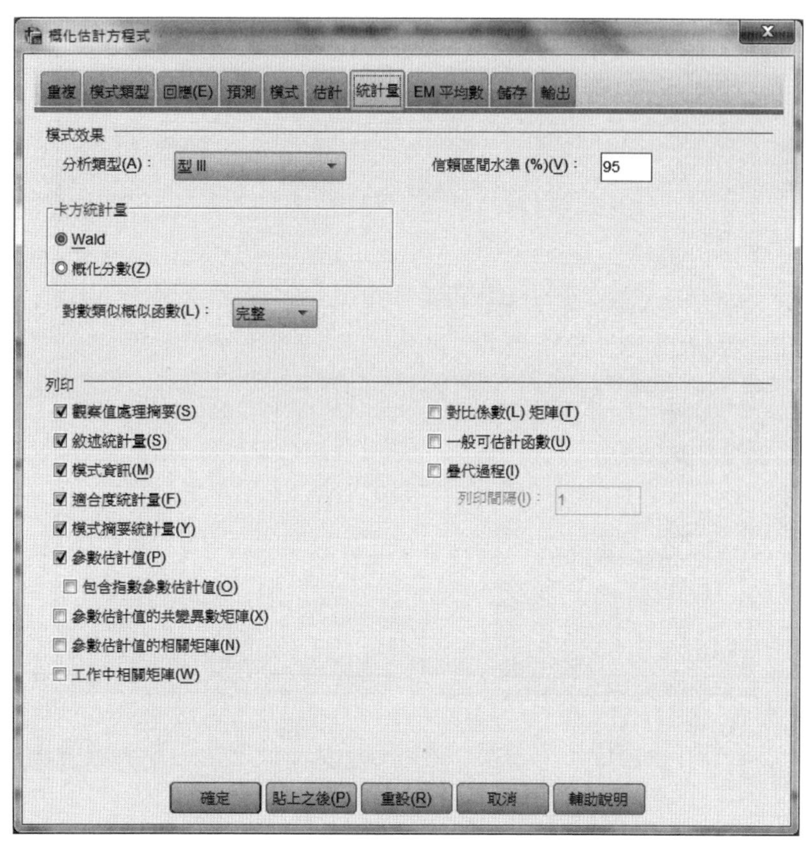

註：可以使用的選項如下：

1. 分析類型。指定要產生的分析類型。當模式中的訂購預測值是您的首要原因時，通常適用類型 I 分析，而類型 III 則是較普遍適用的。Wald 或概似比統計量是依據在「卡方統計量」群組中的選擇來計算。
2. 信賴區間。指定大於 50 或小於 100 的信賴等級。Wald 區間的基礎是假設參數有標準常態分配；組合概似區間更爲精確，但需要進行大量計算。組合概似區間的容差層級是一項準則，用來停止用於計算區間的疊代演算法。

3. 對數概似函數。這會控制對數概似函數的顯示格式。完整函數包含一個額外的項目，是與參數估計值有關的常數；其對參數估計沒有影響，因而在某些軟體產品中不會顯示。

步驟 8 於 EM 平均數中將所有變數移入顯示平均數 (M) 中。

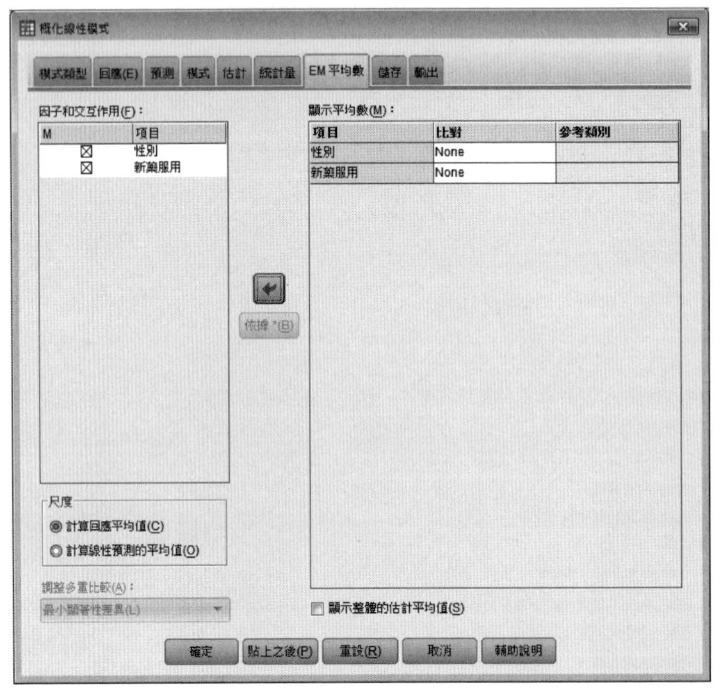

步驟 9 於儲存視窗中，視需要勾選儲存項目。此處勾選預測類別 (P)。

最後按確定。得出如下之輸出結果。

【SPSS 輸出】

模型資訊

依變數	生死[a]
機率分配	二項式
連結函數	Logit

a. 程序將 0 視為回應，將 1 視為參考類別。

此說明機率分配爲二項，連結函數爲 Logit。

觀察值處理摘要

	個數	百分比
包含	39	100.0%
排除	0	.0%
總數	39	100.0%

依變數：生死生死
模式: (截距), 性別, 新藥服用, 年齡, Hb, WBC

a. 比較合適模式與僅含截距模式。

適合度[b]

	數值	df	值/自由度
離差	43.641	33	1.322
尺度偏差	43.641	33	
Pearson 卡方	38.152	33	1.156
尺度 Pearson 卡方	38.152	33	
對數概似值[a]	-21.821		
Akaike 的資訊準則 (AIC)	55.641		
有限樣本修正 AIC (AICC)	58.266		
Bayesian 資訊準則 (BIC)	65.623		
一致 AIC (CAIC)	71.623		

依變數：生死生死
模式: (截距), 性別, 新藥服用, 年齡, Hb, WBC

a. 完整的對數概似函數是在計算資訊條件中顯示和使用。

b. 以越小越好的形式顯示資訊條件。

AIC 是統計學上常用判斷準則，評估模式的配適度作爲判斷的依據。利用 AIC 最小值方式來選擇最優條件，做更有效及偏誤較小的評估，改善預測值。

Omnibus 檢定[a]

概似比率卡方	df	顯著性
10.399	5	.065

依變數：生死生死
模式: (截距), 性別, 新藥服用, 年齡, Hb, WBC

a. 比較合適模式與僅含截距模式。

Omnibus 檢定是對「虛無假設 H_0：所求出的 Logistic 迴歸式對預測無幫助」進行檢定，顯著機率 0.065 小於 0.1（一般設爲 0.05，本例爲解釋方便），否定此假設；換言之迴歸式對預測是有幫助的。

模式效應的檢定

來源	類型 III		
	Wald 卡方	df	顯著性
(截距)	4.652	1	.031
性別	.767	1	.381
新藥服用	4.390	1	.036
年齡	2.716	1	.099
Hb	3.093	1	.079
WBC	1.437	1	.231

依變數：生死生死
模式: (截距), 性別, 新藥服用, 年齡, Hb, WBC

以上分別爲連續變數與類別變數的資訊。

參數估計值

參數	B 之估計值	標準誤差	95% Wald 信賴區間		假設檢定		
			下界	上界	Wald 卡方	df	顯著性
(截距)	-8.545	4.2045	-16.786	-.305	4.131	1	.042
[性別=1]	-.787	.8989	-2.549	.975	.767	1	.381
[性別=2]	0[a]	.	.	.	.	.	.
[新藥服用=0]	-1.672	.7979	-3.236	-.108	4.390	1	.036
[新藥服用=1]	0[a]	.	.	.	.	.	.
年齡	.064	.0387	-.012	.140	2.716	1	.099
Hb	.363	.2066	-.042	.768	3.093	1	.079
WBC	.251	.2098	-.160	.663	1.437	1	.231
(尺度)	1[b]						

依變數：生死生死
模式: (截距), 性別, 新藥服用, 年齡, Hb, WBC

a. 設定為零，因為這個參數是冗餘的。

b. 固定為顯示值。

除了新藥服用有顯著的影響外，其他變數均不顯著。此說明新藥服用有控制死亡的效果，亦即有延長壽命的效果。

邊際平均數估計 1: 性別

估計值

性別	平均數	標準誤差	95% Wald 信賴區間	
			下界	上界
男	.44	.139	.16	.71
女	.63	.141	.35	.90

出現在這個模式中的共變量固定為以下值: 年齡=58.28; Hb=12.1103; WBC=7.1385

邊際平均數估計 2: 新藥服用

估計值

新藥服用	平均數	標準誤差	95% Wald 信賴區間	
			下界	上界
0	.33	.112	.11	.55
1	.73	.116	.50	.95

出現在這個模式中的共變量固定為以下值: 年齡=58.28; Hb=12.1103; WBC=7.1385

於資料檢視中最後一欄出現預測值，與生死之數值幾乎雷同。

	性別	年齡	Hb	WBC	新藥服用	生死	PredictedValue	var
1	1	42	14.30	7.70	0	1	1	
2	1	45	15.30	8.60	1	0	0	
3	1	46	16.70	7.00	0	1	1	
4	1	48	11.30	7.00	0	1	1	
5	1	52	11.70	14.20	1	0	0	
6	1	52	12.20	12.50	0	0	1	
7	1	53	13.20	8.90	0	1	1	
8	1	54	13.60	7.60	0	1	1	
9	1	57	13.10	5.20	1	0	0	
10	1	60	13.90	8.00	0	1	1	

步驟 10 接著，按【分析】選擇【敘述統計】中的【交叉表】進行正答率分析。將生死當作列，預測機率當作欄製作交叉表。完成後按【確定】。

交叉表

觀察值處理摘要

	觀察值					
	有效的		遺漏值		總和	
	個數	百分比	個數	百分比	個數	百分比
生死 * 預測的類別值	39	100.0%	0	.0%	39	100.0%

生死 * 預測的類別值 交叉表

個數

		預測的類別值		總和
		0	1	
生死	0	14	6	20
	1	4	15	19
總和		18	21	39

【生存】的正答率大約是 0.8（14/18），【死亡】的正答率大約是 0.7（15/21）。

****

【Q&A】

Q 試以具體的例子說明一般線性模型與廣義線性模型是什麼？

A 以具體的例子來說，一般線性模型可以想到應變數服從常態分配的 t 檢定、迴歸分析、變異數分析、共變異數分析。

此特徵有以下兩者。

(1) 應變數 y 服從常態分配。

(2) Y 的平均是以參數的線性組合加以表示。

將此更爲一般化者即爲廣義線性模型。此具有以下特徵：

(1) 應變數 y 服從常態分配、二項分配、波瓦松（Poisson）分配等（嚴格說來包含在指數分配族的分配）。

(2) 將 y 的平均（或機率）利用某種函數變換時參數即可以線性組合表示。

將兩者加以比較即爲如下：

模型	反應變數	平均（機率）的構造
一般線性模型	常態分配	參數的線性組合
廣義線性模型	常態分配、二項分配、波瓦松分配等（指數型分配族）	利用函數變換變成參數的線性組合

以下分別就一般線性模型與廣義線性模型列舉一些具體例來說明。

以下，共變量 x_i 當作連續值的數據（已知），α、β、μ、μ_i 當作參數（未知）。

1. 一般線性模型

以下所有的模型均滿足「反應變數 y 服從常態」「平均是參數的線性組合」之特徵。

(1) 無對應 t 檢定、變異數分析模型

t 檢定與變異數分析兩者只差在組數是 2 組與 3 組以上之不同而已，因之可以同樣處理。i 當作用藥組，j 當作各用藥組中的病歷號碼，模型爲

$$y_{ij} \sim N(0, \sigma^2)$$

改寫爲

$$y_{ij} = \mu_i + \varepsilon_{ij}\ (\varepsilon_{ij} \sim N(0, \sigma^2))$$

考察 y_{ij} 的平均時，即爲

$$E(y_{ij}) = \mu_i = 1 \cdot \mu_i$$

由於「平均是參數 μ_i 的線性組合」「反應變數 y_{ij} 服從常態」，因之即爲一般線性模型。

兩因子變異數分析的情形也一樣成立，此處提出「兩因子、固定效果模型、有交互作用」的模式。設模式爲

$$y_{ij} = \mu + \alpha_i + \beta_j + \gamma_{ij} + \varepsilon_{ij}\ (\varepsilon_{ij} \sim N(0, \sigma^2))$$

平均爲

$$E(y_{ij}) = \mu + \alpha_i + \beta_j + \gamma_{ij}$$

由於「平均是 μ、α_i、β_j、γ_{ij} 的線性組合」「反應變數 y_{ij} 服從常態」，所以這也是一般線性模型。

(2) 迴歸模型

接著，考察迴歸分析的模式。模式表示爲

$$y_i = \alpha + \beta x_i + \varepsilon_i\ (\varepsilon_i \sim N(0, \sigma^2))$$

如注視平均時

$$E(y_i) = \alpha + \beta x_i$$

由於「平均是參數 α, β 的線性組合」「反應變數 y_i 服從常態」，所以這也是一般線性模型。

另外，共變量增加為 2 個以上時

$$E(y_i) = \alpha + \beta_1 x_{1i} + \beta_2 x_{2i} + \cdots + \beta_k x_{ki}$$

也仍然是一般線性模型。

像共變量的乘冪型式

$$E(y_i) = \alpha + \beta_1 x_1 + \beta_2 x_i^2 + \cdots + \beta_k x_i^k$$

如先前所述由於 $\alpha, \beta_1, \cdots, \beta_k$ 形成線性組合所以它也是一般線性模型。

(3) 共變異數分析模型

共變異數分析模型是變異數分析與迴歸分析的合成，此兩個是一般線性模型，所以共變異數分析也是一般線性模型，這是可以想像的。假定第 i 組的第 j 位受試者的共變量設為 x_{ij} 時，則

$$y_{ij} = \mu + \alpha_i + \beta x_{ij} + \varepsilon_{ij} \ (\varepsilon_{ij} \sim N(0, \sigma^2))$$

此處藥劑的影響設為 α_i，共變量的影響以 β 表示，此時平均成為

$$E(y_{ij}) = \mu + \alpha_i + \beta x_{lj}$$

由於「平均是參數 α, β 的線性組合」「反應變數 y_i 服從常態」，所以這也是一般線性模型。

2. 廣義線性模型

這是將反應變數「從常態分配擴張成一般指數分配族的分配」以及平均（機率）的構造「從參數的線性組合擴張到利用函數變換成為參數的線性組合」。

(1) Logistic 迴歸

反應變數 y_i 是表示受試者 i 有無發生疾病的 0, 1 的二值函數（發生是 $y_i = 1$），發生機率設為 p_i（因人而異），此時 y_i 服從 Bernoulli 分配 $\mathrm{Be}(p_i)$。

此時如設 $h(x) = \dfrac{1}{1+\exp(-x)}$ 時，即可表示成像以下那樣。

$$y_i \sim Be(p_i)$$
$$p_i = h(\alpha + \beta x)$$

也就是，函數 $h(x)$ 的裡面是一次函數的形式。

由於 $h(x)=\dfrac{1}{1+\exp(-x)}$ 的反函數為 $h^{-1}(x)=\log\left(\dfrac{x}{1-x}\right)$

因之，$h^{-1}(p)=\log\left(\dfrac{p_i}{1-p_i}\right)=\alpha+\beta x_i$

像 $h^{-1}(x)=\log\left(\dfrac{x}{1-x}\right)$ 那樣，將機率（或平均）變形成參數的線性組合的函數稱為連結函數，因之此模式即為廣義線性模型。它是

- 反應變數 y_i 服從 Bernoulli 分配 Be(p_i)
- 連結函數是 Logit 函數（$\text{logit}(p_i)=\text{logit}\left(\dfrac{p_i}{1-p_i}\right)=\alpha+\beta x_i$）。

(2) Probit 迴歸

將 Logistic 函數轉變成為具有標準常態分配的累積分配函數

$$\Phi(\mathrm{x})=\int_{-\infty}^{\infty}\frac{1}{\sqrt{2\pi}}\exp\left(\frac{t^2}{2}\right)dt \text{。}$$

也就是反應變數的分配為

$$y_i \sim Be(p_i)$$
$$p_i=\Phi(\alpha+\beta x)$$

稱為 Probit 迴歸。$\Phi(\mathrm{x})$ 的反函數 $\Phi^{-1}(\mathrm{x})$ 可寫成

$$\Phi^{-1}(p_i)=\alpha+\beta x_i$$

所以是參數 α, β 的線性組合，因之 $\Phi^{-1}(x)$ 即為連結函數，這也是廣義線性模型。它是

- 反應變數 y_i 服從 Bernoulli 分配 Be(p_i)
- 連結函數為 $\Phi^{-1}(x)$

(3) Poisson 迴歸

上述兩者反應變數均為發生有無的二值型，而目前是從 0 開始的計數數據的情形。第 i 個設施中發生特定事件的受試者人數 y_i 假定服從平均 λ_i 的 Poisson 分配 $p_0(\lambda_i)$，此 λ_i 假定使用某個共變量 x_i 可以表示成 $\lambda_i=e^{\alpha+\beta x_i}$，兩邊取 log 時，成為 $\log\lambda_i=\alpha+\beta x_i$，形成參數 α, β 的線性組合，所以

$$y_i \sim Be(\lambda_i)$$
$$\log\lambda_i=\alpha+\beta x_i$$

也是廣義線性模型，它是

反應變數 y_i 服從 Poisson 分配

連結函數是 logx。

14.3 廣義估計方程式

■ 概要

廣義估計方程式是由中研院院士梁賡義（Professor Liang）與約翰霍普金斯大學（The Johns Hopkins University）公共衛生學院生物統計系教授 Scott Zeger 於 1986 年在兩個頂尖生物統計期刊 *Biometrika* 及 *Biometrics* 陸續發表理論與應用文章，之後廣泛地被應用在反覆測量的研究上。它克服資料需獨立性的限制，無論觀察值爲連續型或是類別型，廣義估計方程式皆可用來進行參數的估計。

廣義估計方程式爲一種類概似（Quasi-likelihood）的估計，對於相關性資料，不需要假定觀察值的聯合分配，只需要給定工作相關矩陣以調整在同一群集內觀測值間相關性之結構即可。由於廣義估計方程式爲一邊際效應模型，因此第一步是將觀測值的邊際期望值與解釋變數的一個線性組合透過一個連結函數（Link function）來結合。第二步是敘述觀察值之變異數與期望值間的函數關係。第三步是針對每個對象選擇工作相關矩陣的形式。第四步是估計參數與共變異數矩陣。

廣義線性模型（Generalized linear model: GedLM）與廣義估計方程式（Generalized estimating equation: GEE）是現今研究過程中最常使用的統計方法。GedLM 整合了傳統的一般線性模型（GLM），並利用連結函數簡化了轉換尺度時所遭遇的問題，但它僅適用於獨立性樣本，對相依樣本並不能提供有效的分析，因此，Zeger 和 Liang 延伸了 GedLM，進一步地發表廣義估計方程式（Generalized estimating equation: GEE）以提升相依樣本分析的準確性，生物醫學領域多用以追蹤評估藥物對人體的長期療效。

當研究設計是「反覆測量」或是階層線性分析中的「巢狀（Nested）」時（前者像是一位受訪者有 3 次以上的時間點，而後者像是每位醫生負責 10～30 位病患），此時 GedLM 雖然仍提供正確的係數估計（Estimated coefficient），但卻會提供了錯誤的標準誤（Standard error），因此會導致錯誤的統計推論。

爲何不直接使用傳統的反覆測量單因子變異數分析（rm ANOVA: Repeated measure ANOVA）來估計呢？傳統的反覆測量單因子變異數分析主要無法解決的問題有二點：

第一點是無法容納遺漏值的存在，當有遺漏值數據時，傳統的反覆測量單因子變異數分析只能完全將此受試者的資料刪除（List-wise delete），此時使用 GEE（廣義估計方程式）不會把遺漏值數據刪除，因此儘管受試者 k 少了某 1 次資料，GEE 還是可以分析受試者 k 的其他次資料。

第二點是傳統的反覆測量單因子變異數分析假設各個測量時間點依變數的「相關係數」相同（例如每個人都有 3 次資料），此種統計用語稱爲「複合對稱工作相關矩陣（Compound symmetry working correlation matrix）」，然而在一般套裝統計軟體稱爲「可交換（Exchangeable）工作相關矩陣」（參章末 Q&A），也就是說研究者假設受試者的每一對（Pair）時間的依變數相關係數是一樣的，這個假設在某些情形顯然是不適用的，譬如說一共收集三次資料且每一次都間隔一年之久，這時候若再假設第一年與第二年的依變數相關係數（ρ_{12}）和第一年與第三年的依變數相關係數（ρ_{13}）相同，很明顯這是不適當的，因爲隨著時間變化應該（$\rho_{12} > \rho_{13}$），此時可考慮設定 First-order autoregressive（AR1）工作相關矩陣會比較適當，AR1 是假設若第一次與第二次的依變數相關係數爲 ρ（譬如 0.7），則此時第一次與第三次的依變數相關係數則爲 ρ^2（0.7*0.7 = 0.49）。這樣的工作相關矩陣（Working correlation matrix）共有數十種，研究者可適時地先將自己的資料執行各個時間點的相關矩陣圖，再根據資料型態自行指定合適的工作相關矩陣代入 GEE。

GEE 另一個優勢之處爲穩健標準誤（Robust standard error），簡單來說就是在建立迴歸方程式的時候由於代入「工作相關矩陣」（視爲自變項）來估計參數，因此會有殘差（Residual），此時受試者內殘差（Within-subject residual）拿來估計標準誤，因此推論效果不限於工作相關矩陣，儘管選擇了不適當的工作相關矩陣仍然能得到有效的統計推論。

其實以上所提到的 GEE 應用，也都是以階層線性模型（HLM: Hierarchical linear modeling）或條件式羅吉斯迴歸（Conditional logistic regression: CLR）作爲替代，但近來研究開始在比較此三種方式（GEE, HLM, CLR）的優劣，目前在國內比較少見到 CLR 的研究，但已經有一些模擬研究指出在小樣本研究以 CLR 的模型表現比較理想。

■ 例

爲了了解 3 種紅火蟻防治用藥劑處理分別爲芬普尼（Fipronil）、百利普芬（Pyriproxyfen）、賜諾殺（Spinosyns）的防治效果，以桃園區農業改良場及台南區農業改良場進行實驗，時間按 0 週、1 週、2 週、4 週、6 週、8 週分別進行，所得結果如下所示（本資料來源取自施錫彬等人所發表的期刊論文《作物、環境與生物資訊》卷期：7：3，2010.09【民 99.09】，頁次：頁 167-176，「以廣義估計方程式與廣義線性模型評估三種藥劑對紅火蟻防治率之研究」），表中 Check 是表示沒有任何藥劑處理。

地區	週數	Fipronil			Pyripronxyfen			Spinosyns			Check		
		R1	R2	R3	R1	R2	R3	R1	R2	R3	R1	R2	R3
桃園	0	57	51	73	26	50	51	31	58	31	40	29	32
	1	39	43	68	22	46	49	26	56	29	40	29	32
	2	28	39	66	22	42	46	17	53	27	40	29	32
	4	14	26	61	19	35	36	8	50	20	40	29	32
	6	10	18	52	18	29	30	5	42	18	44	32	38
	8	10	17	50	18	26	27	5	40	17	44	35	41
台南	0	13	8	10	6	7	14	12	13	10	12	12	9
	1	12	5	9	6	7	13	10	13	9	12	12	10
	2	12	7	7	6	7	13	8	13	9	12	12	10
	4	10	7	6	6	6	12	7	11	9	14	12	11
	6	9	5	6	6	5	10	6	8	6	14	12	13
	8	7	5	4	5	5	7	6	6	6	16	14	13

【數據輸入類型】

以資料檢視顯示如下：

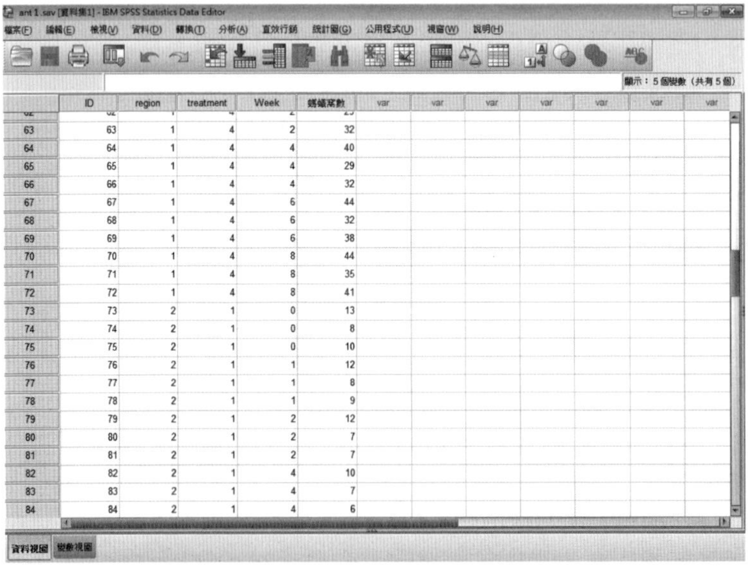

ant 1.sav [資料集1] - IBM SPSS Statistics Data Editor

檔案(F) 編輯(E) 檢視(V) 資料(D) 轉換(T) 分析(A) 直效行銷 統計圖(G) 公用程式(U) 視窗(W) 說明(H)

顯示：5 個變數（共有 5 個）

	ID	region	treatment	Week	螞蟻窩數
63	63	1	4	2	32
64	64	1	4	4	40
65	65	1	4	4	29
66	66	1	4	4	32
67	67	1	4	6	44
68	68	1	4	6	32
69	69	1	4	6	38
70	70	1	4	8	44
71	71	1	4	8	35
72	72	1	4	8	41
73	73	2	1	0	13
74	74	2	1	0	8
75	75	2	1	0	10
76	76	2	1	1	12
77	77	2	1	1	8
78	78	2	1	1	9
79	79	2	1	2	12
80	80	2	1	2	7
81	81	2	1	2	7
82	82	2	1	4	10
83	83	2	1	4	7
84	84	2	1	4	6

資料視圖 變數視圖

以變數資料顯示如下：

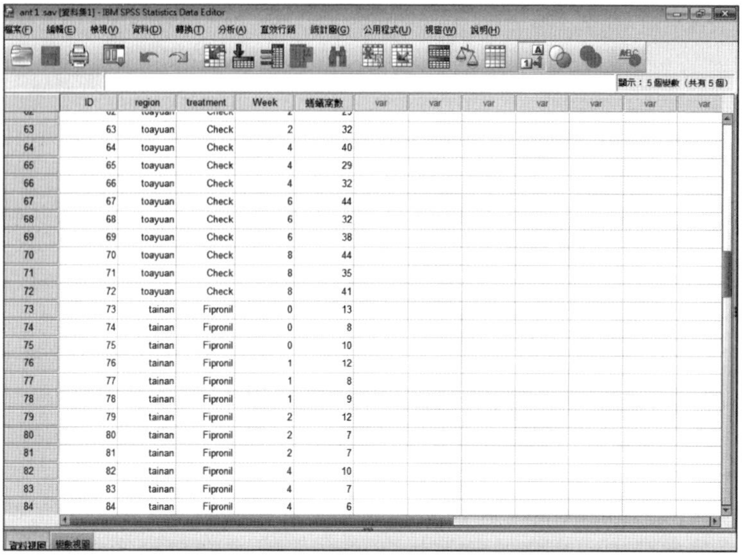

	ID	region	treatment	Week	螞蟻窩數
63	63	toayuan	Check	2	32
64	64	toayuan	Check	4	40
65	65	toayuan	Check	4	29
66	66	toayuan	Check	4	32
67	67	toayuan	Check	6	44
68	68	toayuan	Check	6	32
69	69	toayuan	Check	6	38
70	70	toayuan	Check	8	44
71	71	toayuan	Check	8	35
72	72	toayuan	Check	8	41
73	73	tainan	Fipronil	0	13
74	74	tainan	Fipronil	0	8
75	75	tainan	Fipronil	0	10
76	76	tainan	Fipronil	1	12
77	77	tainan	Fipronil	1	8
78	78	tainan	Fipronil	1	9
79	79	tainan	Fipronil	2	12
80	80	tainan	Fipronil	2	7
81	81	tainan	Fipronil	2	7
82	82	tainan	Fipronil	4	10
83	83	tainan	Fipronil	4	7
84	84	tainan	Fipronil	4	6

圖 14.3.1　輸入資料的一部分

【統計處理的步驟】

步驟 1　從分析 (A) 中選擇廣義估計方程式 (E)。

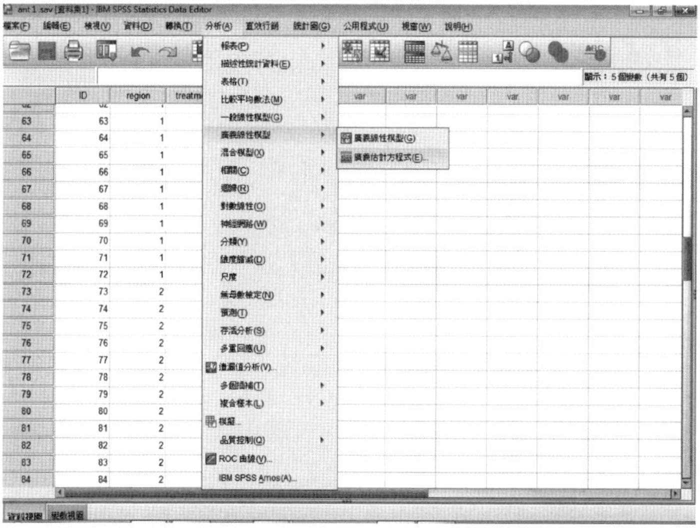

由於資料形式是計數資料（Count data），將其視爲 Poisson 分配的變數，以廣義線性模型（McCullagh and Nelder 1989）來配適模型：

$$\log(\mu_{it}) = \beta_{i0} + \beta_{i1}t$$

上式中 i = 1, 2, 3, c 分別表示處理 1, 2, 3, 4；t = 0, 1, 2, 4, 6, 8 表示觀測的時間。而實際在應用上，計數資料不一定會服從 Poisson 分配中平均等於變異數的性質，所以此處將變數視爲類似 Poisson 分配，令其變異數爲：

$$\mathrm{Var}(y) = \phi^2 \mathrm{V}(\mu) = \phi^2 \mu$$

式中，Φ 爲尺度參數，當其值越偏離 1 表示變數越偏離 Poisson 分配，由於蟻窩數是針對同一試區重複觀測 6 次所得的數據，因此我們假設重複觀測之數據之間有高度相關，而相關之結構爲複對稱（Compound symmetry）之形式，SPSS 稱爲可交換（Exchangeable），以參數 ρ 表示其相關程度，對於此種重複觀測的縱向資料我們以 Zeager et al.（1989）所提出的廣義估計方程式來求出模型之係數。

首先針對桃園地區（region=1）進行估計（ID=1～72），至於台南地區（region=2）的做法則參照進行（ID=73～144）。

步驟 2 先從資料 (D) 中點選選擇觀察值 (S)。

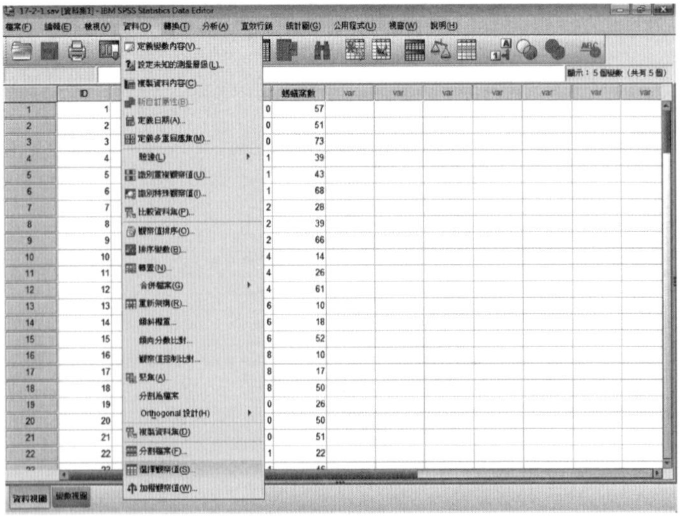

步驟 3　出現如下視窗，勾選如果滿足設定條件 (C) 後點一下若 (I)。

步驟 4　如下輸入後按 繼續 。

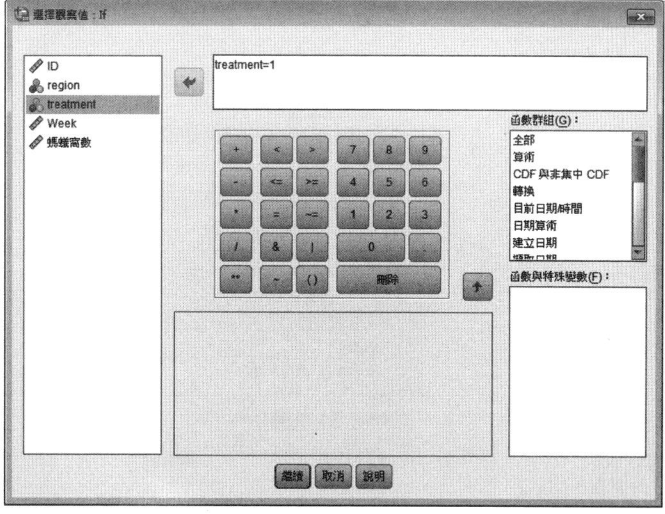

步驟 5 Treatment=1(Fipronil) 的數據已被選出，接著，從分析中選擇廣義線性模型，再選擇廣義估計方程式 (E)。

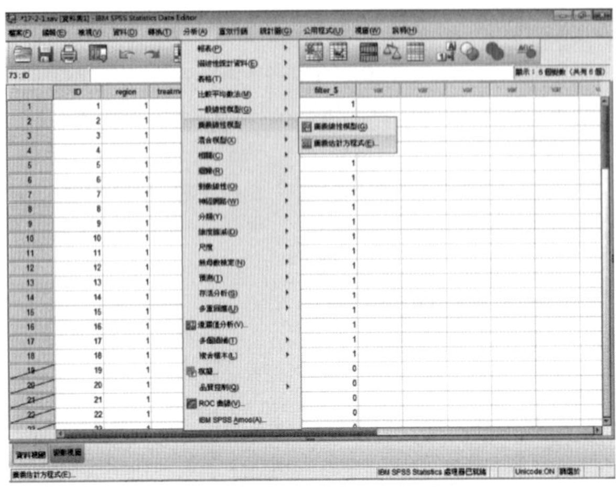

步驟 6 於重複中將 ID 移入受試者變數 (S)，treatment=1(Fipronil) 移入受試者內變數中，共變異矩陣選擇穩健估計值 (O)，工作中相關矩陣選擇可交換。

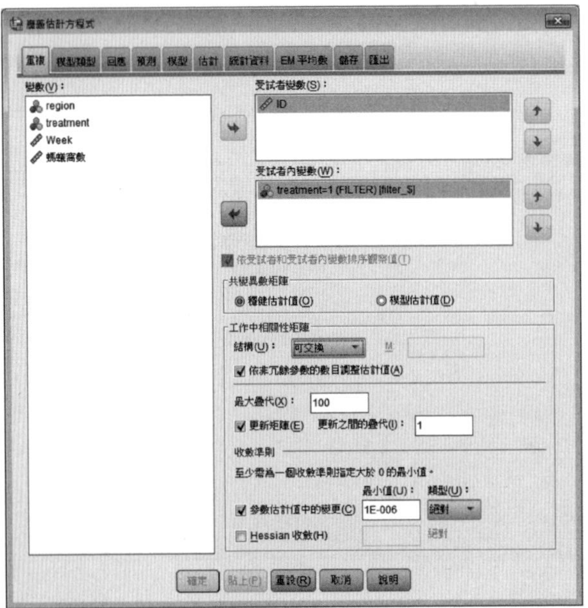

步驟 7　模型類型選擇個數的 Poisson 對數線性 (S)。

廣義估計方程式

重複 | 模型類型 | 回應 | 預測 | 模型 | 估計 | 統計資料 | EM 平均數 | 儲存 | 匯出

選擇下列其中一個模型類型，或指定自訂的分配和連結函數組合。

尺度回應

○ 線性

○ 含有對數連結的伽瑪(G)

個數

◉ Poisson 對數線性(S)

○ 含有對數連結的負值二項式(N)

組合

○ 含有對數連結的Tweedie(T)

○ 含有識別連結的Tweedie(W)

序數回應

○ 序數 Logistic(O)

○ 序數機率值(D)

事件/試驗資料的二元回應

○ 二元 Logistic(B)

○ 二元機率值(A)

○ 區間受限存活(I)

自訂(C)

○ 自訂(C)

分配：常態　連結函數(F)：單位

參數

◉ 指定值(Y)

數值(V)：1

◎ 估計值(M)

冪次(E)：

確定 | 貼上(P) | 重設(R) | 取消 | 說明

步驟 8　於回應視窗中將螞蟻窩數引進因變數 (D) 中。

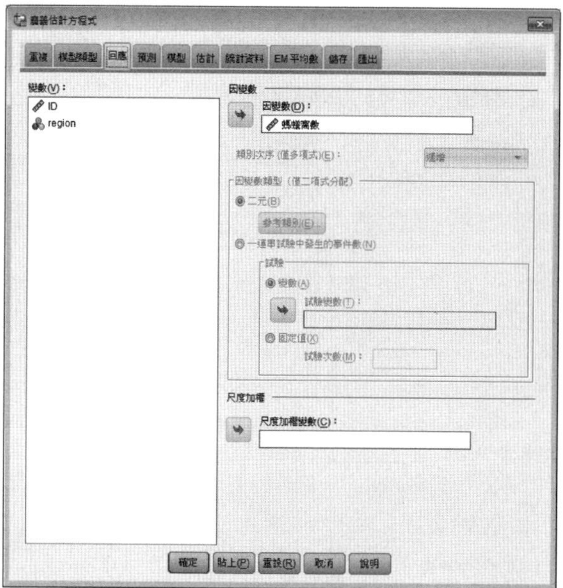

步驟 9 於預測的視窗中，將 treatment=1(filter) 當作因子引進因素 (F) 方框中，將 Week 當作共變量引進共變量 (C) 的方框中。

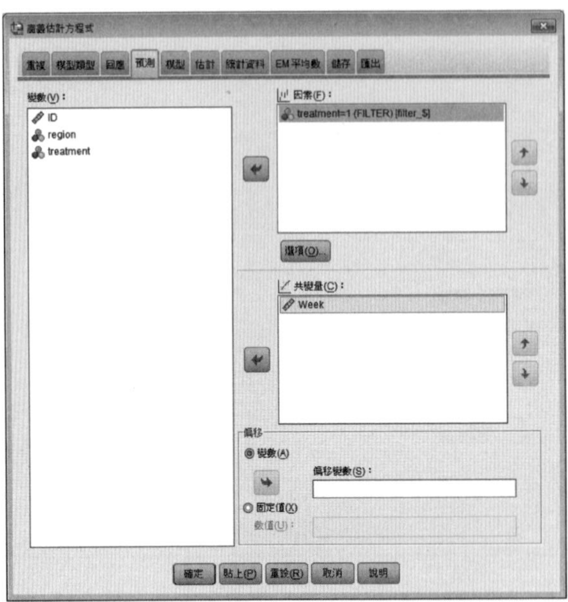

步驟 10 於模型的方框中將 Week (M) 引進模型中。

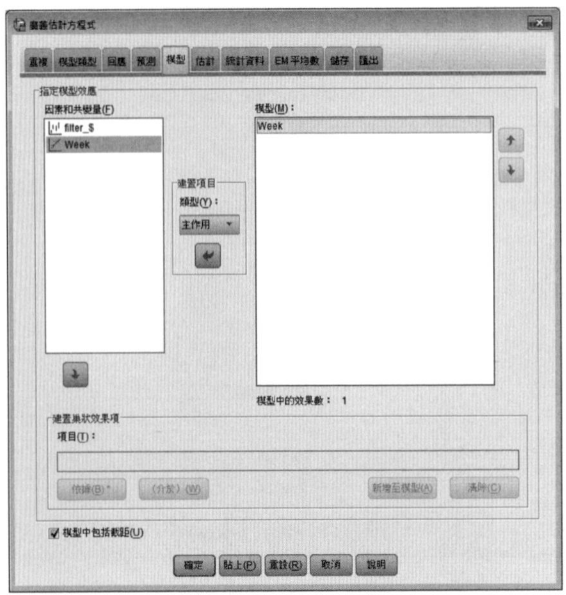

步驟 11 於估計的視窗中，參數估計方法 (M) 選擇 Fisher，尺度參數方法 (C) 選擇皮爾森（Pearson）卡方（若選擇固定值，則尺度參數會當成固定）。

步驟 12 於統計量的視窗中，卡方統計量選 Wald，分析類型 (A) 選型Ⅲ。

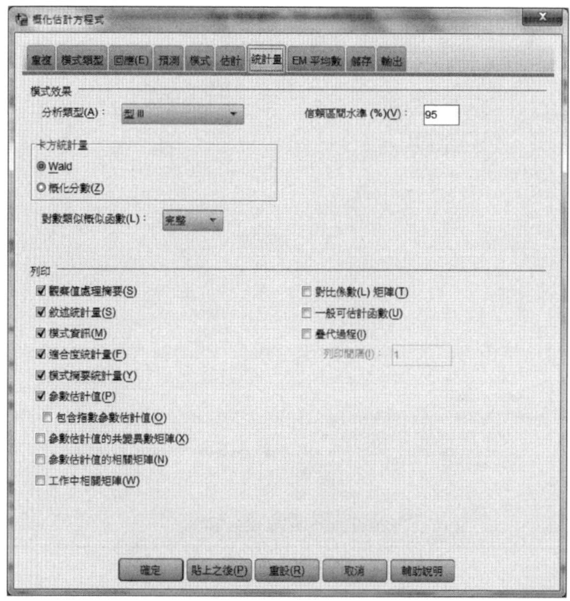

步驟 13 於 EM 平均數中將所有變數移入顯示平均數中，比對選擇成對，尺度選擇計算回應平均值，調整多重比較選擇最小顯著性差異，並點一下整體的估計平均值。

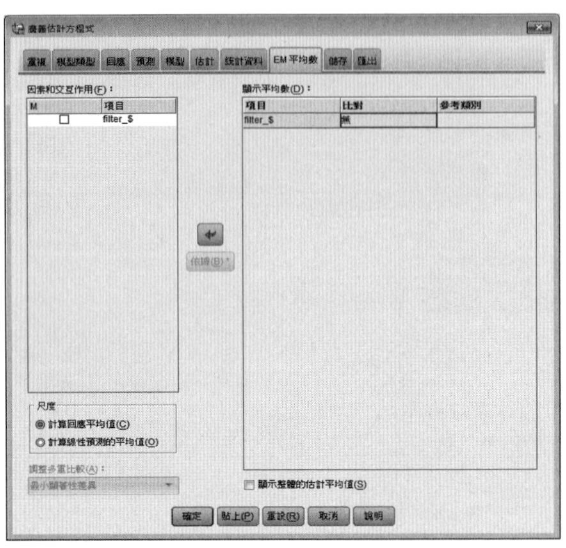

步驟 14 於儲存視窗中，視需要勾選儲存項目。此處勾選計算回應平均值。最後按確定。得出如下輸出結果。

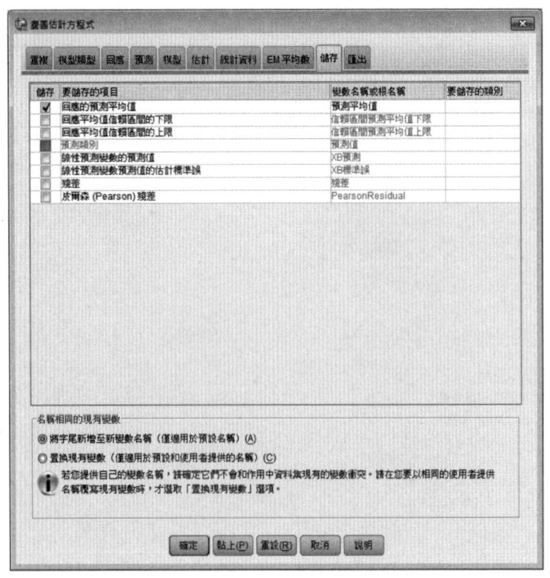

【SPSS 輸出】

Generalized Linear Models

Model Information

Dependent Variable		螞蟻窩數
Probability Distribution		Poisson
Link Function		Log
Subject Effect	1	ID
Within-Subject Effect	1	treatment=1 (FILTER)
Working Correlation Matrix Structure		Exchangeable

Case Processing Summary

	N	Percent
Included	18	100.0%
Excluded	0	0.0%
Total	18	100.0%

上表顯示的機率分配是選擇 Poisson 分配，連結函數是 Log。

Tests of Model Effects

Source	Type III		
	Wald Chi-Square	df	Sig.
(Intercept)	1573.481	1	.000
Week	6.927	1	.008

Dependent Variable: 螞蟻窩數
Model: (Intercept), Week

Parameter Estimates

Parameter	B	Std. Error	95% Wald Confidence Interval		Hypothesis Test		
			Lower	Upper	Wald Chi-Square	df	Sig.
(Intercept)	4.045	.1020	3.845	4.245	1573.481	1	.000
Week	-.115	.0439	-.201	-.029	6.927	1	.008
(Scale)	8.869						

Dependent Variable: 螞蟻窩數
Model: (Intercept), Week

Estimated Marginal Means: treatment=1 (FILTER)

Estimates

treatment=1 (FILTER)	Mean	Std. Error	95% Wald Confidence Interval	
			Lower	Upper
Selected	38.14	20.585	13.25	109.85

Covariates appearing in the model are fixed at the following values: Week=3.50

從模型效果的檢定來看，week 對模型有顯著影響（p = .008 < .05），因係數爲負，顯示隨著週數的增加，螞蟻窩數有減少的現象。

從參數估計值中可得出桃園區使用 treatment=1(Fipronil) 的估計方程式。

$$Log(\mu) = 4.045 - 0.115* \text{週數}$$

尺度參數估計值是 8.869，此 treatment=1 的個數配適 Poisson 分配並不盡理想。

同樣的做法可得出桃園區使用 treatment=2(pyrpronxyfen) 的輸出。

Tests of Model Effects

Source	Type III		
	Wald Chi-Square	df	Sig.
(Intercept)	280.202	1	.000
Week	3.079	1	.079

Dependent Variable: 螞蟻窩數
Model: (Intercept), Week

Parameter Estimates

Parameter	B	Std. Error	95% Wald Confidence Interval		Hypothesis Test		
			Lower	Upper	Wald Chi-Square	df	Sig.
(Intercept)	3.247	.1940	2.867	3.627	280.202	1	.000
Week	-.072	.0413	-.153	.008	3.079	1	.079
(Scale)	10.340						

Dependent Variable: 螞蟻窩數
Model: (Intercept), Week

Estimated Marginal Means: treatment=2 (FILTER)

Estimates

treatment=2 (FILTER)	Mean	Std. Error	95% Wald Confidence Interval	
			Lower	Upper
Selected	32.15	6.465	21.67	47.68

Covariates appearing in the model are fixed at the following values: Week=3.50

從參數估計值中可得出桃園區使用 treatment=2(pyrpronxyfen) 的估計方程式。

$$\text{Log}(\mu) = 3.247 - 0.072^{*}\text{ 週數}$$

尺度參數估計值是 10.340，此 treatment=2 的個數配適 Poisson 分配並不盡理想。

同樣的做法可得出桃園區 treatment=3(spinosyns) 的輸出。

Tests of Model Effects

Source	Type III		
	Wald Chi-Square	df	Sig.
(Intercept)	608.532	1	.000
Week	3.689	1	.055

Dependent Variable: 螞蟻窩數
Model: (Intercept), Week

Parameter Estimates

Parameter	B	Std. Error	95% Wald Confidence Interval		Hypothesis Test		
			Lower	Upper	Wald Chi-Square	df	Sig.
(Intercept)	3.681	.1492	3.388	3.973	608.532	1	.000
Week	-.100	.0519	-.202	.002	3.689	1	.055
(Scale)	10.075						

Dependent Variable: 螞蟻窩數
Model: (Intercept), Week

Estimated Marginal Means: treatment=3 (FILTER)

Estimates

treatment=3 (FILTER)	Mean	Std. Error	95% Wald Confidence Interval	
			Lower	Upper
Selected	27.98	17.431	8.25	94.88

從參數估計值中可得出桃園區使用 treatment=3(spinosyns) 的估計方程式。

$$\text{Log}(\mu) = 3.681 - 0.100^{*} \text{ 週數}$$

同樣的做法可得出桃園區 treatment=4(check) 的輸出。

尺度參數估計值是 10.075，此 treatment=3 的個數配適 Poisson 分配並不盡理想。

Tests of Model Effects

Source	Type III		
	Wald Chi-Square	df	Sig.
(Intercept)	4435.587	1	.000
Week	5.084	1	.024

Dependent Variable: 螞蟻窩數
Model: (Intercept), Week

Parameter Estimates

Parameter	B	Std. Error	95% Wald Confidence Interval		Hypothesis Test		
			Lower	Upper	Wald Chi-Square	df	Sig.
(Intercept)	3.485	.0523	3.382	3.587	4435.587	1	.000
Week	.023	.0103	.003	.043	5.084	1	.024
(Scale)	.699						

Dependent Variable: 螞蟻窩數
Model: (Intercept), Week

Estimated Marginal Means: treatment=4 (FILTER)

Estimates

treatment=4 (FILTER)	Mean	Std. Error	95% Wald Confidence Interval	
			Lower	Upper
Selected	35.37	3.616	28.95	43.22

Covariates appearing in the model are fixed at the following values: Week=3.50

從參數估計值中可得出桃園區未使用藥劑處理即 treatment=4(check) 的估計方程式。

$$\text{Log}(\mu) = 3.485 + 0.023 * \text{週數}$$

尺度參數估計值是 0.699 接近 1，此 treatment=4 的個數配適 Poisson 分配較爲理想。

從參數估計值中發現 Fipronil、Pyriproxyfen、Spinosyns 三種防治藥劑的處理下模型的斜率係數皆爲負值，表示施藥後螞蟻窩數隨時間增加而遞減，而在沒有任何藥劑處理下（即 Check）模型係數爲正值，表示在自然狀態下火蟻會繁衍，因之螞蟻窩數會隨時間之增加而增加。

步驟 15　想觀察 3 種藥劑斜率的變化情形，可從分析 (A) 中點選一般線性模型 (G) 後選擇單變量 (U)。

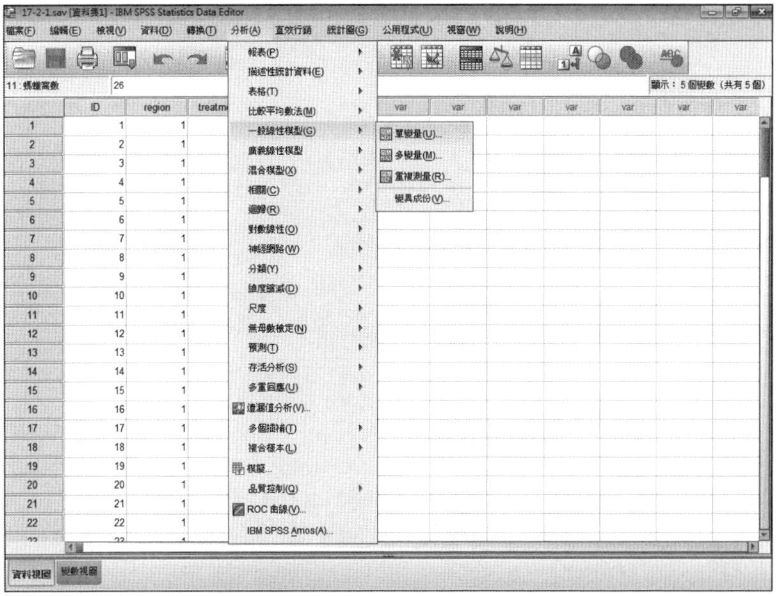

步驟 16 出現單變量視窗，此處將 treatment、Week 當作固定因素輸入後，點一下模型 (M)。

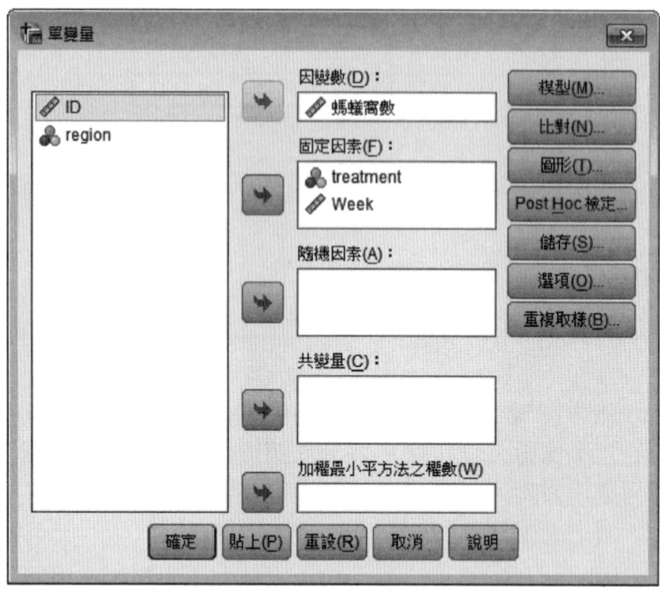

步驟 17 選擇自訂 (C)，分別如下輸入。

步驟 18　按繼續，回到前畫面，點一下圖形。出現剖面圖視窗，如下輸入後按新增。

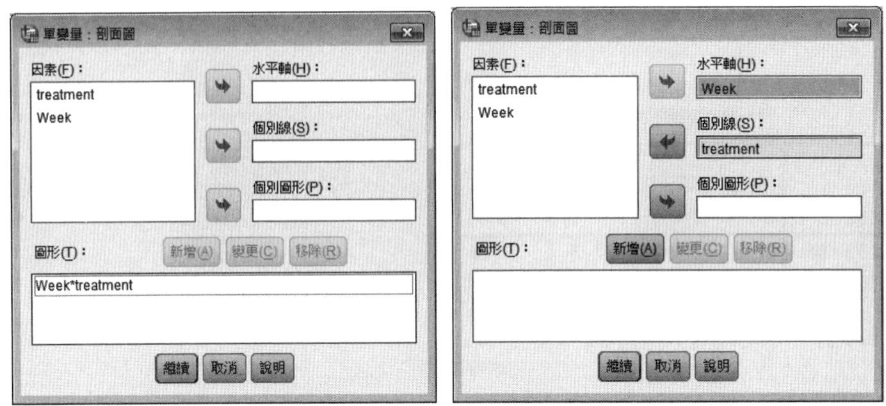

點一下繼續後按 確定 。

【SPSS 輸出】

得出 4 條隨週數而變化的 EM 平均數之線形圖。

Profile Plots

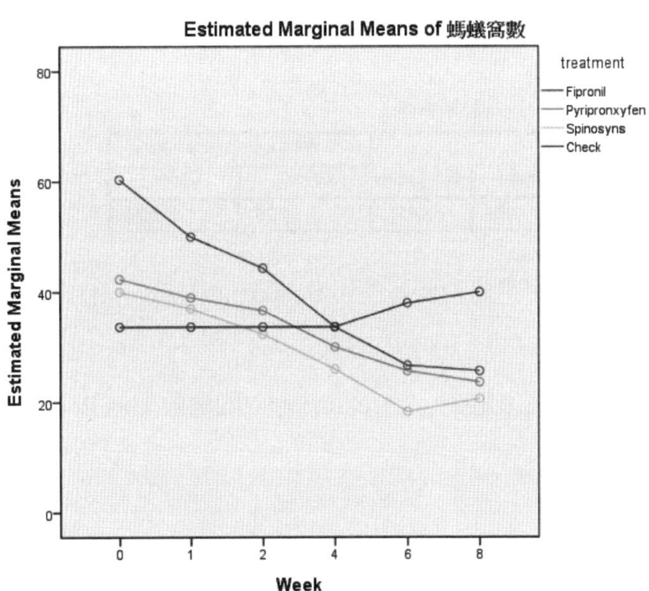

上圖是桃園區的斜率圖，從中發現 3 條藥劑處理的斜率非常接近平行且呈現漸減之現象，但未藥劑處理（Check）的斜率則卻相反呈現向上。

以下對台南區的做法是仿照桃園區的做法進行。

針對台南區將結果整理如下：

Tests of Model Effects

Source	Type III		
	Wald Chi-Square	df	Sig.
(Intercept)	896.581	1	.000
Week	17.917	1	.000

Dependent Variable: 螞蟻窩數
Model: (Intercept), Week

Parameter Estimates

Parameter	B	Std. Error	95% Wald Confidence Interval		Hypothesis Test		
			Lower	Upper	Wald Chi-Square	df	Sig.
(Intercept)	2.339	.0781	2.186	2.492	896.581	1	.000
Week	-.079	.0187	-.116	-.042	17.917	1	.000
(Scale)	.463						

Dependent Variable: 螞蟻窩數
Model: (Intercept), Week

Estimated Marginal Means: treatment=1 (FILTER)

Estimates

treatment=1 (FILTER)	Mean	Std. Error	95% Wald Confidence Interval	
			Lower	Upper
Selected	7.86	1.611	5.26	11.75

從參數估計值中可得出台南區使用 treatment=1(fipronil) 的估計方程式。

$$\text{Log}(\mu) = 2.339 - 0.079 * \text{週數}$$

尺度參數估計值是 0.463，此 treatment=1 的個數配適 Poisson 分配尙爲理想。

Tests of Model Effects

Source	Type III Wald Chi-Square	df	Sig.
(Intercept)	263.244	1	.000
Week	4.137	1	.042

Dependent Variable: 螞蟻窩數
Model: (Intercept), Week

Parameter Estimates

Parameter	B	Std. Error	95% Wald Confidence Interval		Hypothesis Test		
			Lower	Upper	Wald Chi-Square	df	Sig.
(Intercept)	2.233	.1376	1.963	2.503	263.244	1	.000
Week	-.053	.0261	-.104	-.002	4.137	1	.042
(Scale)	1.042						

Dependent Variable: 螞蟻窩數
Model: (Intercept), Week

Estimated Marginal Means: treatment=2 (FILTER)

Estimates

treatment=2 (FILTER)	Mean	Std. Error	95% Wald Confidence Interval	
			Lower	Upper
Selected	7.75	1.959	4.72	12.72

Covariates appearing in the model are fixed at the following values: Week=3.50

從參數估計值中可得出台南區使用 treatment=2(pyrpronxyfen) 的估計方程式。

$$\text{Log}(\mu) = 2.233 - 0.053 * \text{週數}$$

尺度參數估計值是 1.042，此 treatment=2 的個數配適 Poisson 分配甚爲理想。

Tests of Model Effects

Source	Type III Wald Chi-Square	df	Sig.
(Intercept)	2057.585	1	.000
Week	75.894	1	.000

Dependent Variable: 螞蟻窩數
Model: (Intercept), Week

Parameter Estimates

Parameter	B	Std. Error	95% Wald Confidence Interval		Hypothesis Test		
			Lower	Upper	Wald Chi-Square	df	Sig.
(Intercept)	2.466	.0544	2.359	2.573	2057.585	1	.000
Week	-.085	.0097	-.104	-.066	75.894	1	.000
(Scale)	.259						

Dependent Variable: 螞蟻窩數
Model: (Intercept), Week

Estimated Marginal Means: treatment=3 (FILTER)

Estimates

treatment=3 (FILTER)	Mean	Std. Error	95% Wald Confidence Interval	
			Lower	Upper
Selected	8.76	.873	7.20	10.65

Covariates appearing in the model are fixed at the following values: Week=3.50

從參數估計值中可得出台南區使用treatment=3(spinosyns)的估計方程式。

$$\text{Log}(\mu) = 2.466 - 0.085 * \text{週數}$$

尺度參數估計值是 0.259，此 treatment=3 的個數配適 Poisson 分配尚為理想。

Tests of Model Effects

Source	Type III		
	Wald Chi-Square	df	Sig.
(Intercept)	3550.575	1	.000
Week	16.162	1	.000

Dependent Variable: 螞蟻窩數
Model: (Intercept), Week

Parameter Estimates

Parameter	B	Std. Error	95% Wald Confidence Interval		Hypothesis Test		
			Lower	Upper	Wald Chi-Square	df	Sig.
(Intercept)	2.384	.0400	2.306	2.462	3550.575	1	.000
Week	.033	.0082	.017	.049	16.162	1	.000
(Scale)	.121						

Dependent Variable: 螞蟻窩數
Model: (Intercept), Week

Estimated Marginal Means: treatment=4 (FILTER)

Estimates

treatment=4 (FILTER)	Mean	Std. Error	95% Wald Confidence Interval	
			Lower	Upper
Selected	12.17	.983	10.39	14.26

Covariates appearing in the model are fixed at the following values: Week=3.50

從參數估計值中可得出台南區未使用藥劑處理即 treatment=4(check) 的估計方程式。

$$\mathrm{Log}(\mu) = 2.384 + 0.033 * \text{週數}$$

尺度參數估計值是 0.121，此 treatment=4 的個數配適 Poisson 分配尚爲理想。

下圖是台南區的斜率圖，從中也發現 3 條藥劑處理線非常接近平行且呈現漸減，但未藥劑處理線（Check）則相反呈現向上。

分析顯示未經藥劑處理之斜率與 3 種經藥劑處理之斜率有顯著差異。

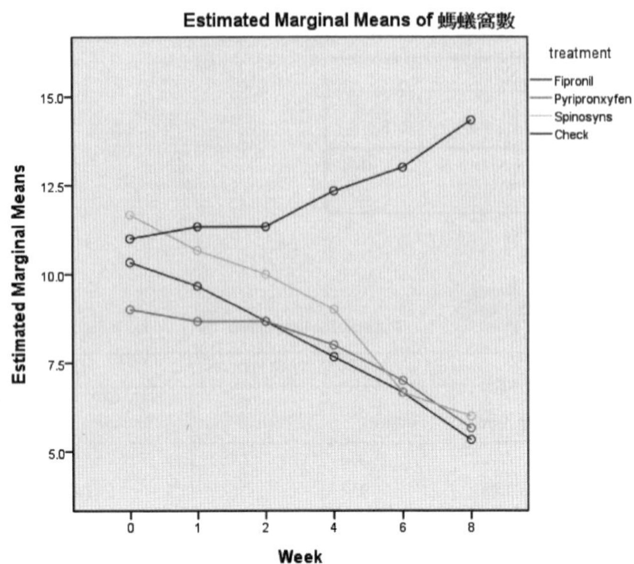

從以下的 3 個圖形發現，同一種藥劑在兩個不同地區均有滅蟻效果，但桃園區的效果較爲顯著。

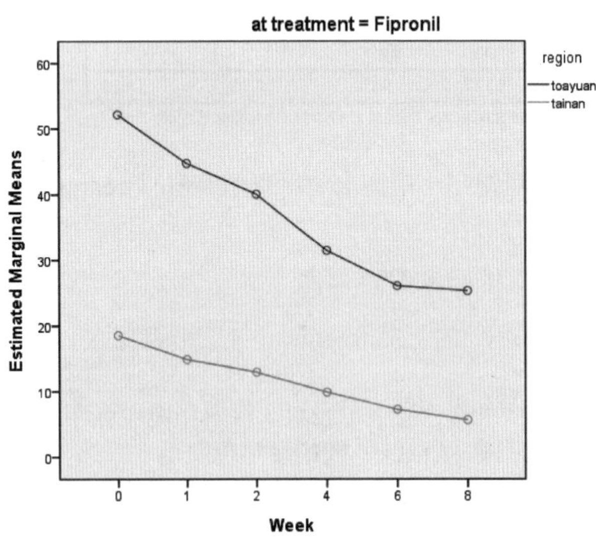

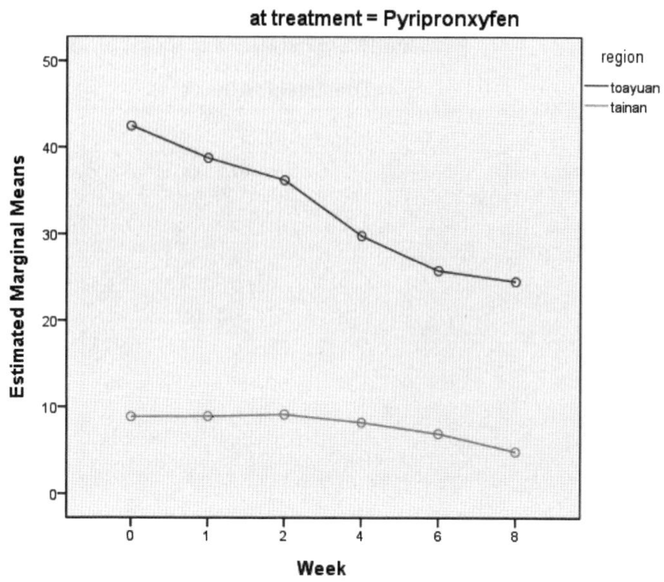

Estimated Marginal Means of 螞蟻窩數
at treatment = Pyripronxyfen
Estimated Marginal Means
50
40
30
20
10
0
0
1
2
4
6
8
Week
region
toayuan
tainan

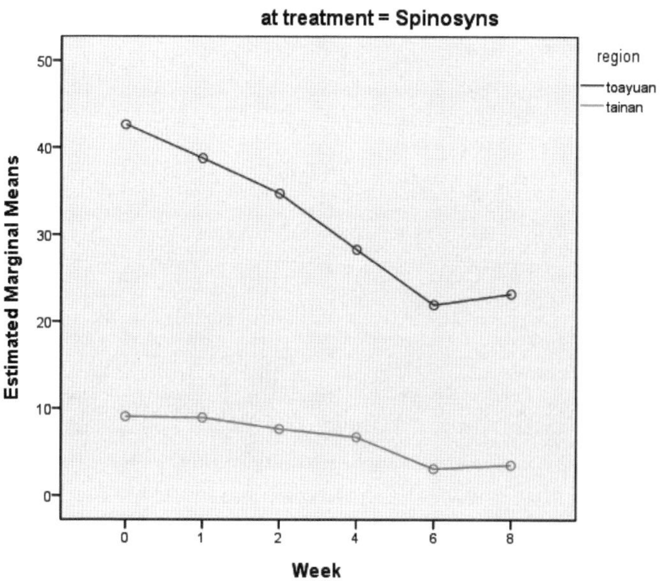

Estimated Marginal Means of 螞蟻窩數
at treatment = Spinosyns
Estimated Marginal Means
50
40
30
20
10
0
0
1
2
4
6
8
Week
region
toayuan
tainan

下圖說明未經藥劑處理兩區的螞蟻窩均有增加的現象。

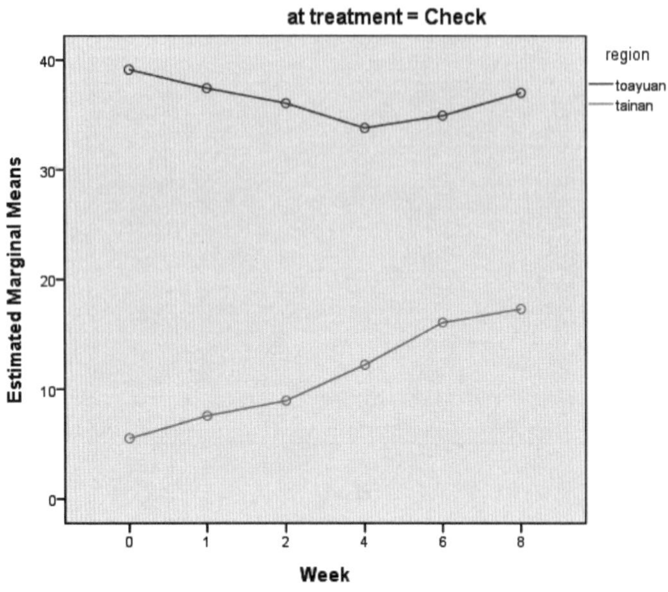

第 15 章 階層迴歸分析

15.1 前言

15.2 線性迴歸分析步驟

15.3 階層迴歸分析步驟

15.1 前言

階層迴歸分析（MLR）與階層線性模式（HLM），雖然使用階層的用語，但意義完全不同。

前者基於步驟是依序進行之意而有階層的概念，首先投入要因 A、要因 B，其次投入交互作用 AB，按此順序進行。畢竟是順序，不認爲是有形成階層之意。實際上以英語來說，即爲 Multiple linear regression，此即只是被表示成「複迴歸分析」而已。複迴歸分析是基於有 2 個以上要因所使用。將交互作用項特別稱爲「調整變數」，透過中心化（Centering）等適切的處置後再投入爲其特徵之處。或許將它當作「依序進行迴歸分析」「逐步進行複迴歸」之名稱或許更好。

但是 HLM 卻是眞正具有階層之意。數據具有層次（Level）。譬如，個人的數據是由群組的性質、個人的性質、誤差所構成。有時候也考慮群組與個人的交互作用。組內的類似性高大多具有群組層次的資訊。

此處 HLM 與 MLR 發生混亂的另一個原因。那就是，HLM 也有步驟 1、步驟 2 的用語。正確來說使用層次 1、層次 2 才是正確的用法。層次 1 是個人的數據，個人層次的資訊，也稱爲 Within（群內）。層次 2 是群組的數據，群組層次的資訊，也稱爲 Between（組間）。變數是在哪一層次中收集的？若不能適切掌握就會搞混。HLM 是層次 2 的變數也可以預測層次 1 的係數（迴歸的路徑插在下位層次的係數中），因將它稱爲「交互作用」故而容易與 MLR 發生混淆。

階層迴歸分析是先投入數個變數確認其效果，其次是投入說明變數之間的交互作項再確認其效果的方法。因之，階層迴歸分析的階層是指步驟形成階層之意，並非處理數據（形成鑲套）的階層性模式，此點是要注意的地方。將鑲套或稱巢形（Nested）的數據分成下位類別的變異數、上位類別的變異數如此所建立的模式稱爲階層線性模式。另外，依序投入的模式中，確認 A → Y 之後，將確認 A → B 與 B → Y 之效果的方法稱爲媒介分析。所以是以變數 B 爲媒介，驗證 A → B → Y 之關係。

一般而言，進行複迴歸分析時，獨立變數之間要獨立，換言之獨立變數之間無相關是條件所在。譬如使用 A、B 說明 Y 時，雖發現 A 到 Y 的影響及 B 到 Y 的影響，但 A 與 B 有相關關係時，在 A → Y 的影響力之中，含有 A → B → Y 的影響力，無法只取出 A → Y 的影響力，此問題稱爲多重共線性。此時可計算 VIF 如超出 10 可判斷發生此問題，可利用中心化來處理。

15.2 線性迴歸分析步驟

在大學的授課評鑑中，有時會針對授課的難易度、學生上課私語程度、課程的理解程度、整體的評價程度進行調查，以下是針對 20 位學生所得到的結果。試利用「授課的難易程度」、「學生上課私語程度」、「課程理解程度」對「整體的評價程度」可以說明到何種程度，以及變數間有無交互作用進行檢討？

號碼	難易度	私語	理解度	評價
1.00	4.00	7.00	5.00	4.00
2.00	7.00	8.00	4.00	1.00
3.00	5.00	7.00	5.00	4.00
4.00	2.00	6.00	6.00	9.00
5.00	3.00	7.00	6.00	6.00
6.00	5.00	8.00	5.00	6.00
7.00	8.00	2.00	6.00	8.00
8.00	1.00	5.00	7.00	9.00
9.00	8.00	4.00	5.00	4.00
10.00	2.00	3.00	4.00	5.00
11.00	2.00	5.00	3.00	6.00
12.00	4.00	5.00	2.00	4.00
13.00	5.00	2.00	2.00	8.00
15.00	5.00	3.00	1.00	4.00
15.00	2.00	2.00	3.00	8.00
16.00	9.00	4.00	4.00	4.00
17.00	3.00	7.00	5.00	7.00
18.00	2.00	3.00	6.00	9.00
19.00	3.00	4.00	3.00	5.00
20.00	2.00	2.00	2.00	8.00

【數據輸入類型】

資料檢視顯示如下：

	號碼	難易度	私語度	理解度	評価
1	1.00	4.00	7.00	5.00	4.00
2	2.00	7.00	8.00	4.00	1.00
3	3.00	5.00	7.00	5.00	4.00
4	4.00	2.00	6.00	6.00	9.00
5	5.00	3.00	7.00	6.00	6.00
6	6.00	5.00	8.00	5.00	6.00
7	7.00	8.00	2.00	6.00	8.00
8	8.00	1.00	5.00	7.00	9.00
9	9.00	8.00	4.00	5.00	4.00
10	10.00	2.00	3.00	4.00	5.00
11	11.00	2.00	5.00	3.00	6.00
12	12.00	4.00	5.00	2.00	4.00
13	13.00	5.00	2.00	2.00	8.00
14	14.00	5.00	3.00	1.00	4.00
15	15.00	2.00	2.00	3.00	8.00
16	16.00	9.00	4.00	4.00	4.00
17	17.00	3.00	7.00	5.00	7.00
18	18.00	2.00	3.00	6.00	9.00
19	19.00	3.00	4.00	3.00	5.00
20	20.00	2.00	2.00	2.00	8.00

【統計處理的步驟】

步驟 1　從分析 (A) 中點選迴歸 (R) 再選擇線性 (L)。

步驟 2　將評價移入因變數 (D)，將難易度、私語度、理解度移入自變數 (I) 方框中，方法選擇 Enter（強迫進入輸入法）。點一下統計資料 (S)。

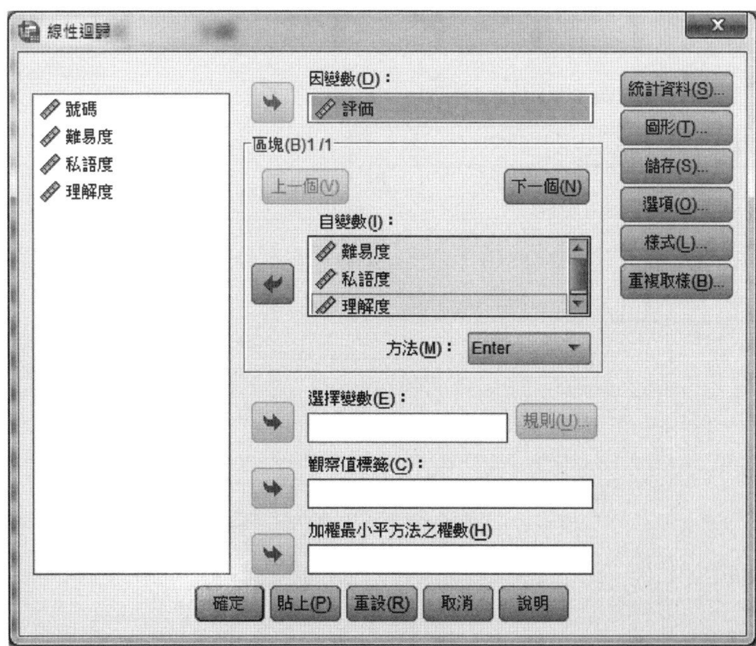

步驟 3 勾選描述性統計資料 (D)。按繼續再按 確定 。

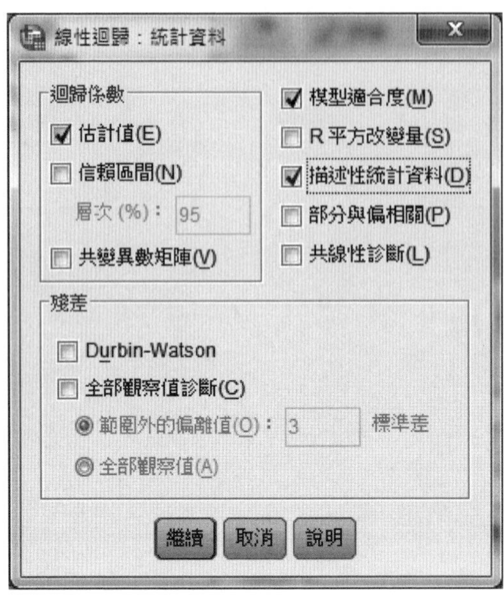

【SPSS 輸出】

得出輸出如下：

Descriptive Statistics

	Mean	Std. Deviation	N
評価	5.9500	2.23548	20
難易度	4.1000	2.35975	20
私語度	4.7000	2.10513	20
理解度	4.2000	1.67332	20

Correlations

		評価	難易度	私語度	理解度
Pearson Correlation	評価	1.000	-.538	-.417	.298
	難易度	-.538	1.000	.038	-.032
	私語度	-.417	.038	1.000	.406
	理解度	.298	-.032	.406	1.000
Sig. (1-tailed)	評価	.	.007	.034	.101
	難易度	.007	.	.437	.447
	私語度	.034	.437	.	.038
	理解度	.101	.447	.038	.
N	評価	20	20	20	20
	難易度	20	20	20	20
	私語度	20	20	20	20
	理解度	20	20	20	20

Model Summary

Model	R	R Square	Adjusted R Square	Std. Error of the Estimate
1	.826[a]	.682	.623	1.37270

a. Predictors: (Constant), 理解度, 難易度, 私語度

ANOVA[a]

Model		Sum of Squares	df	Mean Square	F	Sig.
1	Regression	64.801	3	21.600	11.463	.000[b]
	Residual	30.149	16	1.884		
	Total	94.950	19			

a. Dependent Variable: 評価

b. Predictors: (Constant), 理解度, 難易度, 私語度

Coefficients[a]

Model		Unstandardized Coefficients B	Unstandardized Coefficients Std. Error	Standardized Coefficients Beta	t	Sig.
1	(Constant)	7.963	1.094		7.280	.000
	難易度	-.471	.134	-.497	-3.523	.003
	私語度	-.652	.164	-.614	-3.979	.001
	理解度	.711	.206	.532	3.446	.003

a. Dependent Variable: 評價

【輸出結果的判讀】

- 輸出各變數間的記述統計量與相互相關。相關係數的表從上起顯示出 Pearson 相關係數、顯著機率、數據數。
  顯示出評價與難易度、私語度有負的顯著相關，私語度與理解度有正的顯著相關。
- 輸出有複相關係數（R）、決定係數（R^2）、自由度調整 R^2。
  R^2 是表示評價從難易度、私語度、理解度來看整體受到何種程度的影響。本例，$R^2 = .68$。
- 迴歸式整體的顯著性檢定。在 0.01% 水準下呈現顯著。
  此顯著機率即為決定係數（R^2）的顯著水準。
  此次的結果是，$p < .001$（0.1% 水準）呈現顯著。
- 接著，輸出標準化迴歸係數（B）與標準偏迴歸係數（β）及顯著機率。
  「難易度」與「私語度」對「評價」具有負的顯著影響力，「理解度」對「評價」有正的影響力。
  從結果來看，
- 「難易度」「私語度」「理解度」均對授課整體的評價有顯著的影響。
- 此結果，也可以表示成以下的圖。此圖稱為「路徑圖」。

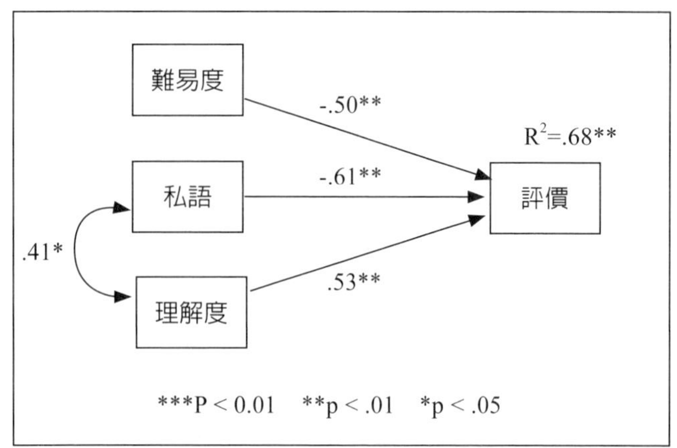

- 一般從複迴歸分析所做成的路徑圖，記入標準偏迴歸係數與決定係數，顯著水準以星號（＊）記述。也有省略不顯著的標準偏迴歸係數的箭頭。
- 影響關係是單方向的箭頭，共變關係（相關）是以雙箭頭表示。

15.3 階層迴歸分析步驟

階層迴歸分析是將迴歸分析分成數個步驟執行，以檢討在追加的步驟中說明力變化的情形如何。以先前的授課評價數據進行階層迴歸分析看看。

【數據輸入類型】

參考前面資料 13-1。

【統計處理的步驟】

步驟 1　從分析 (A) 中點選迴歸 (R) 再選擇線性 (L)。

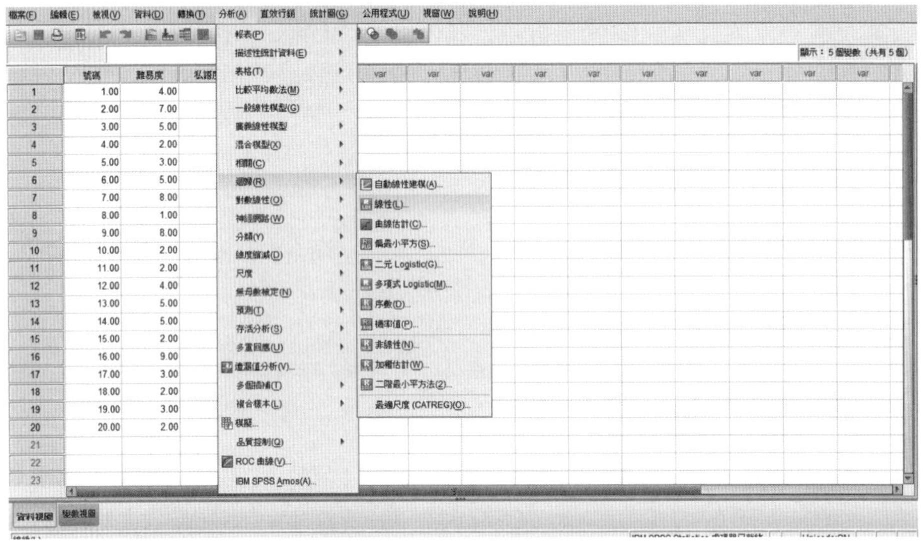

步驟 2　因變數 (D) 指定評價，自變數 (I) 先指定難易度後按下一個 (N) 出現空白方框。

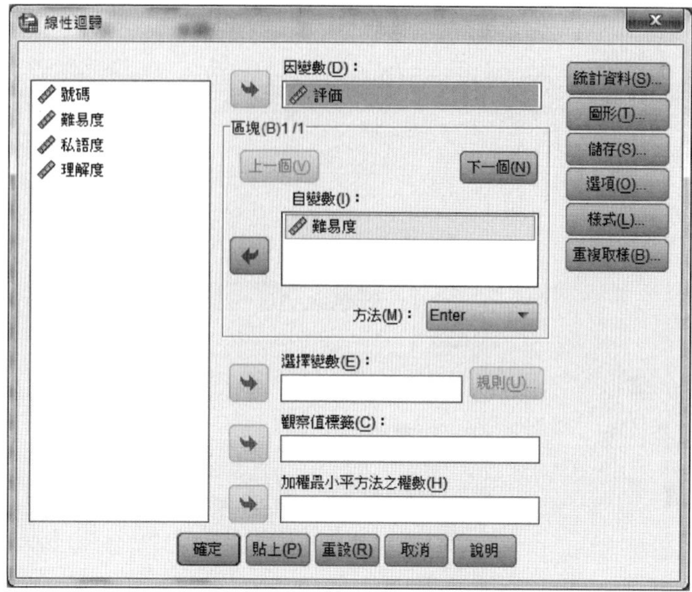

步驟 3　接著，將私語度移入自變數 (I) 之後再按下一個即出現空白方框。

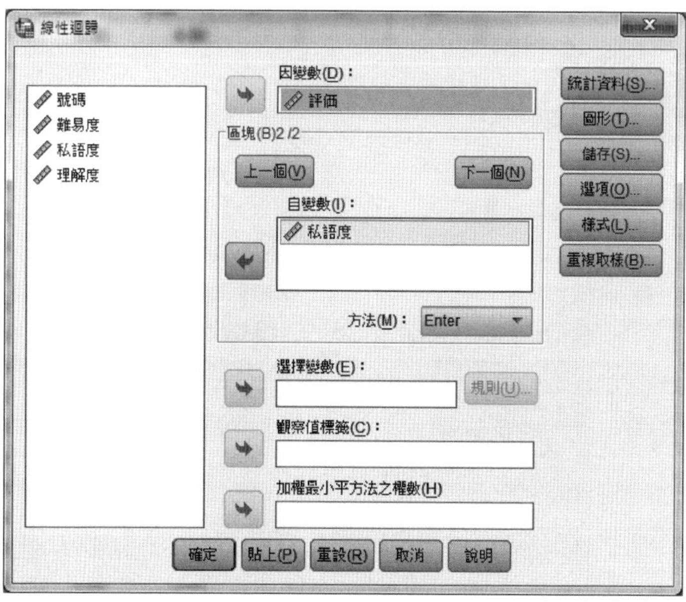

步驟 4　接著再將理解度移入自變數 (I) 中，之後按一下統計資料 (S)。

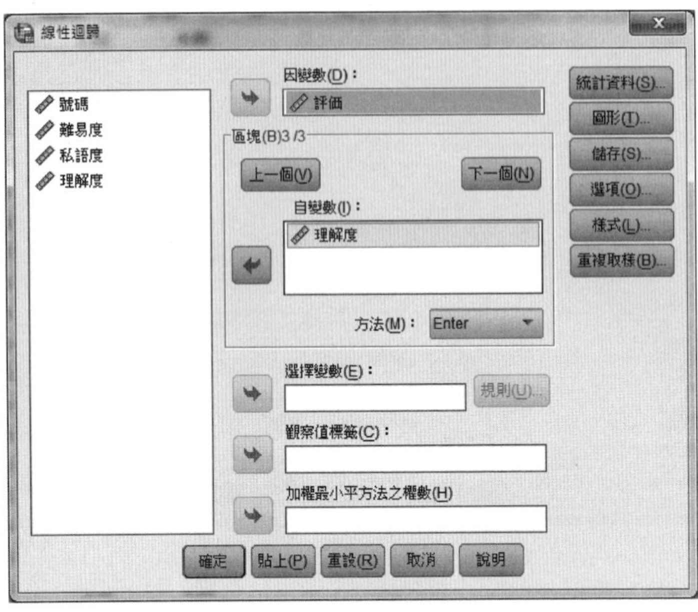

步驟 5　勾選 R 平方改變量 (S)，之後按繼續再按 確定 。

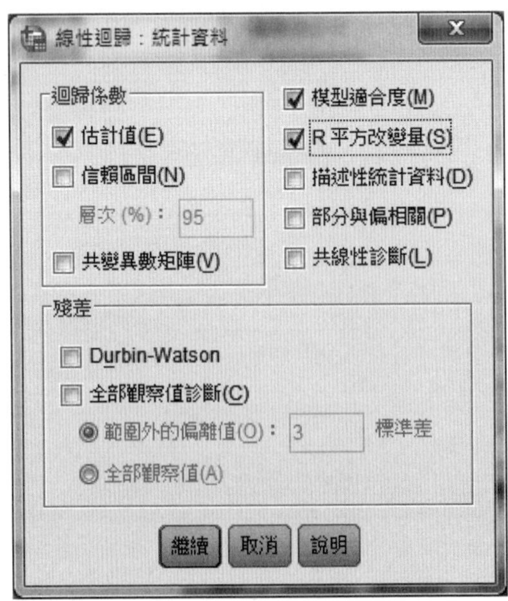

【SPSS 輸出 ·1】

Model Summary

Model	R	R Square	Adjusted R Square	Std. Error of the Estimate	Change Statistics				
					R Square Change	F Change	df1	df2	Sig. F Change
1	.538[a]	.289	.250	1.93636	.289	7.324	1	18	.014
2	.668[b]	.447	.382	1.75784	.158	4.842	1	17	.042
3	.826[c]	.682	.623	1.37270	.236	11.878	1	16	.003

a. Predictors: (Constant), 難易度

b. Predictors: (Constant), 難易度, 私語度

c. Predictors: (Constant), 難易度, 私語度, 理解度

ANOVA[a]

Model		Sum of Squares	df	Mean Square	F	Sig.
1	Regression	27.459	1	27.459	7.324	.014[b]
	Residual	67.491	18	3.749		
	Total	94.950	19			
2	Regression	42.420	2	21.210	6.864	.007[c]
	Residual	52.530	17	3.090		
	Total	94.950	19			
3	Regression	64.801	3	21.600	11.463	.000[d]
	Residual	30.149	16	1.884		
	Total	94.950	19			

a. Dependent Variable: 評價

b. Predictors: (Constant), 難易度

c. Predictors: (Constant), 難易度, 私語度

d. Predictors: (Constant), 難易度, 私語度, 理解度

【輸出結果的判讀 ·1】

- 在模式累計的變化統計量中，顯示有移入各變數時的說明力的變化（R 平方改變量）與其顯著機率。
  - 模式 1（自變數投入難易度）
    $R^2 = .29, p < .05$
    （因只投入一個自變數，全體的說明力（R^2）與改變量是相等的）
  - 模式 2（自變數中除難易度外，再投入私語度）
    $R^2 = .45, p < .01; \Delta R^2 = .16, p < .05$
    （R 平方改變量部分是相當於 ΔR^2。自變數加入私語度後說明力的改變量在 5% 水準下顯著）
  - 模式 3（自變數除難易度、私語度外，再投入理解度）
    $R^2 = .68, p < .001; \Delta R^2 = .24, p < .01$

（R 平方改變量的部分相當於 ΔR^2。將理解度加入自變數後說明力的改變量在 1% 水準下顯著）

。變異數分析表是相當於 R^2 的顯著機率。

- 每一個模式顯示有迴歸係數（B）、標準偏迴歸係數（β）、顯著機率。可以了解各步驟增加自變數的情形。

Coefficients[a]

Model		Unstandardized Coefficients		Standardized Coefficients	t	Sig.
		B	Std. Error	Beta		
1	(Constant)	8.039	.885		9.083	.000
	難易度	-.509	.188	-.538	-2.706	.014
2	(Constant)	9.962	1.187		8.390	.000
	難易度	-.495	.171	-.523	-2.895	.010
	私語度	-.422	.192	-.397	-2.200	.042
3	(Constant)	7.963	1.094		7.280	.000
	難易度	-.471	.134	-.497	-3.523	.003
	私語度	-.652	.164	-.614	-3.979	.001
	理解度	.711	.206	.532	3.446	.003

a. Dependent Variable: 評価

此外，使用此分析方法可以進行交互作用之分析。

爲此，準備將「交互作用項」當作變數，計算變數 X 與變數 Y 的交互作用項（Z），此有以下兩種方法。

1. 利用標準化分數

(1) 將變數 X 與變數 Y 標準化。

(2) Z = X（標準化後）×Y（標準化後）←乘算

2. 利用中心化（Centering）

(1) 將變數 X 的各數據減去變數 X 的平均值。變數 Y 的各數據減去變數 Y 的平均值。←此即爲中心化

(2) Z = X（中心化後）×Y（中心化後）←乘算

(3) 中心化可以避免變數間發生多重共線性

執行階層複迴歸分析時，

(1) 指定依變數。

(2) 首先，於自變數中投入「X」「Y」。

(3) 其次，於自變數中投入「Z」（交互作用項）。

投入 Z 後，ΔR^2（R 平方改變量）如顯著，「交互作用即顯著」。

以下按兩種方法進行說明。

就 1. 標準化的方法而言：

步驟 1　從分析 (A) 中點選描述性統計資料 (E)，再從中選擇描述性統計資料 (D)。

步驟 2　將自變數移入變數 (V) 方框中，並勾選將標準化的數值儲存成變數，按 確定 。

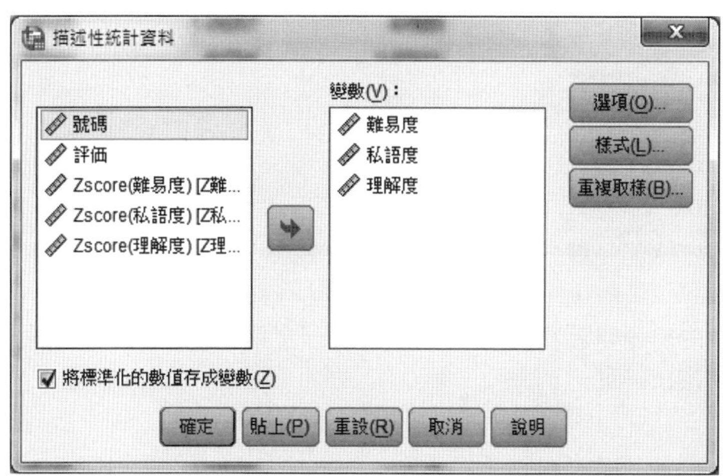

在資料檢視中出現各自變數標準化之結果。

檔案(F) 編輯(E) 檢視(V) 資料(D) 轉換(T) 分析(A) 直效行銷 統計圖(G) 公用程式(U) 視窗(W) 說明(H)

顯示：8 個變數（共有 8 個）

	號碼	難易度	私語度	理解度	評価	Z難易度	Z私語度	Z理解度	var	var	var	var	var
1	1.00	4.00	7.00	5.00	4.00	-.04238	1.09257	.47809					
2	2.00	7.00	8.00	4.00	1.00	1.22894	1.56760	-.11952					
3	3.00	5.00	7.00	5.00	4.00	.38140	1.09257	.47809					
4	4.00	2.00	6.00	6.00	9.00	-.88992	.61754	1.07571					
5	5.00	3.00	7.00	6.00	6.00	-.46615	1.09257	1.07571					
6	6.00	5.00	8.00	5.00	6.00	.38140	1.56760	.47809					
7	7.00	8.00	2.00	6.00	8.00	1.65272	-1.28258	1.07571					
8	8.00	1.00	5.00	7.00	9.00	-1.31370	.14251	1.67332					
9	9.00	8.00	4.00	5.00	4.00	1.65272	-.33252	.47809					
10	10.00	2.00	3.00	4.00	5.00	-.88992	-.80755	-.11952					
11	11.00	2.00	5.00	3.00	6.00	-.88992	.14251	-.71714					
12	12.00	4.00	5.00	2.00	4.00	-.04238	.14251	-1.31475					
13	13.00	5.00	2.00	2.00	8.00	.38140	-1.28258	-1.31475					
14	14.00	5.00	3.00	1.00	4.00	.38140	-.80755	-1.91237					
15	15.00	2.00	2.00	3.00	8.00	-.88992	-1.28258	-.71714					
16	16.00	9.00	4.00	4.00	4.00	2.07649	-.33252	-.11952					
17	17.00	3.00	7.00	5.00	7.00	-.46615	1.09257	.47809					
18	18.00	2.00	3.00	6.00	9.00	-.88992	-.80755	1.07571					
19	19.00	3.00	4.00	3.00	5.00	-.46615	-.33252	-.71714					
20	20.00	2.00	2.00	2.00	8.00	-.88992	-1.28258	-1.31475					
21													
22													
23													

步驟 3　從轉換 (T) 中點選計算變數 (C)。

檔案(F) 編輯(E) 檢視(V) 資料(D) 轉換(T) 分析(A) 直效行銷 統計圖(G) 公用程式(U) 視窗(W) 說明(H)

- 計算變數(C)...
- 程式設計轉換...
- 計算觀察值內的數值(O)...
- 偏移值(F)...
- 重新編碼成同一變數(S)...
- 重新編碼成不同變數(R)...
- 自動重新編碼(A)...
- 建立虛擬變數
- Visual Binning...
- 最適 Binning
- 準備建模用的資料(P)
- 等級觀察值(K)...
- 日期和時間精靈(D)...
- 建立時間序列(M)...
- 置換遺漏值(V)...
- 亂數產生器(G)...
- 執行擱置的轉換(T)　Ctrl+G

步驟 4　於目標變數 (T) 中輸入交互作用，於數值表示式中以點選輸入。之後按確定。

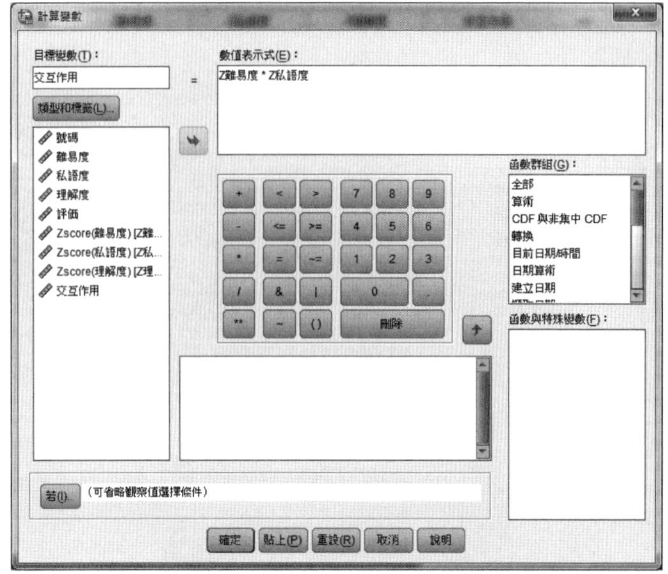

步驟 5　從分析 (A) 中點選迴歸 (R) 再從中選擇線性 (L)。

	號碼	難易度	Z難易度	Z私語度	Z理解度	Z評價	交互作用
1	1.00	4.00	-.04238	1.09257	.47809	-.87230	-.05
2	2.00	7.00	1.22894	1.56760	-.11952	-2.21429	1.93
3	3.00	5.00	.38140	1.09257	.47809	-.87230	.42
4	4.00	2.00	-.88992	.61754	1.07571	1.36436	-.55
5	5.00	3.00	-.46615	1.09257	1.07571	.02237	-.51
6	6.00	5.00		1.56760	.47809	.02237	.60
7	7.00	8.00		-1.28258	1.07571	.91703	-2.12
8	8.00	1.00		.14251	1.67332	1.36436	-.19
9	9.00	8.00		-.33252	.47809	-.87230	-.55
10	10.00	2.00		-.80755	-.11952	-.42496	.72
11	11.00	2.00		.14251	-.71714	.02237	-.13
12	12.00	4.00		.14251	-1.31475	-.87230	-.01
13	13.00	5.00		-1.28258	-1.31475	.91703	-.49
14	14.00	5.00		-.80755	-1.91237	-.87230	-.31
15	15.00	2.00		-1.28258	-.71714	.91703	1.14
16	16.00	9.00		-.33252	-.11952	-.87230	-.69
17	17.00	3.00		1.09257	.47809	.46970	-.51
18	18.00	2.00		-.80755	1.07571	1.36436	.72
19	19.00	3.00		-.33252	-.71714	-.42496	.16
20	20.00	2.00	-.88992	-1.28258	-1.31475	.91703	1.14

步驟 6　將評價移入因變數 (D)，將 Z 難易度、Z 私語度移入自變數 (I) 中，之後按下一個。

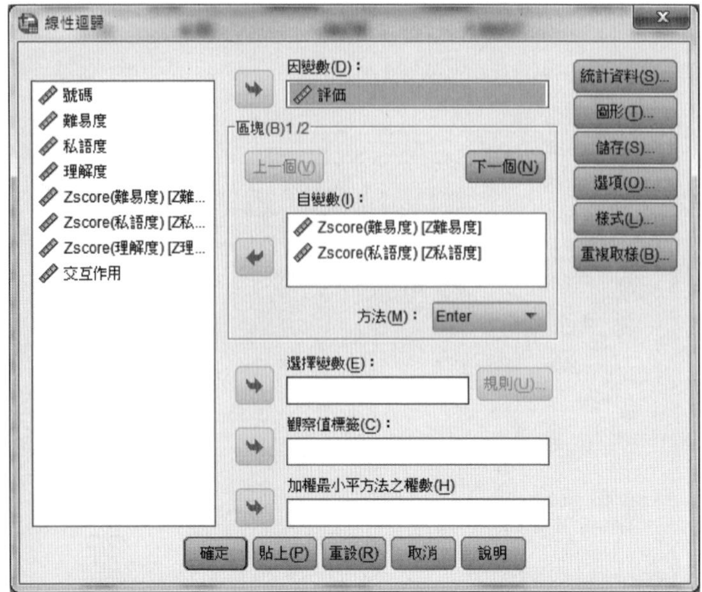

步驟 7 將交互作用移入自變數 (I) 中。點一下統計資料 (S)。

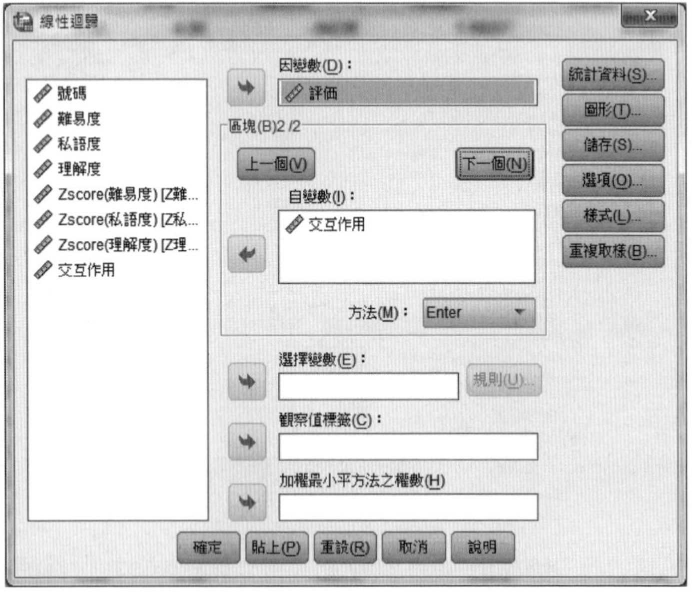

步驟 8　勾選 R 平方改變量 (S)。按繼續再按 確定 。

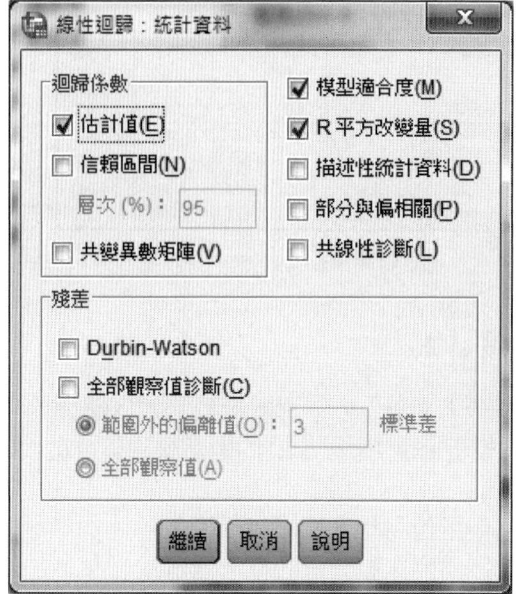

【SPSS 輸出 ・2】

得出如下輸出結果。

Model Summary

Model	R	R Square	Adjusted R Square	Std. Error of the Estimate	Change Statistics				
					R Square Change	F Change	df1	df2	Sig. F Change
1	.668[a]	.447	.382	1.75784	.447	6.864	2	17	.007
2	.773[b]	.597	.521	1.54661	.150	5.961	1	16	.027

a. Predictors: (Constant), Zscore(私語度), Zscore(難易度)

b. Predictors: (Constant), Zscore(私語度), Zscore(難易度), 交互作用

ANOVA[a]

Model		Sum of Squares	df	Mean Square	F	Sig.
1	Regression	42.420	2	21.210	6.864	.007[b]
	Residual	52.530	17	3.090		
	Total	94.950	19			
2	Regression	56.678	3	18.893	7.898	.002[c]
	Residual	38.272	16	2.392		
	Total	94.950	19			

a. Dependent Variable: 評價

b. Predictors: (Constant), Zscore(私語度), Zscore(難易度)

c. Predictors: (Constant), Zscore(私語度), Zscore(難易度), 交互作用

Coefficients[a]

Model		Unstandardized Coefficients B	Std. Error	Standardized Coefficients Beta	t	Sig.
1	(Constant)	5.950	.393		15.137	.000
	Zscore(難易度)	-1.168	.404	-.523	-2.895	.010
	Zscore(私語度)	-.888	.404	-.397	-2.200	.042
2	(Constant)	5.989	.346		17.299	.000
	Zscore(難易度)	-1.483	.378	-.663	-3.926	.001
	Zscore(私語度)	-.721	.362	-.323	-1.995	.063
	交互作用	-1.075	.440	-.418	-2.441	.027

a. Dependent Variable: 評価

【輸出結果的判讀 ・2】

投入交互作用項時，ΔR^2（R 平方變化量）如爲顯著時，「交互作用即爲顯著」。本例投入交互作用項後 ΔR^2 的顯著機率爲 0.027 < 0.05，因之交互作用顯著。

其他情形的交互作用仿照此方式檢定即可。

此外，此手法能作爲變異數分析的替代之用。

就 2. 中心化的方法而言：

步驟 1 從分析 (A) 中點選描述性統計資料 (E)，再從中選擇描述性統計資料 (D)。

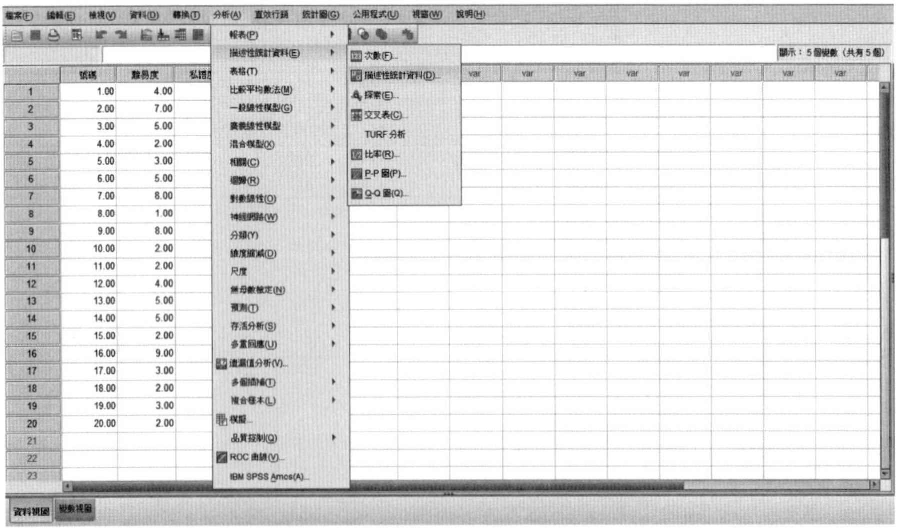

步驟 2　將各變數移入變數 (V) 的方框中。按一下選項 (O)。

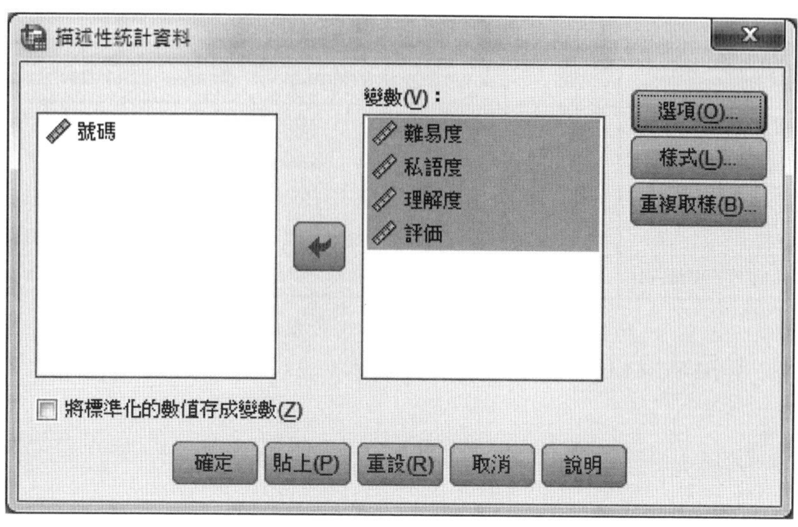

步驟 3　爲計算各變數的平均值，勾選平均值 (M)。之後按 繼續 再按確定。

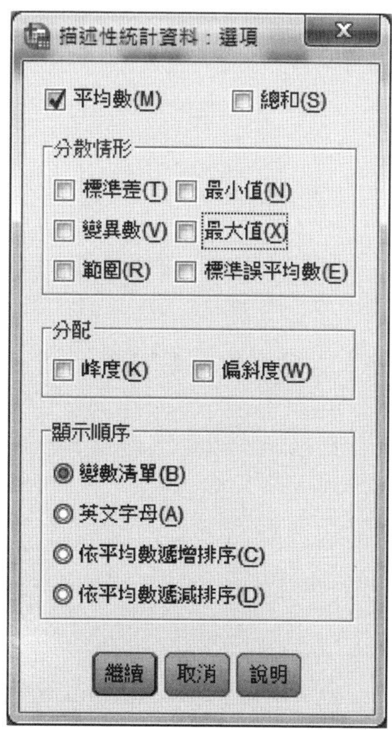

得出各變數的平均值如下：

Descriptive Statistics

	N	Minimum	Maximum	Mean	Std. Deviation
難易度	20	1.00	9.00	4.1000	2.35975
私語度	20	2.00	8.00	4.7000	2.10513
理解度	20	1.00	7.00	4.2000	1.67332
評価	20	1.00	9.00	5.9500	2.23548
Valid N (listwise)	20				

步驟 4　點選轉換 (T)，從中選擇計算變數 (C)。

步驟 5　目標變數 (T) 輸入 c 難易度，數值表示式 (E) 輸入難易度 -4.1，之後按確定。

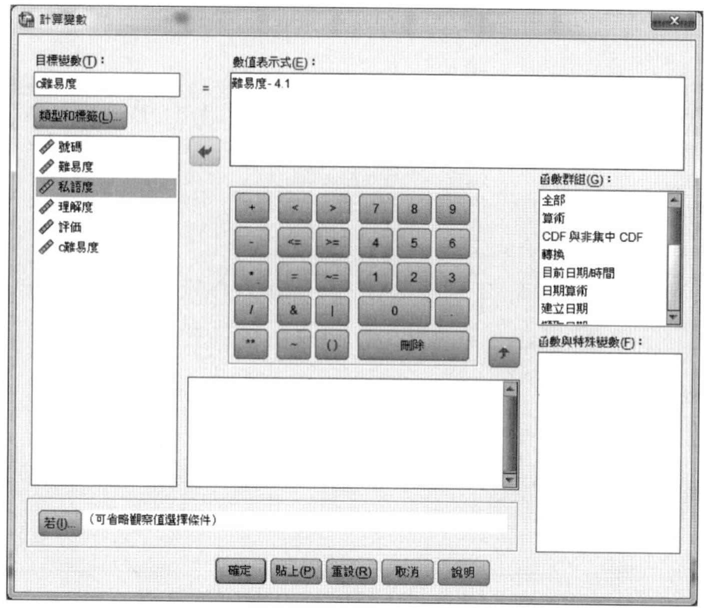

得出資料檢視如下：

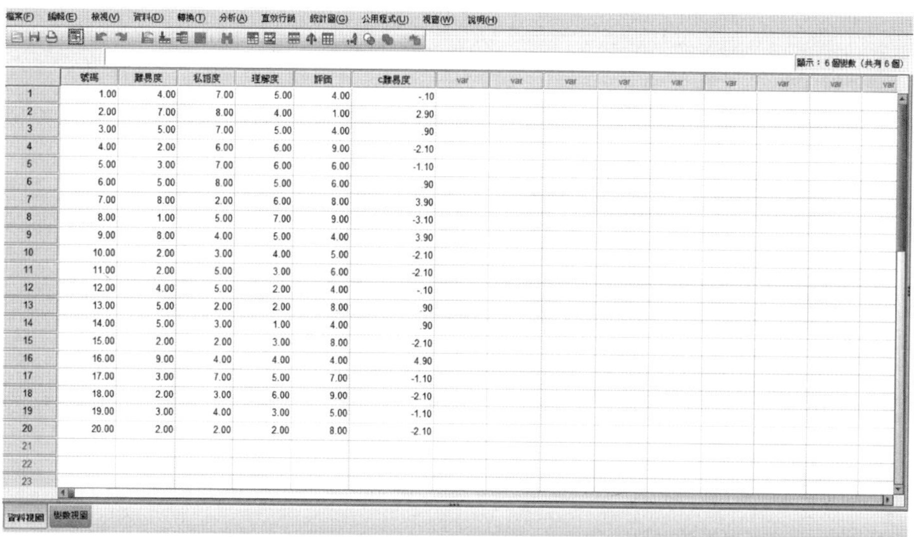

	號碼	難易度	私語度	理解度	評価	c難易度
1	1.00	4.00	7.00	5.00	4.00	-.10
2	2.00	7.00	8.00	4.00	1.00	2.90
3	3.00	5.00	7.00	5.00	4.00	.90
4	4.00	2.00	6.00	6.00	9.00	-2.10
5	5.00	3.00	7.00	6.00	6.00	-1.10
6	6.00	5.00	8.00	5.00	6.00	.90
7	7.00	8.00	2.00	6.00	8.00	3.90
8	8.00	1.00	5.00	7.00	9.00	-3.10
9	9.00	8.00	4.00	5.00	4.00	3.90
10	10.00	2.00	3.00	4.00	5.00	-2.10
11	11.00	2.00	5.00	3.00	6.00	-2.10
12	12.00	4.00	5.00	2.00	4.00	-.10
13	13.00	5.00	2.00	2.00	8.00	.90
14	14.00	5.00	3.00	1.00	4.00	.90
15	15.00	2.00	2.00	3.00	8.00	-2.10
16	16.00	9.00	4.00	4.00	4.00	4.90
17	17.00	3.00	7.00	5.00	7.00	-1.10
18	18.00	2.00	3.00	6.00	9.00	-2.10
19	19.00	3.00	4.00	3.00	5.00	-1.10
20	20.00	2.00	2.00	2.00	8.00	-2.10

其他變數仿此方式進行中心化，得出如下結果。

	號碼	難易度	私語度	理解度	評價	c難易度	c私語度	c理解度	c評價
1	1.00	4.00	7.00	5.00	4.00	-.10	2.30	.80	-1.95
2	2.00	7.00	8.00	4.00	1.00	2.90	3.30	-.20	-4.95
3	3.00	5.00	7.00	5.00	4.00	.90	2.30	.80	-1.95
4	4.00	2.00	6.00	6.00	9.00	-2.10	1.30	1.80	3.05
5	5.00	3.00	7.00	6.00	6.00	-1.10	2.30	1.80	.05
6	6.00	5.00	8.00	5.00	6.00	.90	3.30	.80	.05
7	7.00	8.00	2.00	6.00	8.00	3.90	-2.70	1.80	2.05
8	8.00	1.00	5.00	7.00	9.00	-3.10	.30	2.80	3.05
9	9.00	8.00	4.00	5.00	4.00	3.90	-.70	.80	-1.95
10	10.00	2.00	3.00	4.00	5.00	-2.10	-1.70	-.20	-.95
11	11.00	2.00	5.00	3.00	6.00	-2.10	.30	-1.20	.05
12	12.00	4.00	5.00	2.00	4.00	-.10	.30	-2.20	-1.95
13	13.00	5.00	2.00	2.00	8.00	.90	-2.70	-2.20	2.05
14	14.00	5.00	3.00	1.00	4.00	.90	-1.70	-3.20	-1.95
15	15.00	2.00	2.00	3.00	8.00	-2.10	-2.70	-1.20	2.05
16	16.00	9.00	4.00	4.00	4.00	4.90	-.70	-.20	-1.95
17	17.00	3.00	7.00	5.00	7.00	-1.10	2.30	.80	1.05
18	18.00	2.00	3.00	6.00	9.00	-2.10	-1.70	1.80	3.05
19	19.00	3.00	4.00	3.00	5.00	-1.10	-.70	-1.20	-.95
20	20.00	2.00	2.00	2.00	8.00	-2.10	-2.70	-2.20	2.05

以下交互作用的檢定方式與標準化的做法相同。

第 16 章
Logistic 迴歸分析

16.1 Logistic 迴歸分析簡介

所謂的迴歸分析是指在說明變 $x_1, x_2, \cdots, x_p$ 與目的變 y 之間建立

$$\log \frac{y}{1-y} = \beta_1 x_1 + \beta_2 x_2 + ... + \beta_p x_p + \beta_0$$

或者

$$\frac{y}{1-y} = \text{Exp}(\beta_1 x_1 + \beta_2 x_2 + ... + \beta_p x_p + \beta_0)$$

之關係式的手法。

以下的變數變換，稱爲 Logistic 變換。

$$y \to \log \frac{y}{1-y}$$

但是，迴歸分析的模式是像以下的 1 次式，即

$$y = \beta_1 x_1 + \beta_2 x_2 + \cdots + \beta_p x_p + \beta_0$$

因此，Logistic 迴歸分析感覺上是以下兩種方法的合成，即

Logistic 變換 + **迴歸分析**。

表 16.1.1

y	log(y/(1 – y))
0.001	–6.9067548
0.005	–5.2933045
0.01	–4.5951199
0.05	–2.944439
0.1	–2.1972246
0.15	–1.7246011
0.2	–1.3562944
0.25	–1.0986123
0.3	–0.84732979
0.35	–0.6190392
0.4	–0.4054651
0.45	–0.2006707
0.5	0
0.55	0.2006707
0.6	0.40546511
0.65	0.61903921
0.7	0.84729786
0.75	1.09861229
0.8	1.38629436
0.85	1.73460106
0.9	2.19722458
0.95	2.94443898
0.99	4.59511985
0.995	5.29330482
0.999	6.90675478

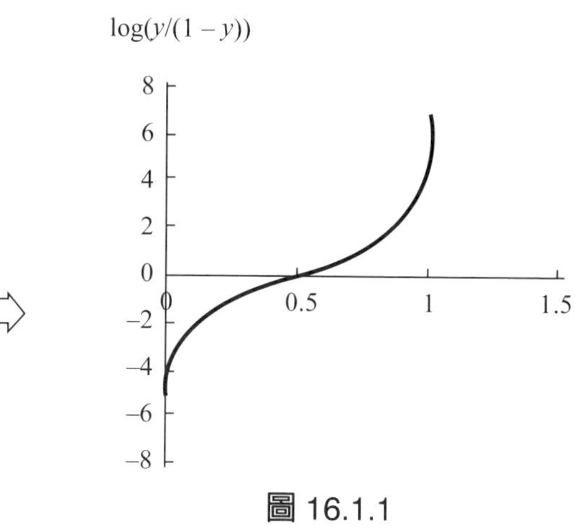

圖 16.1.1

■ Logistic 迴歸係數 β 的意義

Logistic 迴歸係數 β 是意謂什麼？

因此，在 Logistic 迴歸式，

$$\log \frac{y}{1-y} = \beta_1 x_1 + \beta_2 x_2 + \beta_3 x_3 + \beta_0$$

的 (x_1, x_2, x_3) 中分別代入 (1, 1, 1) 與 (1, 2, 1) 看看。

1. (x_1, x_2, x_3) 中代入 (1, 1, 1) 時

$$\log \frac{y_1}{1-y_1} = \beta_1 \cdot 1 + \beta_2 \cdot 1 + \beta_3 \cdot 1 + \beta_0 = \beta_1 + \beta_2 + \beta_3 + \beta_0$$

2. (x_1, x_2, x_3) 中代入 (1, 2, 1) 時

$$\log \frac{y_2}{1-y_2} = \beta_1 \cdot 1 + \beta_2 \cdot 2 + \beta_3 \cdot 1 + \beta_0 = \beta_1 + 2\beta_2 + \beta_3 + \beta_0$$

將此 2 式相減時，

$$\log \frac{y_2}{1-y_2} - \log \frac{y_1}{1-y_1} = (\beta_1 + 2\beta_2 + \beta_3 + \beta_0) - (\beta_1 + \beta_2 + \beta_3 + \beta_0)$$

$$\log \frac{y_2}{1-y_2} - \log \frac{y_1}{1-y_1} = \beta_2$$

$$\log \frac{\frac{y_2}{1-y_2}}{\frac{y_1}{1-y_1}} = \beta_2$$

其中，$\frac{y_1}{1-y_1}$ 稱爲 odds，$\frac{\frac{y_2}{1-y_2}}{\frac{y_1}{1-y_1}}$ 稱爲 odds 比，$\log \frac{\frac{y_2}{1-y_2}}{\frac{y_1}{1-y_1}}$ 稱爲對數 odds 比。

換言之，β_2 是表示

β_2= 說明變量 x_2 只變化 1 單位時的對數 odds 比。

將對數 odds 比變換成 odds 比時，即爲，

$$\frac{\frac{y_2}{1-y_2}}{\frac{y_1}{1-y_1}} = \exp(\beta_2)$$

將分母移項時，

$$\frac{y_2}{1-y_2} = \exp(\beta_2)\times\frac{y_1}{1-y_1}$$

亦即，

(1, 2, 1) 的 odds = Exp(β_2)×(1, 1, 1) 的 odds。

(1, 2, 1) 的勝算 = (1, 1, 1) 的勝算的 Exp(β_2) 倍。

因此，將 odds 想成生病的風險時，譬如，

說明變數 x_2	性別
$x_2 = 1$	女性
$x_2 = 2$	男性

則似乎可以表現爲

「男性生病的風險，是女性生病的風險的 Exp(β_2) 倍」。

註：Odds 是指勝算、優勢或可能性。

以下的數據是針對腦中風與飲酒量、血液 GGT、抽菸、收縮壓之關係所調查的結果。

試根據此數據，調查腦中風的危險因子是什麼？

表 16.1.2

腦中風	性別	飲酒量	GGT	抽菸	血壓
無	女	.8	8.5	略微	129.1
無	女	1.5	8.3	略微	129.1
有	女	.7	40.9	多	143.1
有	女	1.0	31.4	多	131.6
有	女	1.7	28.5	多	140.6
無	女	1.6	18.4	多	139.6
有	女	1.8	23.1	多	147.2
有	女	1.0	216.1	普通	147.2
有	男	3.1	59.1	略微	153.8
有	男	3.2	57.1	略微	153.8
有	男	7.7	63.1	略微	160.1
有	男	7.4	60.1	略微	160.1
有	男	2.5	56.7	無	149.6
有	男	6.0	57.6	無	149.6
無	女	1.6	21.7	多	143.3
有	女	1.7	36.2	普通	143.3
有	男	3.4	516.7	略微	135.3
有	男	2.6	416.6	略微	135.3
有	女	1.3	30.0	普通	133.1
有	女	1.3	21.2	略微	133.1
無	男	3.8	19.5	略微	145.2
無	男	3.7	19.2	略微	145.2
無	女	1.0	9.5	無	126.8
無	女	.7	9.3	略微	131.0
無	女	.9	8.9	無	121.6
有	女	1.1	10.0	略微	131.0
無	男	3.8	19.5	無	142.1
無	男	2.9	19.3	無	142.1
無	男	7.2	47.3	無	139.6
有	男	7.4	42.3	無	139.6
無	女	.9	9.5	無	129.8
無	女	1.1	9.2	無	122.5
無	女	.8	8.3	無	126.0
無	女	1.5	8.8	無	126.0
無	男	16.0	17.4	無	135.7
無	男	2.5	17.7	無	135.7
無	男	16.7	12.5	略微	147.9
無	男	16.9	13.5	略微	147.9
無	男	3.9	27.4	略微	125.3
無	男	3.1	27.0	略微	125.3

【數據輸入類型】

表 16.1.2 的數據如下輸入：

	腦中風	性別	飲酒量	ggt	抽煙	血壓
1	0	0	.8	8.5	1	129.1
2	0	0	1.5	8.3	1	129.1
3	1	0	.7	40.9	3	143.1
4	1	0	1.0	31.4	3	131.6
5	1	0	1.7	28.5	3	140.6
6	0	0	1.6	18.4	3	139.6
7	1	0	1.8	23.1	3	147.2
8	1	0	1.0	24.1	2	147.2
9	1	1	3.1	59.1	1	153.8
10	1	1	3.2	57.1	1	153.8
11	1	1	7.7	63.1	1	160.1
12	1	1	7.4	60.1	1	160.1
13	1	1	2.5	56.7	0	149.6
14	1	1	6.0	57.6	0	149.6
15	0	0	1.6	21.7	3	143.3
16	1	0	1.7	36.2	2	143.3
17	1	1	3.4	54.7	1	135.3
18	1	1	2.6	44.6	1	135.3
19	1	0	1.3	30.0	2	133.1
20	1	0	1.3	21.2	1	133.1
21	0	1	3.8	19.5	1	145.2
22	0	1	3.7	19.2	1	145.2

註：腦中風　　性別　　　抽菸
　　無…0　　女性…0　無　…0
　　有…1　　男性…1　少　…1
　　　　　　　　　　　普通…2
　　　　　　　　　　　多　…3

16.2 二元 Logistic 迴歸分析的步驟

【統計處理的步驟】

步驟 1 數據輸入結束後，從分析 (A) 的清單中，選擇迴歸 (R)，接著，選擇二元 Logistic(G)。

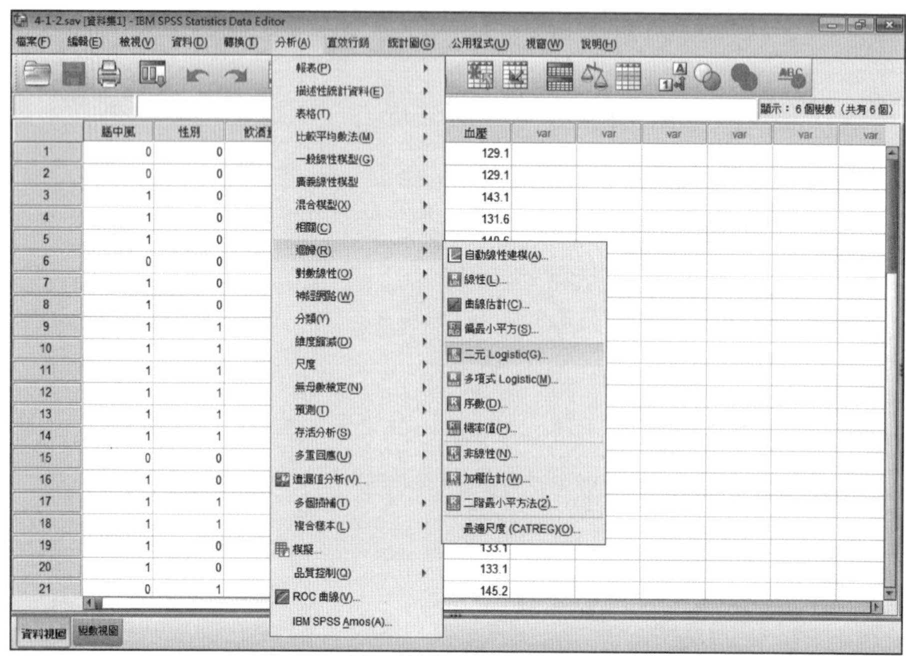

步驟 2 變成以下畫面時，將腦中風移到因變數 (D) 的方框中，性別、飲酒量、GGT、抽菸、血壓，移到共變量 (C) 的方框中，因性別是類別數據，所以按一下類別 (G)。

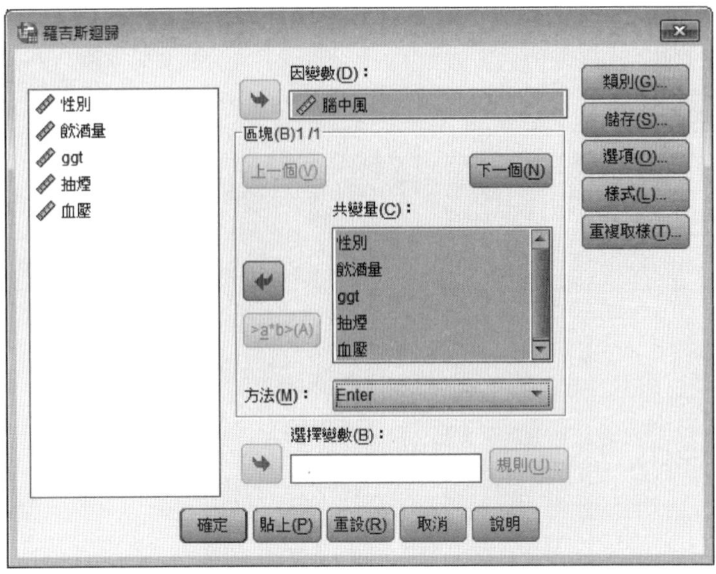

步驟 3　變成以下畫面時，將性別移到類別共變量 (T) 的方框中。接著，在變更比對之處，將參考類別：當成第 1 個 (F)，再按變更 (H)。變成性別（指示燈（第一個））時，再按 繼續 。

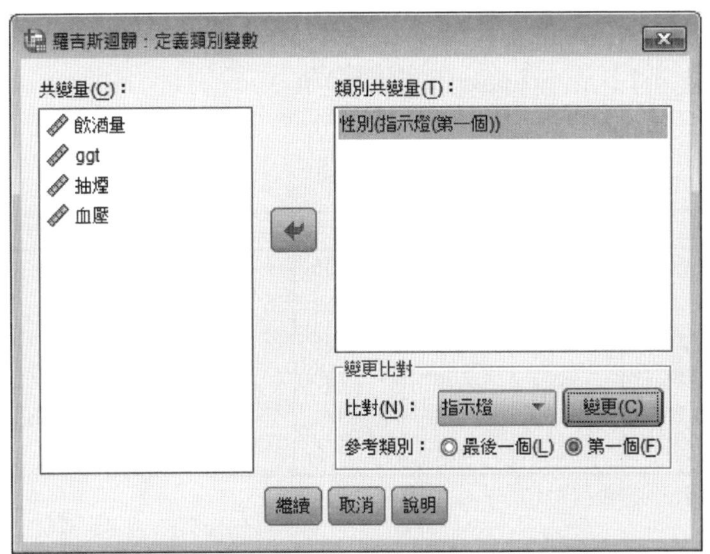

註：0 是第 1 個，1 是最後 1 個，所以女性成爲參考類別。
　　抽菸是類別數據，因分成 4 級，此處當作數值數據。

步驟 4 回到步驟 2 的畫面時，按一下儲存 (S)。變成以下畫面時，在預測值的地方勾選機率 (P)。接著，按 繼續 。再度回到步驟 2 的畫面，按 確定 。

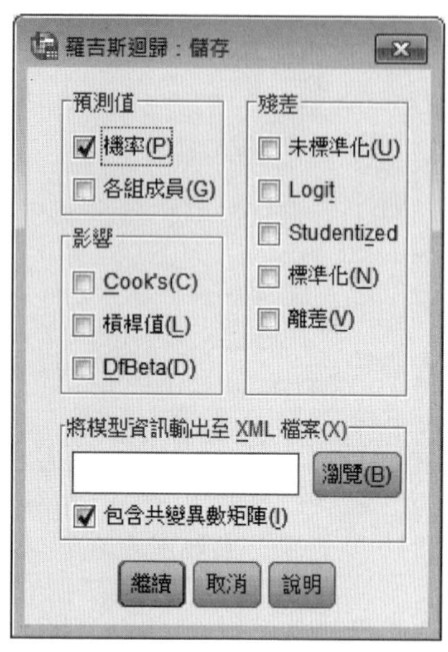

【SPSS 輸出 ・1】——Logistic 迴歸分析

方程式中的變數

		B	S.E.	Wald	df	顯著性	Exp(B)
步驟 1[a]	性別(1)	-5.618	4.915	1.306	1	.253	.004
	飲酒量	-.905	.880	1.058	1	.304	.404
	ggt	.333	.138	5.805	1	.016	1.395
	抽煙	-1.093	1.301	.705	1	.401	.335
	血壓	.120	.198	.370	1	.543	1.128
	常數	-19.407	24.842	.610	1	.435	.000

a. 步驟 1 上輸入的變數：[%1:, 1:

↑ (1) ↑ (2)

【輸出結果的判讀 ·1】

(1) 如觀察 β（= 係數）的地方，知迴歸式成為

$$\log \frac{y}{1-y} = -5.618 \times 性別 - 0.905 \times 飲酒量 + 0.333 \times GGT - 1.093 \times 抽菸 + 0.12 \times 血壓 - 19.407$$

(2) 重要的是顯著機率。

如觀察飲酒量的地方，因顯著機率是 0.304，所以無法否定

假設 H_0：飲酒量不是腦中風的危險因子

如觀察 GGT 的地方，因顯著機率是 0.016，所以可以否定

假設 H_0：GGT 不是腦中風的危險因子

因此，血液中的 GGT 如增加時，知有腦中風的危險。

Exp(β) 之值是 1.395，可以想成 GGT 如增加 1 時，腦中風的風險即變成 1.395 倍。

【SPSS 輸出 ·2】——Logistic 迴歸分析

	腦中風	性別	飲酒量	ggt	抽煙	血壓	pre_1	var
1	0	0	.8	8.5	1	129.1	.05370	
2	0	0	1.5	8.3	1	129.1	.02740	
3	1	0	.7	40.9	3	143.1	.99945	
4	1	0	1.0	31.4	3	131.6	.93615	
5	1	0	1.7	28.5	3	140.6	.89737	
6	0	0	1.6	18.4	3	139.6	.22765	
7	1	0	1.8	23.1	3	147.2	.74545	
8	1	0	1.0	24.1	2	147.2	.96171	
9	1	1	3.1	59.1	1	153.8	.99990	
10	1	1	3.2	57.1	1	153.8	.99979	
11	1	1	7.7	63.1	1	160.1	.99922	
12	1	1	7.4	60.1	1	160.1	.99840	
13	1	1	2.5	56.7	0	149.6	.99993	
14	1	1	6.0	57.6	0	149.6	.99877	
15	0	0	1.6	21.7	3	143.3	.57957	
16	1	0	1.7	36.2	2	143.3	.99786	
17	1	1	3.4	54.7	1	135.3	.99492	
18	1	1	2.6	44.6	1	135.3	.93349	
19	1	0	1.3	30.0	2	133.1	.96158	
20	1	0	1.3	21.2	1	133.1	.79968	
21	0	1	3.8	19.5	1	145.2	.00366	
22	0	1	3.7	19.2	1	145.2	.00363	
23	0	0	1.0	9.5	0	126.8	.12988	
24	0	0	.7	9.3	1	131.0	.09245	
25	0	0	.9	8.9	0	124.0	.08725	
26	1	0	1.1	10.0	1	131.0	.08216	
27	0	1	3.8	19.5	0	142.1	.00749	
28	0	1	2.9	19.3	0	142.1	.01570	

↑

(3)

【輸出結果的判讀 ・2】

(3) 輸出結果的 pre-1 是計算預測機率。

譬如，觀察 NO.6 的人時，pre-1 是 0.22756。

亦即，此人的腦中風的預測機率是 22.7565%。

註：$\log\frac{y}{1-y} = -5.618\times0 - 0.905\times1.6 + 0.333\times18.4 - 1.093\times3 + 0.12\times139.6 - 19.407 = -1.2596$

$$\frac{y}{1-y} = 0.28377$$

$$y = \frac{0.28377}{1+0.28377} = 0.22104$$

似乎略有偏差（數字因爲四捨五入之關係）。

16.3 多元 Logistic 迴歸

■ 概要

前一節對反應變數（依變數）爲 2 值變數時的 Logistic 迴歸有過說明，但類別數也有 3 個以上的情形。3 個以上的 Logistic 迴歸模式，稱爲多元 Logistic 迴歸模式，此主要有多重名義羅吉斯迴歸（Multinomial logistic regression model）以及次序羅吉斯迴歸（Ordinal logistic regression ）。

多元 Logistic 迴歸模式中，反應變數的類別數設爲 k，說明變數的個數設爲 q，對第 i 個類別來說，說明變數的 1 次組合設爲 Y_i，反應變數的觀測值是第 i 類的機率，可表示爲 $p_i = \exp(Y_i)/\exp(Y_1 + \cdots + Y_k)$。多元 Logistic 迴歸分析，估計 Y_i 的一次組合模式 $Y_i = \beta_{i0} + \beta_{i0} X_i + \cdots + \beta_{iq} X_q$ 的參數 $\beta_{i0}, \beta_{i1}, \cdots, \beta_{iq}$ 是目的所在。參數可利用最大概似法求出。此分析可以調查參照群體中的個體屬於反應變數的特定類的傾向是受哪一說明變數所影響。

以 50 名成人爲對象，就年齡、性別（男 1，女 2）、興趣（讀書 1，電影 2，音樂 3，運動 4，無所屬 5）的 3 項目進行意見調查。其結果如表 16.3.1 所示。另外，關於興趣是從 5 者之中選擇最喜歡的一項來回答。

表 16.3.1　有關興趣的意見調查

年齡	性別	興趣	年齡	性別	興趣
70	1	2	68	1	2
28	2	4	27	2	1
47	1	3	46	1	3
48	1	5	50	1	2
23	1	3	24	1	3
69	2	1	68	2	1
31	2	4	32	2	4
70	2	3	71	2	3
80	2	1	79	2	1
37	2	2	38	2	5
65	2	2	64	2	2
71	2	2	70	2	2
41	2	3	40	2	3
61	1	5	60	1	1
56	2	1	55	2	1
34	2	1	33	2	4

年齡	性別	興趣	年齡	性別	興趣
48	2	2	47	2	2
43	2	5	43	2	5
50	2	2	49	2	2
24	2	4	25	2	3
23	1	4	22	1	3
47	2	3	48	2	3
63	1	1	64	1	1
31	2	2	32	2	2
21	2	2	23	2	4

【數據輸入類型】

如圖 16.3.1 所示。

	年齡	性別	趣味	var	var	var	var	var	var	var	var	var
1	70.00	1.00	2.00									
2	28.00	2.00	4.00									
3	47.00	1.00	3.00									
4	48.00	1.00	5.00									
5	23.00	1.00	3.00									
6	69.00	2.00	1.00									
7	31.00	2.00	4.00									
8	70.00	2.00	3.00									
9	80.00	2.00	1.00									
10	37.00	2.00	2.00									
11	65.00	2.00	2.00									
12	71.00	2.00	2.00									
13	41.00	2.00	3.00									
14	61.00	1.00	5.00									
15	56.00	2.00	1.00									
16	34.00	2.00	1.00									
17	48.00	2.00	2.00									
18	43.00	2.00	5.00									
19	50.00	2.00	2.00									
20	24.00	2.00	4.00									
21	23.00	1.00	4.00									
22	47.00	2.00	3.00									
23	63.00	1.00	1.00									
24	31.00	2.00	2.00									
25	21.00	2.00	2.00									
26	68.00	1.00	2.00									
27	27.00	2.00	1.00									
28	46.00	1.00	3.00									
29	50.00	1.00	2.00									

資料檢視 變數檢視

圖 16.3.1　資料輸入的一部分

【統計處理的步驟】

【分析】→【迴歸方法】→【多元 Logistic】。「依變數 (D)」指定「興趣」，「因子 (F)」指定「性別」，「共變量 (C)」指定「年齡」，於「統計量」中指定「儲存格機率」。於「儲存」中指定「估計反應機率」與「預測機率」。

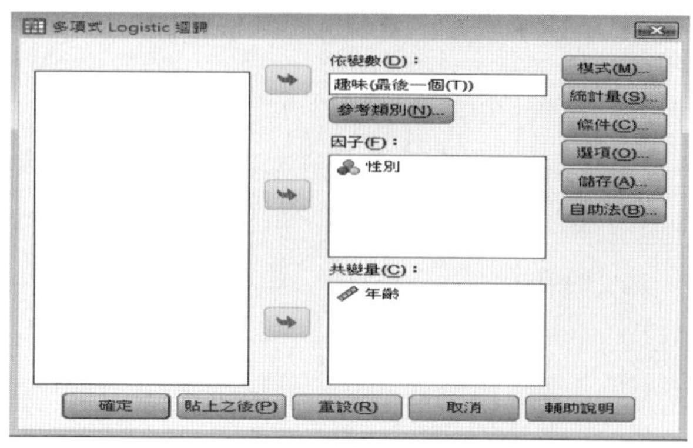

【SPSS 輸出】

表 16.3.2 顯示參數的估計值，譬如，關於興趣 4（運動）來說，年齡的參數是 –0.173，顯著機率 $p = 0.039$，說明此參數並不為 0。亦即，顯示越年輕有越喜歡運動的傾向。對於年齡與運動以外來說，任一參數均看不出顯著差。表 16.3.3 說明預測次數的一部分。譬如，就年齡 21 歲的女性來說，興趣是讀書、電影、音樂、運動的預測比率，分別是 1.5%、7.6%、13.0%、74.4%。

表 16.3.2　多元 Logistic 迴歸分析的結果

參數估計值									
趣味[a]		B 之估計值	標準誤差	Wald	df	顯著性	Exp(B)	EXP(B) 的 95% 信賴區間	
								下界	上界
讀書	截距	–2.099	2.040	1.059	1	.304			
	年齡	.058	.038	2.386	1	.122	1.060	.984	1.142
	【性別＝1】	–.672	1.177	.326	1	.568	.511	.051	5.125
	【性別＝2】	0[b]			0				
電影	截距	.282	1.733	.026	1	.871			
	年齡	.023	.034	.445	1	.505	1.023	.957	1.094

參數估計值									
趣味[a]		B 之估計值	標準誤差	Wald	df	顯著性	Exp(B)	EXP(B) 的 95% 信賴區間	
								下界	上界
	【性別＝1】	–1.038	1.130	.844	1	.358	.354	.039	3.243
	【性別＝2】	0[b]			0				
音樂	截距	1.711	1.700	1.014	1	.314			
	年齡	–.020	.035	.321	1	.571	.980	.915	1.050
	【性別＝1】	.100	1.093	.008	1	.927	1.105	.130	9.418
	【性別＝2】	0[b]			0				
運動	截距	6.680	2.851	5.489	1	.019			
	年齡	–.173	.084	16.246	1	.039	.841	.713	.992
	【性別＝1】	–2.045	1.643	1.550	1	.213	.129	.005	3.236
	【性別＝2】	0[b]			0				

註：

1. 參考類別爲：無所屬。
2. 由於這個參數重複，所以把它設成零。

表 16.3.3　預測次數的一部分

觀察和預測次數							
年齡	性別	趣味	次數			百分比	
			觀察次數	預測次數	Pearson 殘差	觀察次數	預測次數
21.00	女性	讀書	0	.015	–.123	.0%	1.5%
		電影	1	.076	3.483	100.0%	7.6%
		音樂	0	.130	–.386	.0%	13.0%
		運動	0	.744	–1.703	.0%	74.4%
		無所屬	0	.036	–.192	.0%	3.6%
22.00	男性	讀書	0	.028	–.168	.0%	2.8%
		電影	0	.094	–.323	.0%	9.4%
		音樂	1	.481	1.039	100.0%	48.1%
		運動	0	.276	–.618	.0%	27.6%
		無所屬	0	.121	–.372	.0%	12.1%

觀察和預測次數							
年齡	性別	趣味	次數			百分比	
			觀察次數	預測次數	Pearson 殘差	觀察次數	預測次數
23.00	男性	讀書	0	.061	–.252	.0%	3.1%
		電影	0	.203	–.475	.0%	10.1%
		音樂	1	.992	.012	50.0%	49.6%
		運動	1	.489	.841	50.0%	24.4%
		無所屬	0	.256	–.541	.0%	12.8%
	女性	讀書	0	.021	–.148	.0%	2.1%
		電影	0	.102	–.337	.0%	10.2%
		音樂	0	.160	–.436	.0%	16.0%
		運動	1	.672	.699	100.0%	67.2%
		無所屬	0	.045	–.218	.0%	16.5%
24.00	男性	讀書	0	.034	–.188	.0%	3.4%
		電影	0	.109	–.349	.0%	10.9%
		音樂	1	.509	.983	100.0%	50.9%
		運動	0	.215	–.523	.0%	21.5%
		無所屬	0	.134	–.393	.0%	13.4%

註：百分比是以每個次母群體中的總觀察次數爲準。

表 16.3.4　預測機率與預測類別

	年齡	性別	趣味	EST1_1	EST2_1	EST3_1	EST4_1	EST5_1	PRE_1
1	70	1	2	.44	.27	.18	.00	.12	1
2	28	2	4	.0.5	.19	.23	.46	.07	4
3	47	1	3	.17	.24	.42	.01	.17	3
4	48	1	5	.18	.24	.41	.00	.17	3
5	23	1	3	.03	.10	.50	.24	.13	3
6	69	2	1	.44	.41	.09	.00	.06	1
7	31	2	4	.07	.24	.27	.33	.09	4
8	70	2	3	.45	.40	.08	.00	.06	1

	年齡	性別	趣味	EST1_1	EST2_1	EST3_1	EST4_1	EST5_1	PRE_1
9	80	2	1	.56	.35	.05.	.00	.04	1
10	37	2	2	.12	.34	.29	.14	.11	2
11	65	2	2	.40	.42	.11	.00	.07	2
12	71	2	2	.46	.40	.08	.00	.06	1
13	41	2	3	.15	.38	.28	.07	.11	2
14	61	1	5	.32	.27	.26	.00	.14	1
15	56	2	1	.30	.44	.17	.00	.09	2
16	34	2	1	.09	.29	.29	.22	.10	2
17	48	2	2	.22	.43	.23	.02	.11	2
18	43	2	5	.17	.40	.27	.05	.11	2
19	50	2	2	.24	.43	.21	.01	.10	2
20	24	2	4	.03	.12	.18	.63	.05	4

就第 1 位受訪者來說，讀書的預測機率 EST1_1 是 0.44，電影的預測機率 EST2_1 是 0.27，音樂的預測機率 EST3_1 是 0.18，運動的預測機率 EST4_1 是 0.00，無所屬的機率 EST5_1 是 0.12，以讀書的預測機率最大故預測類別 PRE_1 即為讀書 (1)。

表 16.3.5　各類的正確率

分類						
觀察次數	預測分數					
	讀書	電影	音樂	運動	無所屬	百分比修正
讀書	7	3	0	1	0	63.6%
電影	4	7	1	3	0	46.7%
音樂	2	4	5	1	0	41.7%
運動	0	0	2	5	0	71.4%
無所屬	1	3	1	0	0	.0%
概要百分比	28.0%	316.0%	18.0%	20.0%	.0%	48.0%

註：讀書的正確率是 63.6%（7/11）。
整體的正確率是 48.0%（(7 + 7 + 5 + 5 + 0)/50）。

參考文獻

1. 石村貞夫，「利用 SPSS 分析線性混合模型與其步驟」，東京圖書，2006 年
2. 石村貞夫，「多變量解析淺說」，東京圖書，2005 年
3. 石村貞夫，「統計解析淺說」，東京圖書，1989 年
4. 石村貞夫，「變異數分析淺說」，東京圖書，1992 年
5. 石村貞夫，「利用 SPSS 的多變量數據分析的步驟」，東京圖書，1998 年
6. 石村貞夫，「利用 SPSS 的統計處理的步驟」，東京圖書，2001 年
7. 石村貞夫，「利用 SPSS 的類別分析的步驟」，東京圖書，2001 年
8. 田部井明美，「利用共變異數構造分析（AMOS）的資料處理」，東京圖書，2001 年
9. 石村貞夫，「利用 SPSS 的醫學、齒學、藥學的統計分析」，東京圖書，2006 年
10. 石村貞夫，「利用 SPSS 的臨床心理、精神醫學的統計處理」，東京圖書，2006 年
11. 石村貞夫，「利用 SPSS 的建築設計、福祉心理的統計處理」，東京圖書，2005 年
12. IBM SPSS Statistics 21 Core System User's Guide , IBM SPSS Inc.
13. James L. Arbucke & Werner Wothke,「IBM® SPSS® Amos ™ 26 User's Guide」, Amos Development Corporation
14. HLM 可參閱晨晰部落格中林星帆統計顧問的說明。
    http://dasanlin888.pixnet.net/blog/post/78079297-spss%E6%93%8D%E4%BD%9Chlm%E6%95%99%E5%AD%B8(%E4%B8%8A)
15. 溫福星，「階層線性模式：原理方法與應用」，雙葉書廊，2006
16. 有關 GEE 請參閱林星帆統計顧問在晨晰統計部落格中的說明。
    http://dasanlin888.pixnet.net/blog/post/34468724-%E5%BB%A3%E7%BE%A9%E4%BC%B0%E8%A8%88%E6%96%B9%E7%A8%8B%E5%BC%8F%EF%BC%88generalized-estimating-equation,-gee
17. 有關使用廣義估計方程式的詳細情形可參閱以下說明：
    IBM SPSS Advanced Statistics 22
18. 蔡芳榆，廣義估計方程式與廣義線型混合模型在入侵紅火蟻試驗資料的應用 ，碩士論文——國立臺灣大學農藝學研究所，2005
19. Jaccard J., R. Turrisi, and C. Wan (1990). Interaction Effects in Multiple Regression., Newberry Park, CA: Sage
20. David P. Mockinnon, Introduction to statistical mediation analysi, Arizona state University

國家圖書館出版品預行編目(CIP)資料

圖解統計線性模型分析／陳耀茂編著. -- 初版. -- 臺北市：五南圖書出版股份有限公司, 2025.07
面；　公分
ISBN 978-626-423-552-5(平裝)

1.CST: 統計套裝軟體　2.CST: 統計分析

512.4　　114008063

5B1K

圖解統計線性模型分析

作　　者 — 陳耀茂（270）
編輯主編 — 王正華
責任編輯 — 張維文
文字校對 — 吳韻如
封面設計 — 張明真
出 版 者 — 五南圖書出版股份有限公司
發 行 人 — 楊榮川
總 經 理 — 楊士清
總 編 輯 — 楊秀麗
地　　址：106台北市大安區和平東路二段339號4樓
電　　話：(02)2705-5066　　傳　　真：(02)2706-6100
網　　址：https://www.wunan.com.tw
電子郵件：wunan@wunan.com.tw
劃撥帳號：01068953
戶　　名：五南圖書出版股份有限公司
法律顧問　林勝安律師
出版日期　2025年7月初版一刷
定　　價　新臺幣450元

經典永恆・名著常在

五十週年的獻禮——經典名著文庫

五南，五十年了，半個世紀，人生旅程的一大半，走過來了。
思索著，邁向百年的未來歷程，能為知識界、文化學術界作些什麼？
在速食文化的生態下，有什麼值得讓人雋永品味的？

歷代經典・當今名著，經過時間的洗禮，千錘百鍊，流傳至今，光芒耀人；
不僅使我們能領悟前人的智慧，同時也增深加廣我們思考的深度與視野。
我們決心投入巨資，有計畫的系統梳選，成立「經典名著文庫」，
希望收入古今中外思想性的、充滿睿智與獨見的經典、名著。
這是一項理想性的、永續性的巨大出版工程。
不在意讀者的眾寡，只考慮它的學術價值，力求完整展現先哲思想的軌跡；
為知識界開啟一片智慧之窗，營造一座百花綻放的世界文明公園，
任君遨遊、取菁吸蜜、嘉惠學子！